四次入围茅盾文学奖作家
获"薛暮桥价格研究奖"专家
最新力作

靖康耻

余耀华 ◎ 著

图书在版编目（CIP）数据

靖康耻/余耀华著. —— 北京：中国书籍出版社，2024.6
ISBN 978-7-5068-9524-8

Ⅰ.①靖… Ⅱ.①余… Ⅲ.①中国历史—宋代 Ⅳ.①K244

中国版本图书馆CIP数据核字（2023）第146372号

靖康耻

余耀华　著

责任编辑	马丽雅　王　淼
责任印制	孙马飞　马　芝
装帧设计	彩丰文化
出版发行	中国书籍出版社
地　　址	北京市丰台区三路居路97号（邮编：100073）
电　　话	（010）52257143（总编室）　（010）52257140（发行部）
电子邮箱	eo@chinabp.com.cn
经　　销	全国新华书店
印　　刷	三河市富华印刷包装有限公司
开　　本	710毫米×1000毫米　1/16
字　　数	312千字
印　　张	19.25
版　　次	2024年6月第1版
印　　次	2024年6月第1次印刷
书　　号	ISBN 978-7-5068-9524-8
定　　价	58.00元

版权所有　翻印必究

前言

　　中华民族上下五千年历史，官府修正史，民间有野史，后人写前人，文人写历史，该用一种什么样的态度？是戏说还是正传？是据野史演义还是正史为鉴？每一个作家都有自己选择的权力。其实，两种态度在司马迁写《史记》时便已并存。完全客观的历史学家不存在，完全客观的作家更是不存在。即便是食官俸的皇家史官，也都是遮遮掩掩地表现出自己对人物的好恶，即使是治学严谨的太史公司马迁写《史记》，也添加了大量的文学描写和大胆想象。每一个以历史为题材的作家，都可以在遵从基本历史事实的前提下，写出自己心中的历史，只要写得有趣、有味，对后人有所启示，足矣！

　　北宋靖康二年（1127年），在中国历史长河中只是一滴水花，却是一个令人难以忘怀、值得永远记住的年份。这一年，经济文化发展处于巅峰，甚或是当时世界经济文化最发达的北宋王朝，顷刻间覆亡。史称"靖康之难""靖康之耻"。

　　朝代更替，江山易主，这是历史发展的必然趋势，为何世人对北宋的灭亡引以为耻，视为奇耻大辱呢？

　　靖康之变，金人把徽、钦二帝掳往北方。帝为奴，后为娼，成千上万的宗室家眷沦为军妓。这对笃信忠孝人伦为根本的华夏文化来说，比满城遭戮更觉得屈辱。毕竟，徽、钦二帝在位也没有干什么好事。哪怕是金军杀了他们，起码也算

靖康耻

是君王死社稷了。

然而，金朝还做了一件汉人最不能接受的事，就是把徽宗、钦宗的龙袍给扒了，一撸到底，废为庶人。

更让人感到耻辱的是，金人精心策划了一个献俘礼，在金兵的威逼下，徽、钦二帝被脱去袍服，身穿孝服，其他人不论男女，都脱光了上衣，身披羊皮，腰系毡条，进入金人的祖庙行牵羊礼。

汉人重气节，自古讲的是士可杀，不可辱。士尚且如此，何况君王？皇后，还有很多女人，她们都不堪受辱，选择以死相抗。而徽、钦二帝竟然能一直苟活下去，只能感叹——匹夫不如啊！

"靖康之耻"，如刀子般永远刻进了中国人的记忆里。

后有一首流传千古的《满江红》：

怒发冲冠，凭阑处、潇潇雨歇。抬望眼、仰天长啸，壮怀激烈。三十功名尘与土，八千里路云和月。莫等闲、白了少年头，空悲切。

靖康耻，犹未雪；臣子恨，何时灭。驾长车，踏破贺兰山缺。壮志饥餐胡虏肉，笑谈渴饮匈奴血。待从头、收拾旧山河，朝天阙。

北宋灭亡，徽宗有不可推卸的责任，如果将罪过全部算在他一人身上，也不尽公允。众所周知，北宋自真宗以后，阶级矛盾、民族矛盾日益激化，"冗官""冗兵""冗费"问题突出，财政危机加剧，王朝统治处于风雨飘摇之中。有志之士为挽救危机，进行了许多努力，如仁宗时范仲淹的庆历新政，表现出一代贤臣先天下之忧而忧，后天下之乐而乐的拳拳之心，神宗时的王安石变法，更是北宋王朝的最后一根火柴，只是好景不长，被反对派的口水浇灭了。

徽宗亲政之时，北宋王朝积弱已久，就像一个久染沉疴、行将就木的病人，要徽宗妙手回春，挽狂澜于既倒，似乎不切现实。但是，徽宗昏庸无道，挥霍无度，远君子，近奸佞，大兴土木，弃儒崇道，对北宋的灭亡起到了推波助澜的作

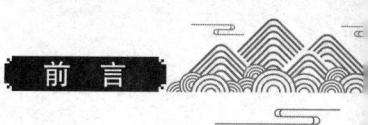

用，成为压死骆驼的最后一根稻草。

徽宗联金灭辽，本想大申国威，谁知弄巧成拙，竟然引狼入室，让金国铁骑以摧枯拉朽之势颠覆了北宋王朝。后世不少史学家对徽宗这一决策提出质疑，认为这是导致北宋覆亡的催命符。

客观地说，徽宗图谋恢复燕云十六州之举并无不当，自五代时期石敬瑭将燕云十六州割让给辽国以来，中原王朝便丧失了抵御游牧民族南下的屏障——长城，而自燕京至黄河之间地势平坦，几乎无险可守，游牧民族很容易长驱直入进入中原腹地。从五代末周世宗柴荣以来，中原王朝便谋求收复燕云失地，以使本固邦宁。宋朝历代皇帝都在做这件事，无奈都是以损兵折将而告终。真宗选择以金钱换和平的方略，和契丹人签订"澶渊之盟"，尽管在对辽贸易中赚回了岁币，但对辽纳岁币，毕竟对于一个主权国家是一件很难堪的事情。因此，徽宗宁愿将给辽的岁币转给金人，也要收复燕云十六州，这个想法无可厚非。

在探讨北宋亡国的历史问题时，有人认为是政权腐朽，有人认为是游牧民族的铁骑太强大。其实这两点都不足以解释北宋积弱与灭亡的根源。

北宋灭亡的根本原因在于重文轻武。自元祐以来，朝廷上下几无可用之将，举国内外几无可战之兵，在联金灭辽的大战中，竟然派一个不知用兵的宦官童贯为帅，真正是山中无老虎，猴子充大王啊！以兵力而论，北宋士兵的人数数倍于金兵，但当剽悍的金兵铁骑挥师南下的时候，几乎没有遇到什么有效的抵抗，越过黄河天险犹如跨越一条平静的小河，直抵汴京城下。一切都是那么突然，徽宗还沉醉于享乐之中，一夜之间，便由雍容华贵的天子变成了阶下囚。

作为皇帝，以徽宗的才能，治理国家本可游刃有余，但他却是失败者，把一个好端端的国家弄得满目疮痍，哀鸿遍野，十室九空，民怨沸腾。在断送了繁花似锦的北宋江山的同时，也尝到了自己种下的苦果。

作为艺术家，徽宗极为成功：潇洒飘逸、刚柔相济的瘦金体，栩栩如生、呼之欲出的花鸟人物图，饱蘸泪水、哀怨低回的诗词，时隔八百余年，仍然放射着璀璨夺目的光彩。

客观地说，徽宗虽然寻花问柳，嫖娼狎妓，但没有像前蜀王衍写出"者边走，那边走,只是寻花柳。那边走,者边走,莫厌金杯酒"(王衍《醉妆词》)那样格调低下的词,也没有像李后主写出"奴为出来难,教君恣意怜"(李煜《菩萨蛮·花明月暗笼轻雾》)那样露骨的词,从操守来说,徽宗风流,但不下流。

赵佶当皇帝,是个人的悲哀,也是时代的悲哀!

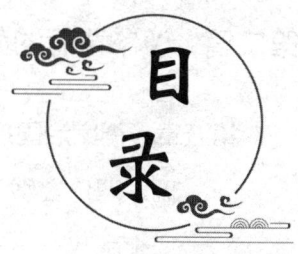

目录

前言 ··· 1

第一篇　帝国遗产的继承人 ································· 1

第一章　盛世下的隐患 ································ 3
繁荣的经济文化 ······································· 3
"三冗"与军事问题 ·································· 4
官场之殇——党争 ···································· 6

第二章　宋徽宗即位 ································· 11
神奇的传说 ·· 11
有争议的继承人 ····································· 17
端王"轻佻"？ ······································· 21

第三章　昙花一现的新政 ·························· 23
凤雏新声 ··· 23
激浊扬清 ··· 25
从谏如流 ··· 29

第四章　巨轮驶入歧途 ····························· 34
重陷党争泥潭 ·· 34

　　　元祐党禁 ··· 43

　　　夜砸党人碑 ··· 47

第二篇　浮华背后的危机 ··· 53

第五章　儒家治国理念的破灭 ·· 55

　　　儒家理论之殇 ··· 55

　　　道士乱政 ·· 61

　　　皇帝成了道教掌门 ··· 68

第六章　花石纲劫难 ·· 76

　　　花石纲之祸 ·· 76

　　　修建延福宫、艮岳 ··· 81

　　　变本加厉运花石 ·· 85

第七章　醉生梦死在汴梁 ·· 89

　　　任性的皇帝 ·· 89

　　　醉生梦死在汴梁 ·· 92

第八章　奸佞宵小闹东京 ·· 109

　　　首贼——蔡京 ·· 110

　　　美男子——王黼 ·· 117

　　　宦官——梁师成 ·· 119

　　　赵家天下朱家败——朱勔 ··································· 121

　　　阉割了的王爷——童贯 ······································· 123

　　　踢球踢来的太尉——高俅 ··································· 126

第三篇　游牧文明与农耕文明的碰撞 ····························· 129

第九章　北方游牧区：衰落与新兴 ································ 131

　　　两种文明的历史交流 ··· 131

目录

  最成功的盟约 ·· 132
  女真族的崛起 ·· 135

第十章　最危险的合约 ·· 142
  主战的宦官 ·· 142
  宋辽金三国外交博弈 ·· 146
  海上之盟 ··· 149

第十一章　猴子称大王 ·· 153
  丧失主动权 ·· 153
  盗入邻家 ··· 155
  宦官掌兵 ··· 158

第十二章　买来的胜利 ·· 163
  北伐惨败 ··· 163
  攻克燕京，漫天要价 ······································· 168
  买回一座空城 ·· 171

第四篇　军事与经济文化的冲突 ························ 173

第十三章　玩火自焚 ·· 175
  张觉事件 ··· 175
  玩火自焚 ··· 178
  唇亡齿寒 ··· 182

第十四章　金兵南下 ·· 187
  最后的享乐 ·· 187
  童贯临阵脱逃 ·· 190
  复盘郭药师叛宋 ··· 194

第十五章　逃跑、逃跑 ·· 198
  非正常禅位 ·· 198

　　被迫即位的皇帝 ………………………………………………202
　　皇帝与守军赛跑 ………………………………………………205

第十六章　外交大溃败 …………………………………………211
　　孤城守将 ………………………………………………………211
　　狮子大开口 ……………………………………………………216
　　凑不齐的犒军钱 ………………………………………………220

第十七章　金军撤离 ………………………………………………222
　　李纲背黑锅 ……………………………………………………222
　　太学生的爱国运动 ……………………………………………226
　　金人撤离 ………………………………………………………229

第五篇　靖康之耻 …………………………………………………233

第十八章　战火重燃 ………………………………………………235
　　拒绝割让三镇 …………………………………………………235
　　太原失陷非将士不用命 ………………………………………238
　　长驱直入非金军能战 …………………………………………243

第十九章　汴京沦陷 ………………………………………………247
　　第二次围城 ……………………………………………………247
　　羊与狼的谈判 …………………………………………………252
　　最后的希望——康王 …………………………………………256

第二十章　财富与文化的劫掠 ……………………………………258
　　待宰的羔羊 ……………………………………………………258
　　皇帝被骗出城 …………………………………………………261
　　失控的汴京 ……………………………………………………263

第二十一章　惊天之变 ……………………………………………268
　　皇帝废为庶人 …………………………………………………268

刀箭下的选举……………………………………………………272
　　张邦昌其实没那么坏……………………………………………274

第二十二章　战争中的女人…………………………………………279
　　荒唐的对赌协议…………………………………………………279
　　折价抵偿的女人…………………………………………………282
　　女人和张邦昌拯救了汴京………………………………………285

第二十三章　靖康耻…………………………………………………287
　　凄怆北行路………………………………………………………287
　　奇耻大辱的献俘礼………………………………………………290

参考书目…………………………………………………………………293

满江红

　　怒发冲冠，凭阑处、潇潇雨歇。抬望眼、仰天长啸，壮怀激烈。三十功名尘与土，八千里路云和月。莫等闲、白了少年头，空悲切。

　　靖康耻，犹未雪；臣子恨，何时灭。驾长车，踏破贺兰山缺。壮志饥餐胡虏肉，笑谈渴饮匈奴血。待从头、收拾旧山河，朝天阙。

——南宋·岳飞

第一篇

帝国遗产的继承人

宋徽宗聪明睿智，博学多才，是一位艺术天才。登基伊始，也曾有过振翮九霄，励精图治的雄心壮志，并付诸实施，可惜没有持之以恒，清明政治只是昙花一现，时隔不久，便驾驶大宋帝国这艘巨轮，偏离了正常航道。

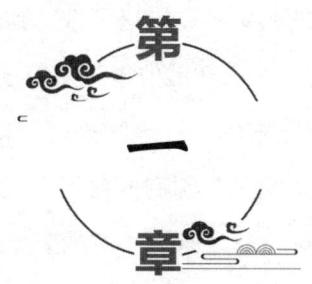

盛世下的隐患

繁荣的经济文化

说起宋朝，大家的第一印象肯定是"软骨头帝国"，但是，这个朝代的经济、科技、文化却十分的繁荣昌盛。有多么繁荣呢？这么说吧！经济上，宋朝的手工业、商业十分发达，这点可以从《清明上河图》中看出来，因为这幅画就是北宋时期的生活照。如果不是身临其境，画家画不出这样的传世之作。

经济上，有人测算，北宋时期的国民生产总值占当时世界的百分之八十，还有一种说法是占当时世界的二分之一。虽然说这都是估算，不足为凭，但有一点可以肯定，北宋确实是一个很有钱的王朝。

科学技术上，中国古代的四大发明在宋朝出现了三样：活字印刷术，火药，指南针。不仅仅是四大发明，当时宋朝的天文学、数学、医药、生物学、建筑等领域的技术，也都处于世界领先水平。

文化上，春秋战国是中国古代学术的高峰期，在那个时代产生了第一批大师级的学者；而宋朝是中国古代学术的又一个高峰期，这个时期又产生了一批大师级的学者。北宋是中国文化历史中的鼎盛时期，理学、文学、史学、艺术领域硕果累累。为筛选官员而建立的科举考试推进了教育制度的发展。宋太祖曾要求其子孙永远不得杀害文人，文人在宋朝地位得到了空前的提升。"满朝朱紫贵，尽是读书人"的俗谚就是出在宋朝。在理学兴起、宗教势力退潮、言论控制降低、市民文化兴起、商品经济繁荣与印刷术发明等一系列背景下，宋朝优秀文人辈出，知识分子自觉意识空前觉醒。宋人小资情节严重，宋词中抒发的感情大多都是那种浅斟低唱的闲情逸趣。宋词体现了宋朝稳定的政治局势、繁荣丰富优越的社会生活。

经济、科技、文化空前繁荣，庞大的帝国名不虚传，可是，北宋帝国在军事上却是软骨头。那么问题来了，为何宋朝经济科技文化十分发达，军事却十分疲弱？虽然养了百万大军，在对辽夏作战时却不堪一击，卑躬屈膝，纳币求和。而对国内此起彼伏的小股起义，也难以应付。外不足以抗击辽夏，内不足以镇压农民反抗，军事上如此积弱，问题在哪里？这是一个值得深思的问题。

"三冗"与军事问题

尽管北宋王朝很有钱，但有再多的钱，也经不住折腾。北宋自仁宗时起，便已形成了"三冗"问题，即"冗官""冗兵"和"冗费"。

宋太祖赵匡胤靠政变上台，对推翻的后周政权一直很优待，不但没有杀害、清除后周的宗室、官员，反而让他们继续当官发财。为了保持社会稳定，北宋一直维持着一个庞大的官僚机构，加上要养活大量的士兵、宗室子弟，国家财政一直是入不敷出。

"冗官"。宋初，朝廷内外官不过三五千人，到景德年间（1004—1007年）就增加到一万多，而在景德以后的三十多年，即仁宗皇祐年间（1049—1054年），激增到两万多人，几乎每隔三十年，官僚队伍人数便翻上一番。随着官僚队伍人数的不断扩大，官吏的俸禄也成倍地增长。

盛世下的隐患 第一章

"冗兵"。"冗兵"一项尤为惊人。太祖时养兵二十二万，到仁宗庆历年间增至一百二十五万，英宗治平年间一百一十六万，百余年间几乎增加到六倍。这百余万大军，成为宋代财政上的最大的负担。国家养着如此庞大的军队，但在与辽、夏的战争中，却是一败再败，战争的结局总是向辽、夏屈膝求和，奉献岁币了事。

"冗费"。"冗费"与"冗官""冗兵"紧密相连，官和兵"冗"到什么程度，"费"也就"冗"到什么程度。如郊祀之费，这是皇帝每年祭天帝时对官员的例赏，景德年间的郊祀之费为六百万缗，到皇祐年间增至一千二百万缗，官员增加了一倍，"冗费"增加一倍。士兵增加了六倍，军费开支也水涨船高。

"冗官""冗兵"和"冗费"问题积累的结果，使仁宗时的财政陷于极其难堪的境地，为了解决这一难题，统治者便在百姓身上动脑筋，从而形成了宋代赋税增加的第一次高潮。赋税的剧增，同时还伴随着土地兼并、官租私租的增重，致使广大农民日益贫困，出现了民生维艰的严重局势。

宋代的另一个问题是军队的战斗力不强。这个问题的原因同样与宋太祖赵匡胤建立的制度有关。

在探讨宋朝亡国的历史问题时，有的说法认为是政权腐朽，有的说法认为敌对者有强大的铁骑，铁骑具有当时最强大的战斗力。事实上这两点都不足以解释宋朝积弱与灭亡的根源。宋朝灭亡的一个重要原因，在于重文轻武。尽管宋朝经济繁荣，但是不注重军事的发展，尽管宋朝战事不断，但是宋朝的军事发展在其社会生活中始终处于从属地位。

北宋重文轻武源于太祖的"杯酒释兵权"。赵匡胤鉴于唐代亡于节度使的教训，开国之后便"杯酒释兵权"，将主要将领都封为节度使，但节度使是虚职，只拿钱不管事，而且薪俸很高，让这些手握兵权、从战争中杀出来的优秀将领，彻底做富翁去了。再提拔些年轻的、资历浅的上来。

这样，在开国之初，面对强敌时就削弱了战斗力。当然，雄才大略的宋太祖，自然是明白这一点。但他仍这样处心积虑地安排，自有他的考虑。唐代在最鼎盛的时候，集军、政、财权于一身的节度使起兵造反，这就是长达八年的安史

5

之乱。之后，五代十国，更是纷纷造反，短短几十年，武将中造反称帝的人实在太多了，中国残破不堪。面对这样血的教训，宋太祖以温和的办法，杯酒释兵权，将节度使变成一个虚职，消除了那些功勋们作乱的可能，这在当时时代不能不说是比较好的选择。

从立国开始，限制武官，防范武臣是宋朝的重要特点，宋朝官吏中武臣从属于文臣，宋朝重视文科的选拔，而对军事人才的培养几乎为零。在宋朝文武兼备的武将很少，宋朝对文武兼备的人才多猜疑，能够得到信任赏识的往往是那些有勇无谋的武夫。宋朝统治者重文轻武对社会也产生了巨大的影响，习文之风日盛，而尚武之风渐衰。

尽管宋朝经济繁荣，由于重文轻武的社会影响，致使经济实力和文明成果难以向军事方面转化。从装备，到战法，比前朝没有根本的改变，甚至在总体战斗力上还出现了倒退。造成了宋朝经济实力与其军事实力严重失衡，以致出现了"暖风熏得游人醉，直把杭州作汴州"的局面。

假如历史能够改变，宋朝能够以其他方式制约武将，而不是简单的重文轻武，局面肯定是不一样的。

如果宋朝能够将经济实力与社会的文明成果积极地向军事实力转变，那么从装备来说未必不能有长足的进展。在宋朝时期火药已经产生，但是用于军事方面的火器发展迟缓，假如宋朝重视军备，社会先进的技术成果不是没有可能向军事转变，外夷的铁骑未必就一定能占上风。

假如宋朝重视军事人才的选拔，重视武臣的素质，重视战略战术的研究，未必就不能发现外夷地广人稀的短处，未必就不能利用敌人兵力不足，战线漫长的弱点，从敌人的后勤保障上制约敌人铁骑的锋芒。

官场之殇——党争

财政问题与军事问题两方面，成了宋朝历代皇帝最大的噩梦。宋仁宗一生受

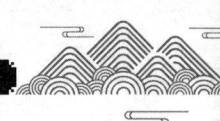

人称颂,唯独在战场上败于小小的西夏,成为毕生的污点。

"三冗"问题与军事问题,也成了大臣们争论的焦点。久而久之,围绕着这些问题,在宋朝的官场上,形成了影响深远的两大派别——保守派与实务派。

保守派认为,宋军之所以屡战屡败,社会之所以出现问题,在于北宋缺乏统一的思想。也就是说,皇帝过于重视实务经验,对于道德的要求太低,从而造成军民离心。要想解决问题,必须重新扛起儒教的大旗,在道德上做文章,将人心再统一起来。

实务派则强调必须针对具体问题制订策略。比如,财政问题是经济问题,必须通过经济手段来解决;战斗力不强是军事问题,就要考虑如何加强军事训练,减少指挥层级,加强将军与士兵之间的联系,并淘汰掉不合格的兵源。

保守派的代表人物是司马光,在司马光的名著《资治通鉴》中,充斥着道德说教,其将王朝兴衰的主线与皇帝的道德感强弱密切地联系起来,皇帝有德,社会就繁荣,皇帝一旦失德,政权便趋向垮台。这样的划分,用现代的眼光看,似乎显得有些荒谬,但在宋代,有一部分却被视为真理。

除了司马光,还有著名的理学家程颐、程颢兄弟。

实务派在宋仁宗时期的代表则是著名的改革家范仲淹,宋仁宗之后,是更加有名的王安石。

在宋仁宗时期,两派之间的界限并不是泾渭分明。除了"二程"这样的死硬派之外,大多数人其实是兼而有之。比如,名臣欧阳修很强调道德的作用,但他本人也是一个实务经验丰富的人。即便是范仲淹,也同样强调道德的重要性,只是他不仅强调道德,更看重程序和实务对政权的影响。

北宋与西夏战败之后,为了解决财政支出巨大,但军队战斗力不强的问题,宋仁宗决定进行一次改革,他选中了实务派的改革者范仲淹。

针对皇帝的要求,范仲淹提出了十条改革建议,大部分得到宋仁宗首肯。由于改革发生在庆历年间,历史上称这次改革为"庆历新政"。

范仲淹的十项改革,有针对性地解决四个问题:冗兵、冗官、行政效率低下,百姓赋税重。由于改革牵扯到了真正的利益分配,遇到的阻力太大,最终以

失败而告终。

宋仁宗去世后,北宋的政治形势已经变成了强硬实务派与保守派的对立。在保守派一方,得势的也是强硬保守派。两派的中间力量逐渐失势,北宋的官僚政治向着派系政治和朋党政治滑去,而财政上捉襟见肘,拮据不堪,国穷众怨的局势也逐渐形成,宋专制统治的积弱局势也暴露出来了。政治经济上的国穷民困,军事上的积弱挨打,这是宋仁宗统治时期的总局势。

宋英宗只是一个过渡性的守成皇帝,在位不到四年便去世了,继位者便是以改革著称的宋神宗。

宋神宗十九岁当皇帝。在历史上,老人往往更加具有守成的智慧,而年轻人则更是喜欢变革。神宗将自己所处的时代视为理所当然,他看到的不是成就,而是问题,希望通过努力将世界变得更好。

年轻的宋神宗选择了激进实务派王安石来实现他的改革梦想。

王安石的改革与范仲淹的改革不同之处在于,王安石改革对减少政府支出没有多大兴趣,重在强调由政府多控制民间经济,指导民间经济,在政府的努力下,将经济做大。他认为,政府大力发展经济的结果,是政府可以多收租税,而民间也更加富裕。如果说范仲淹的改革旨在减税和减少管制,王安石的改革则是加强行政干预。

王安石变法的目的在于扭转百年来积贫积弱的局势,富国强兵,以巩固宋专制主义的统治。变法过程中对赋税制度进行了重要变革。变法由于采取了相对减轻赋税和均平负担的政策和措施,对当时的农业生产起到了一定的促进作用。

在王安石之前,北宋官场上有一批历史名臣,如吕公著、韩维、欧阳修、文彦博、富弼、韩琦、司马光、范镇等,这些全都被排挤走,换成了历史上有名的几位权臣,如吕惠卿、蔡确、章惇等人。这些权臣后来被称为新党,他们把新党之外的人,不管是极端保守派、温和派,还是温和实务派,都叫作旧党。

这次政府人事大换血,让北宋的官场出现了严重的倒退,更麻烦的是由此出

现的党争。为了和新党对抗，在原来的老官员中崛起了一支最保守的力量，这支极端保守派的代表人物就是司马光。

宋神宗和王安石死后，司马光掌权。

如果说王安石是不遗余力地排挤旧党，那么司马光就是不问是非地摒弃新党。当双方都不再以是非为标准，只是以党派站队时，北宋的官场彻底走向了衰落。

新党和旧党的争执还表现在对外战争上。仁宗、英宗时代，中国维持了数十年的和平，但到了神宗时代，王安石主导的对西夏的用兵，最终虽花费巨大，却是徒劳无功收场。

这次用兵还导致了新旧党在军事上的分歧。从此以后，新党大都是主战派，希望通过对外战争换取功名；旧党大都是主和派，即便面对敌人的入侵，也希望采取不抵抗政策换取和平。

这两派的分歧严重影响了北宋后期的军事路线。北宋后期，常常由主战派主持政局。在和平时期，最大的智慧是如何避免战争，对于主战派来说，他们不具备这个智慧，总是不断试图把和平的国家拉入到战争轨道，并导致了与北方的冲突。

可一旦爆发战争，北宋的军队总是吃败仗，一两次败仗之后，主战派下台，主和派上位。不幸的是，当主和派上台时，战争的硝烟已经升起，必须依靠军队去保家卫国，当政者面临的是如何调遣军队打胜仗，而主和派不具备这个智慧，他们不仅不加强防御，总是在关键的时候掉链子，造成军队更加被动。

对于任何国家，军事行动的原则都应该是：不轻意言战，战则必胜。但北宋却正是相反，最需要和平的时候，主政的是鹰派；最需要抵抗的时候，在台上的却是鸽派。这种错位，让北宋无力应付一场全局性冲突。

元丰八年（1085年），神宗死后，北宋的政局在新旧党之间震荡。继位的宋哲宗未亲政时，主政的是宋英宗的皇后高氏。高太后贬斥了新党，重用旧党司马

光。司马光立即动用一切力量打压新党。

元祐八年（1093年），高太后死了。宋哲宗亲政后，立刻想起了父亲当年的设想，将新党人物纷纷召回，旧党相继贬斥。新党中的章惇、曾布等人兴高采烈地回到了政治中心，将旧党名单搜罗了一下，全部贬官。在党争的背景下，北宋的政治局势已经完全失控。

元符三年（1100年），年仅二十四岁的宋哲宗去世，新皇帝宋徽宗上位了。即将登台的宋徽宗，如何面对以上述这些问题，世人拭目以待。

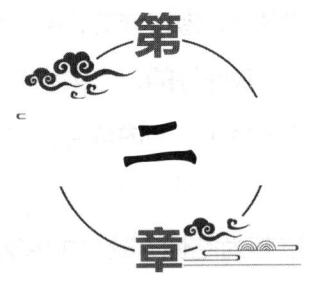

第二章

宋徽宗即位

神奇的传说

明人《艮斋杂说》记载：

李后主亡国，最为可怜，宋徽宗其后身也。宋神宗一日幸秘书省，见江南国主像，人物俨雅，再三叹讶。适后宫有娠者，梦李后主来谒，而生端王。

这段话是说，宋神宗有一次去秘书省，在东厢房看到挂在墙壁上一幅南唐后主李煜的画像，画中的李煜丰神秀骨，眉清目朗，风流倜傥，雍容华贵。宋神宗对这位亡国之君的儒雅风度极为心仪，便在旁边的椅子上小坐了一会，谁知刚刚坐下，忽觉一阵头晕，朦胧之中见画中的李煜从墙上走下来，冲着他双手一揖道："恭喜陛下，今夜喜得龙子，此子乃天上文曲星下凡，才高八斗，学富五车，聪明盖世，乃绝代奇才。"

宋神宗皇帝正欲问话，李煜又重新走进画中，两眼注视前方，纹丝不动。宋神宗晃晃头，眨眨眼，显得有些朦胧。

羞杀蕊珠宫女。

易得凋零,

更多少、无情风雨。

愁苦,

问院落凄凉,

几番春暮?

凭寄离恨重重,

者双燕,

何曾会人言语。

天遥地远,

万水千山,

知他故宫何处?

怎不思量,

除梦里、有时曾去。

无据,

和梦也新来不做。

往昔的一切,就连做梦也梦不到了,其悲怆可以想见。

然而,李煜更多的是让人感觉可怜,所以就有"李后主亡国,最为可怜"之说,而宋徽宗却是把祖宗留下的一个花花世界、朗朗乾坤给糟蹋了,他亡国就是可恨了。

除了宋神宗做梦的传说外,还有一些有趣的传说:

赵佶一岁时便被宋神宗封为镇宁军节度使、宁国公。宋哲宗继位后,又晋封为遂宁郡王,绍圣三年(1096年)改封为端王。

宋哲宗元符年间,宋哲宗皇帝唯一的儿子、太子赵茂夭折,宋哲宗因皇嗣未

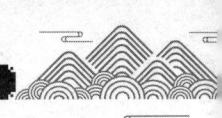

立，郁郁寡欢。听说泰州天庆观有一个名叫徐神翁的道士善于推算休咎，便派宦官童贯前往泰州询问。童贯见到徐神翁，说明来意。徐神翁沉吟片刻说："上天已经降下嗣君，大人何必再问。"

童贯说："皇上别无子嗣，嗣君是谁？"

徐神翁缄默不语，被宦官问得急了，随手取过一片纸，写了"吉人"两个字，递给童贯说："拿回去交差吧！"

童贯再问，徐神翁已打坐入定，无奈之下，只得回京复命。

宋哲宗召集群臣议事，询问"吉人"二字何意，满朝文武中虽不乏高人，但一个个如坠雾里，没有人能悟透其中奥秘，只得作罢。

其实，"吉人"二字合起来是一个"佶"字，这是宋徽宗的名讳，徐神翁之所以不肯明说，是怕泄露了天机。

元符年间，宋哲宗在殿廷每天有一次朝会，叫做上朝，也叫廷议，各位大臣上朝时，都手拿一块笏板，将上朝要说的话写在笏板上，以免到时忘记。上朝时，值班舍人必定要手持笏板巡视班列，遇到没有拿好笏板或站立不合规矩者，都要大声提醒一句："端笏立！"意思是要恭恭敬敬拿好笏板，遵守好殿廷上的规矩。赵佶当时已被立为端王，有人认为，"端笏立！"意味着端王已经有被立为帝的预兆了。

还有一件事情很有趣：宋哲宗曾创建一堂，落成之后，让群臣起一个恰当的堂名，那些饱读诗书的文人士子一个个搜肠刮肚，想取一个好听的名字以博取皇上欢心，宋哲宗竟然一个也没有看中。臣子取的名字不中意，还是自己来吧！宋哲宗沉思片刻，突然灵光一闪，大声说："就叫'迎端'吧！"意思是迎事端而治之，办一件事情，开始就要认真，不料这却成了迎端王入继大统的符谶。

这些阿谀奉承的记载非常荒唐，无法使人相信，但赵佶的知名度却一天一天高起来。

赵佶暗自欢喜，但只能埋在心里。因为宋哲宗正值盛年，此时谈皇位继承是一个不成立的命题。

赵佶当藩王的时候，管家杨震对他忠心耿耿。一次，两只鹤鸟降落在端王府后花园的桂花树上，鹤降于庭，向来被视为祥瑞。朝中大臣纷纷前来祝贺，赵佶内心也喜不自禁。杨震担心传出去，引起宋哲宗皇帝的猜忌，便把那些人赶走了，对他们说，你们看错了，是鹳非鹤！

又有一次，端王寝阁上突然长出一株灵芝，这又是祥瑞之兆，大臣们纷纷前来祝贺。杨震是一个有心人，连忙把灵芝铲掉，对人说是菌非芝。赵佶对杨震的做法有些不满，后来才理解到他护主的良苦用心，从此对杨震更加信任。

一连串的祥瑞异兆，让赵佶心里有些不淡定了，难道说自己真能位登九五吗？终于有一天，他按捺不住了，叫来一个仆人，吩咐说："你拿我的生辰八字到大相国寺去，等开门时进去，让每一个算卦的都推算一遍，询问吉凶祸福，但只准说为你自己算命，不准说出我来。"

仆人奉命而去，每一个卦摊都前去询问，那些占卜者信口胡诌，竟无一人能看出宋徽宗的富贵之命。仆人大失所望，正准备打道回府，突然发现不远处的树底下坐着一位占卜者，神色淡定，对过往之人行注目礼，仆人慢慢踱过去，礼貌地问："先生哪里人？"

"浙人陈彦！"

仆人拿出赵佶的生辰八字递过去，说："这是在下的生辰八字，请先生测一下吉凶祸福。"

陈彦接过去看了看，注视仆人一会后说；"你真会开玩笑，这不是你的生辰八字啊！"

"那是谁的生辰八字？"仆人显得很吃惊。

"这是天子的生辰八字，你为何以此捉弄人呀？"

仆人大惊失色，一句话也没说，付了卦资，转身就走。

赵佶听了仆人的报告，沉思片刻，对仆人说："你明天再去一趟，不必隐瞒，就说是我的生辰八字，看他怎么说。"

仆人第二天再去相国寺见陈彦，把赵佶的话复述了一遍。陈彦叹息良久，对仆人说："你回去禀报端王，他命中注定该位登九五，请他自爱。"

一连串的传说，旨在说明一个问题，赵佶似乎天生就是一个当皇帝的命。

赵佶听了仆人的传话，内心窃喜，但表面上却装着若无其事，因为皇帝哥哥正当盛年，他不敢有非分之想。

赵佶是个极具心机之人，他心里清楚，不管制造多少祥瑞，都只能是帮他登上皇位作铺垫，仅靠这些并不能成为天子，要想成功，必须赢得朝中最有权势之人的欢心。宋哲宗病重时，朝中实际掌权者是宋神宗正宫向太后。向太后一言九鼎，朝中的重大决策，没有向太后首肯，一切都是镜花水月，无从谈起。于是，赵佶使出浑身解数，曲意奉迎向太后，以讨取向太后的欢心，甚至不惜降尊纡贵，着意笼络向太后身边的宫女。这一招果然奏效，时间一长，宫廷上上下下都替赵佶说好话，说他仁义孝悌，风流蕴藉，不同凡响。

向太后听多了，果然对赵佶有了好感，在她的心目中，赵佶龙章凤姿，比其他几位王子有才华，因而对赵佶特别钟爱。朝野上下纷纷猜测，宋哲宗之后，端王是最有希望继袭大统之人。

有争议的继承人

赵佶能当上皇帝，第一个原因，是皇兄宋哲宗死后没有儿子，他们的父亲是北宋第六代皇帝宋神宗。宋神宗一共有十四个儿子，不幸的是，从老大到老五及老七、老八、老十这八个儿子全都死了，只留下六个皇子，宋哲宗是第六子，赵佶是第十一子。

宋哲宗归天，他没有儿子，在五个弟弟中，谁来承继大统？当时的太后，也就是宋神宗的皇后向氏，召集百官商量这件事情。向氏在由谁承继大统这个问题上，起了非常关键的作用。向太后没有亲子，宋哲宗也不是她亲生的儿子，宋哲宗下面这五个弟弟谁来继位，在她眼里是无所谓的。

靖康耻

向太后是河内人（今天河南沁阳人），她出身名门，是宋真宗时期名相向敏中的曾孙女，与宋神宗结为夫妻后，二人感情极好。元丰八年（1085年），宋神宗驾崩于福宁殿。向皇后与宋神宗生母宣仁太后一起，策立赵煦为帝，就是宋哲宗。后来，宣仁太后命人修缮庆寿宫给向太后居住。向太后坚决拒绝，原因是庆寿宫在宣仁太后住所的东面，按照帝国的习俗，东面为上，向太后不肯乱了婆媳上下之分。宋哲宗即位后，挑选皇后，并为各位皇弟娶妻。向太后是一个非常有远见的女人，她告诫向氏家族的女子，不要汲汲于富贵，不得参与其间。家族中有求官者，她都一概拒之门外，不肯通融。因此，在朝野上下臣民眼里，向太后是一位正直贤淑的太后，有相当的威望。

向太后隔着帘子问大臣："大行皇帝归天，没有子嗣，诸位爱卿，你们看由谁来继承大统？"

这个时候，给宋徽宗帮忙的人出现了，他就是宰相章惇。其实，这不是章惇的本意，可是他的话，却阴错阳差地帮了宋徽宗的大忙。

章惇这个人，年轻的时候与大文豪苏东坡的关系很好，有一次，两人出去游玩，到了一条水流湍急的溪边，溪上有一座独木桥，对面是悬崖峭壁。章惇建议苏东坡到对面峭壁上题诗。苏东坡看了对面一眼说："太危险了，我不去。"章惇笑了笑，二话不说，沿着独木桥走到溪对面，把长袍往腰带上一掖，拽着一根老藤荡到峭壁前，抽笔写上"苏轼章惇游此"，就是到此一游的意思。

章惇返回后，苏东坡看了他一眼说："你要是掌权，肯定是一个杀人不眨眼的魔头，会有许多人头落地。"

"为什么呀？"章惇有些不解。

苏东坡说："一个连自己的生命都不当回事的人，能拿别人的命当回事吗？"

在《宋史》中，章惇被明确定义在奸臣一列，位列奸臣传之中。当年王安石变法受挫之时，章惇为枢密院使，为了维护变法成果，他强项敢争，针对司马光

宋徽宗即位 第二章

反对免役法的奏疏，直斥司马光"村夫子，无能为"。在宋哲宗朝，章惇出任宰相后，党同伐异，驱逐异己，就连当年的老朋友苏东坡也难逃被流放的厄运。

向太后问各位大臣谁能继承大统，章惇作为宰相，当然应该第一个发言。章惇站出来说："依礼律论，皇位应该由大行皇帝（宋哲宗皇帝）的同母弟弟简王赵似继承。"

也就是说，应该立跟先帝同母所生的第十三子简王。

章惇的建议，算得上是立嫡的变通，毕竟除了儿子外，皇帝一母所生的弟弟比其他人更有资格继承皇位。

章惇的话刚说完，向太后的脸色马上就变了，虽然隔着帘子，章惇可能看不到，但是，他马上就明白自己的话太鲁莽了。

果然，向太后隔着帘子发话了："宰相你这说的是什么话？什么叫一母所生的弟弟？这六个皇子，难道不都是哀家的儿子吗？"

这一下，宰相就傻眼了。

因为宋哲宗本身也是庶出，不是向太后亲生，而是朱太妃所生。如果再立朱太妃所生的简王，那朱太妃就有两个儿子先后当了皇帝。向太后虽是正位中宫，有这个位份，倘若朱太妃的两个儿子都当了皇帝，那向太后与朱太妃的关系就不好处理了。因此，向太后发怒，章惇的这个提议也就作废了。

既然立简王不行，章惇又提议一个人，他说："有嫡立嫡，无嫡立长，这是古今通例。神宗皇帝生有十四个儿子，其中八人早逝，加上大行皇帝，共为九人。剩余五位藩王中，依照长幼顺序，应立申王赵佖为帝。"

章惇和申王赵佖并无多少交往，他之所以竭力推荐赵佖，目的就是阻止端王赵佶登基。

宋哲宗去逝后，现存各位王爷中赵佖的年龄最大，立赵佖为帝，应该是顺理成章的事情。但是，赵佖年幼时患眼疾，瞎了一只眼，让一个瞎子当皇帝，岂不贻笑天下？向太后不高兴地说："申王虽然年长，但患有目疾，岂有堂堂天子竟是一个瞎子之理？此事不宜，不可再议。"

靖康耻

向太后的理由光明正大，无懈可击，章惇不禁一时语塞。

向太后似乎胸有成竹，缓缓说道："申王既有目疾不能立，依次当立端王入继大统了，各位卿家，可有异议？"

各位大臣面面相觑，没有人敢出声。大家都知道，皇位继承是一个最为敏感的问题，一言不合，便会招来无妄之灾，最为稳妥的办法，就是三缄其口，一言不发。

章惇脱口而出，大声说："端王轻佻，不可以君临天下。"

章惇这一招非常厉害，矛头指向端王的人品。试想，一个人品不正的人，怎么能够君临天下呢？

向太后见章惇竟敢当堂顶撞自己，心里有些恼火，沉下脸说："先帝曾经说过，端王有福寿相，人又仁孝，有当人君的福气。立端王为君，是继承先帝的遗意。"

话说到这份上，谁心里都明白，向太后是铁了心要让端王继位，开会讨论只是走过场而已。

向太后和宰相章惇各执一词，互不相让，双方似乎有些僵持不下之势，此时需要有一个人站出来，打破这个僵局。

知枢密院事曾布与章惇向来不和，当然不会放过这样的机会，出班说道："章惇发表议论，只能代表个人观点，不是执政大臣共同商量的意见。"

向太后脸上立马露出了笑容，反问曾布："你认为呢？"

曾布道："太后决定英明，我举双手赞成。"

曾布是枢密院的长官，与中书分掌军政大权，合称"二府"，他有资格与章惇一较高低。

关键时刻，有人站出来说话，太后的砝码陡然加重，天平立即发生倾斜。章惇正要分辩，尚书左丞蔡卞、中书门下侍郎许将都站出来附和曾布，拥护向太后的决定，异口同声地说端王是继承皇位最合适的人选。

章惇见形势一边倒，自己势单力薄，知道再争辩也无用，于是闭口不言。

其实，章惇说端王行为轻佻，不足以君临天下，并不是故意贬低赵佶，而是

说的真话。历史证明，端王赵佶不仅仅是"行为轻佻"，而且近乎荒唐，章惇说他行为轻佻，还算是客气的。

向太后看到的是赵佶的孝顺和聪明，只是她没有弄明白，艺术天才和政治家是两个不同的概念，二者有区别，而且区别还很大。

端王"轻佻"？

赵佶在当端王时，确实是一个多才多艺、好学上进的好青年，宫廷内外、朝野上下，口碑也不错。据说他从小举止不凡。当时的皇家贵族子弟大多喜欢追逐声色犬马，沉浸于享受，不求上进，赵佶却醉心于笔砚、丹青、图史、射御，十六七岁时，便已是"盛名圣誉布于人间"了，不但知名度高，美誉度也不低，他与驸马都尉王诜、宋室赵令穰往来密切，王、赵二人擅长丹青、书法，赵佶常与他们切磋琢磨，在笔墨、丹青、琴棋书画，尤其是书法绘画方面，表现出非凡的天赋。

驸马都尉王诜是宋英宗皇帝的女儿蜀国大长公主的丈夫，被封为驸马都尉。论辈分，他是赵佶的姑夫。王诜是一个浪荡公子，行为极不检点。虽然公主温柔贤淑，尽心侍奉公婆，王诜却移情小妾，多次顶撞公主。宋神宗曾为此两次贬王诜的官，王诜不思悔改，甚至在公主生病的时候，当着公主的面与小妾寻欢作乐。偏偏品行如此恶劣之人，却又是一个满腹经纶的文化人，同时也是赵佶的文友，端王府的座上宾。

近墨者黑，近朱者赤，宋徽宗与王诜为友，自然会碰出一些火花。赵佶不仅是一位才华横溢的青年，在王诜等人的众星捧月之下，风月场上也是一把好手，他经常微服出宫，游幸于青楼歌馆，寻花问柳，京城稍有名气的妓女，几乎都与他有染，有时还将喜欢的妓女乔装带入王府，独居一室，尽情淫乐。

俗话说，赌博不落单，嫖娼不成双，赵佶却不是这样，他常同一班臭味相投的朋友出入于烟花柳巷，经常结伴的就有王诜。王爷、驸马同宿妓，说出来是一件令人不耻的事情。

皇帝跟文人交往无可厚非，但不能把私人友情放在与国事相当的地位，更不能滥行封赏。从心理学的角度解释，像宋徽宗这样才华横溢、具有高度灵气和素养的艺术天才，很有可能也是一个充满诗人气质和浪漫情怀的人。通常情况下，这种人不认为蔑视传统价值观念的世俗行为有什么不妥，他们只服从于内心感受的召唤，按照自己的喜怒好恶行事，不知冷静、理性为何物，为人处事冲动而情绪化，具有极为浓厚的感性色彩。假如再加上皇帝至高无上的权力，那是非常可怕的，因为在重大的国事决策上，很容易被自己的情绪所左右，感性的东西比较多，欠缺理性的思考。

二百四十年后，元朝一代名相脱脱在组织修撰《宋史》时，也不胜感慨地说：假如当初章惇的意见被宋廷采纳，北宋也许是另一种结局。"自古人君玩物而丧志，纵欲而败度，鲜有不亡者，宋徽宗甚焉"。

章惇说端王"行为轻佻"，倒真是有些先见之明，后来的历史证明，宋徽宗不仅仅是"行为轻佻"，而且近乎荒唐。章惇的话，不幸成了谶言。

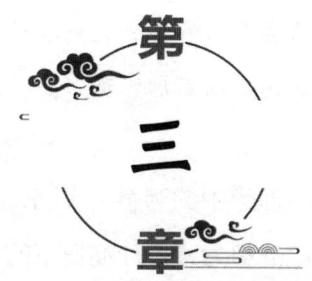

昙花一现的新政

凤雏新声

赵佶有惊无险地登上皇位,史称宋徽宗。从一个亲王而坐上皇帝的宝座,赵佶似乎还没有做好准备,况且,他以庶子的身份成为皇帝,人心是否信服,他心里也没有底。

宋朝有个怪现象,自从仁宗皇帝由刘太后垂帘听政之后,无论是宗室还是大臣,似乎对后宫的女人有一种依赖感,年轻的宋徽宗继位后,也想走这条老路,恰好曾布奏请向太后垂帘听政,理由是新天子经验不足,向太后既然将新天子扶上马,那就干脆再送一程。其实,谁也没有做皇帝的经验,曾布的理由显然是站不住脚的。

向太后年事已高(55岁),且性格恬淡,新天子即位后,自己正好可以过上清闲自在、颐养天年的生活,不料新天子却要她垂帘听政,心里不怎么情愿,当即便一口拒绝了,无奈宋徽宗不依不饶,再三恳求,只得勉强答应了。

向太后通过御药院黄经臣传旨并颁布天下:

靖康耻

垂帘听政,非出本心,只因圣君拜请,大臣劝谏,这才勉为其难。一旦国事稍定,便立即还政,断不敢同真宗刘皇后、英宗高皇后那样终身听政。

宋徽宗一心想做一个臣民理想中的明君:开明、克己、仁慈、公正、正大光明,爱民如子。他想通过自己的努力,把江河日下的大宋帝国打造成太平盛世。即位之后,便大刀阔斧地整顿朝纲;任命大名府知府韩忠彦为吏部尚书(不久又任命为尚书右仆射兼门下侍郎),真定知府李清臣为礼部尚书,右正言黄履为尚书右丞。这三个人都为人正直,出言无忌,此次破格提拔的消息,很快传遍京城,朝野称颂。透过这次人事变动,让人闻到了一股清新的气息。

韩忠彦是北宋名相韩琦的儿子,上任之后,向朝廷提出广仁恩、开言路、去疑似、戒用兵的四项建议。向太后大加赞许,全部采纳。

转眼到了春天,司天监计算出四月初一会出现日食天象。在那个科学不发达的年代,人们都非常迷信,一旦出现日食天象,便认为是朝政有重大失误或朝中出了奸臣,上天以示警诫。

宋徽宗也很相信这些,再想到韩忠彦广开言路的建议,便下诏让士庶臣僚直言指责时弊,批评朝政,并明确表示,说对了有赏,加官,说错了也没有关系,绝不会因此获罪。诏书中说:

朕自入继大统,任大责重,不知如何治理天下。四海之大,问题之多,非朕一人所能遍察,还赖文武百官及庶民多进忠言,以匡扶朕之不足。举国之内,每个人都在思考问题,村氓百姓之中,也不乏可采之言。凡朕躬的阙失,如朝中大臣的忠奸、政令是否妥当,风俗是美是恶,其他如朝廷的恩泽能不能普及民间、百姓的疾苦有无人关心等等,均可建言献策。其言可用,朕则有赏;言而失中,也不加罪。在京言事者,送给所属地区长官;外地言事者,送给所在州军转呈。

诏书出自中书舍人曾肇之手,言情恳切,沁人肺腑,在宋朝诏书中别具

昙花一现的新政 第三章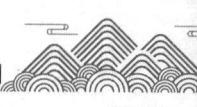

一格。可以想象，此时的宋徽宗完全是出于至诚，绝非欺世盗名、骗取朝野的好评。

诏书下达之后，韩忠彦便上书言事，说先皇哲宗即位时，也曾下诏让天下人言事，当时献言者以千百计。章惇为相后，却命人摘取上书人的片言只语，随意发挥，说他们谤讪朝政，应诏言事者大多获罪，至今人们还愤愤不平。如今陛下又下诏让中外直言朝政得失，请吸取前车之鉴，兑现诺言，取信于民，不要因言事而降人以罪。

中书舍人曾肇则要求撤销编类臣僚章疏局。这个机构的职责是编录臣庶奏章，别有用心之人往往从奏章中摘录片段，然后任意发挥，给人定上莫须有的罪名。

宋徽宗认为说得有理，便下诏撤销了编类臣僚章疏局。

激浊扬清

古代等级制度森严，不是谁都可以直接给皇上写奏折的，只有一定级别的朝廷官员才有这个权利。诏书下达之后，那些平常没有资格给皇上写奏折的中下级官员，纷纷提笔给皇上写奏折，内容多集中在用人方面。筠州推官崔鶠只是掌一州中司法事务的小官，位卑职微，但他不以为意，上书说：

陛下下诏求直言。臣如果有话不说，便辜负了陛下的栽培之恩。如今政令烦苛，民不堪其扰，风俗险恶，法令不能制，这且不去说它，单就陛下身边的忠奸大臣……

接着，崔鶠便把矛头直指宰相章惇。在历数章惇一大堆劣迹后，又斥责他操持权柄，遮蔽圣聪，排斥异己，狡诈凶险，恩怨必报，天下之人称之为奸邪，

靖康耻

京师流传说"大惇小惇（小惇指御史中丞安惇），殃及子孙"，还有人称章惇为"惇贼"，这样的人如果不惩罚，难以平民愤！

宋徽宗浏览奏折，不禁有一丝快意，他在藩邸时便知道章惇是奸邪之辈，在朋党之争中排斥异己，对旧党进行疯狂报复，夹杂了很多个人情绪。即位时又是章惇第一个跳出来反对，差一点龙位不保，心中早存芥蒂，崔鶠上疏弹劾章惇，可以说是正中下怀。宋徽宗是一个明白人，知道仅凭一纸奏折便拿章惇开刀，可能会招来非议，天下人一定会说自己挟嫌报复。为了避嫌，便暂时隐忍不发，放了章惇一马。但对弹劾章惇的崔鶠，提拔为相州教授，以示嘉奖。

向太后不是一个恋权的女人，见宋徽宗处事颇有章法，心里很高兴，前两个月还是很认真地垂帘听政，遇事也从旁指点一二，到了后来，就故意少说话，甚至不说话，大事尽量让宋徽宗自己作主，如果觉得有所不妥，才补充几句，垂帘听政只是一个摆设而已。

宋徽宗见太后很支持自己，信心逐渐增强，随后又提拔龚夬为殿中侍御史，召陈瓘、邹浩为左右正言。

安惇是言官们抨击的第二个对象。他身为御史中丞，本应扶正祛邪，整肃朝纲，但他却与章惇沆瀣一气，狼狈为奸。邹浩在宋哲宗时期因劝谏册立元符皇后之事，被章惇进谗言，削官安置到新州，宋徽宗即位后被召回朝出任右正言。安惇上奏反对说："如果起用邹浩，岂不是说先皇哲宗皇帝的处罚错了吗？"

宋徽宗怒斥道："立后是件大事，你官阶高而不敢言，邹浩却挺身而出，敢于尽言，足见他是个直臣，这样的人为何不能复用？"

安惇无言以对，惶恐退下。

该当安惇的好日子到头了，弹劾邹浩未果，却引来左正言陈瓘的弹劾。陈瓘上表弹劾安惇，说他扰乱圣聪，阻塞贤路，陛下如果要向天下人明示好恶，亲君子，弃奸佞，请从安惇做起。

宋徽宗有心要肃整朝纲，看了陈瓘的奏折后，下诏将安惇逐出京城，贬到潭州去了。安惇成了宋徽宗清政的第一个试刀者。

这一天，朝议时，韩彦忠、曾布先后奏请恢复哲宗皇帝废后孟氏的皇后之

昙花一现的新政 第三章

位。两人的奏言在朝中引起强烈反响。当时章惇为山陵使,给哲宗送葬去了,不在朝。

蔡卞持反对态度,认为瑶华复位,是彰显先帝之过,理由是废后诏书是先帝亲自签发的。

右正言邹浩立即进行反驳,说先帝废掉孟皇后之后,中宫之位三年虚设,足见先帝也有悔意。恢复孟皇后之位,是做先帝想做而不便做之事,以补先帝生前的缺憾。

蔡京反对给孟皇后恢复名誉,说弟弟给嫂嫂恢复名誉,名不正,言不顺,恐怕要成为天下人之笑柄。

向太后见蔡京说得厉害,皇帝不好作答,立即说道:"蔡承旨此言不妥,今天是老身垂帘听政,代为处分军国大事,这是姑复媳位,不是弟复嫂位。如果是冤案,就是弟复嫂位,又有何不可呢?先帝在的时候,就废后之事曾对老身说过:'章惇误我!'蔡右丞(蔡卞)也在场,也是知情人,是不是还有什么证据,能够证明瑶华废后,确实犯了什么大逆不道之罪?"

蔡京虽然能言善辩,但在向太后咄咄逼人的气势之下,借他一百个胆子也不敢反驳,只得伏地请罪,承认自己说了昏话。

向太后见再无人反对,下旨恢复孟氏为元祐皇后,派人将她从瑶华宫迎回皇宫居住。

蔡京的弟弟蔡卞是王安石的女婿,在哲宗绍圣年间任尚书右丞,不断做一些小动作欺骗宋哲宗,排斥异己。每次中伤朝中正直官员,便事先递上密疏,详尽罗织罪状。宋哲宗不辨真假,自然同意他的意见,蔡卞趁机以圣旨名义发出,让全国执行。这样即使积怨,也与他没有什么关系。宰相章惇虽然老奸巨猾,也往往落入他的圈套。

蔡卞、章惇二人狼狈为奸,一唱一和。章惇好发议论,蔡卞颇有城府,深藏不露。议论朝政之时,章惇往往是摇唇鼓舌,说得唾沫四溅,蔡卞却一言不发,诡秘莫测。

殿中侍御史龚夬上奏,说蔡卞与章惇勾结,一个在明,一个在暗,使元祐旧

27

臣全都贬到岭南等僻远荒疏之地，民间歌谣说："蔡卞心，章惇口"，章惇所做的坏事，都是蔡卞暗中出的主意。此人不宜留在京师，应该罢黜。

"一蔡二惇，必定灭门，籍没家财，禁锢子孙。"这是说人们如果得罪了蔡卞、章惇、安惇等人，必遭灭门之灾，家产被抄没，子孙遭禁锢。

又有一首歌谣说："大惇小惇，入地无门；大蔡（蔡京）小蔡（蔡卞），还他命债。"这是说得罪了章惇、安惇，连入地狱的门都找不到，触怒了大蔡小蔡，就连性命也难以保全了。

接着，台谏陈师锡、陈次升、任伯雨等十多人上疏弹劾蔡卞。

宋徽宗放了章惇一马，对于蔡卞便不再姑息，下诏贬蔡卞为江宁（今南京）知府。台谏们认为处罚太轻，继续弹劾。宋徽宗于是下旨将蔡卞改贬为提举杭州洞霄宫，太平州居住。尽管如此，朝臣们痛打落水狗，仍然弹劾不已。宋徽宗便再降蔡卞为秘书少监虚衔，这是一个虚名，毫无实权，宋徽宗不让他在朝，命他去了池州（今安徽贵池）。

接着，宋徽宗又提拔韩忠彦为尚书右仆射，兼中书侍郎，李清臣为门下侍郎，蒋之奇同知枢密院事。

七月，向太后见宋徽宗处理朝政尚属清明，选贤任能，罢黜奸邪，朝政清明，决定急流勇退，传谕撤帘还政。向太后垂帘听政不足半年时间，她不贪权势，主动撤帘。在宋代众多后妃中，向太后不失为睿智贤淑的一位。

章惇的报应终于还是来了。八月间，章惇护送哲宗的灵柩去永泰陵安葬。由于天降大雨，灵柩陷入泥泞之中难以前行，在荒郊野外折腾了一夜，才得以通过。台谏丰稷、陈次升、龚夬、陈瓘等人弹劾章惇大不敬，还有谏官上表，说章惇在皇上继位时有异议。

宋徽宗对朝臣们说，朕不会因为章惇对朕继位有异议而罢他的官，但他护送先帝灵柩于永泰陵时，确实是严重失职，于是下诏，将章惇撵出京城，出任越州知府（浙江绍兴）。

蔡京与弟弟蔡卞是一丘之貉，宋徽宗即位时，蔡京已被罢去翰林学士兼侍读、修国史之职，贬为太原知府，皇太后动了恻隐之心，留他在京修国史。朝中

大臣纷纷上书，揭露蔡京的罪行。侍御史陈师锡上疏指出，蔡京好大喜功，日夜结交内侍、戚畹贵族，企图得到重用。如果真用此人，必然导致天下大乱，毁了祖宗基业。

龚夬则劾奏蔡京治文及甫狱时，大臣梁焘、刘挚、陈衍等含冤而死，子孙遭到禁锢，而王岩叟、范祖禹、刘安世等贬窜远方，心肠之狠，甚于蛇蝎。

宋徽宗知道众怒难犯，于是把蔡京逐出京城，贬为知永兴军（今陕西西安）。言官们认为处罚太轻，宋徽宗再次下诏，将蔡京夺职贬居杭州，诏书中说他"擢自神考，际会泰陵，上缘翰墨之华，起居侍从之首，为恶直丑正之行"。

林希在绍圣初年攀附权贵，起草贬斥司马光、吕大防、苏轼等人的诏书，颠倒黑白，信口雌黄，品质极为恶劣。右司谏陈瓘上疏弹劾，林希被削去端明殿学士之职，贬为扬州知府。

哲宗绍圣年间曾任御史中丞的邢恕是一个伪君子，心地险恶，与蔡卞、章惇等同流合污，排斥元祐诸臣，诬告宣仁皇后想废掉宋哲宗，又诋毁大臣梁焘、刘挚图谋不轨，导致他们几至灭族。经陈瓘上疏弹劾，邢恕被贬至均州。

接着，吕嘉问、吴居厚、徐铎等一干奸臣也相继被贬。至此，那些宵小奸佞大部分被逐出朝廷，新朝呈现一派清明气象。

从谏如流

驱逐了奸佞，为任用贤良铺平了道路。宋徽宗听从韩忠彦的建议，召回元祐诸臣。首先起用的是年已七旬、双目失明的哲宗朝宰相范纯仁。

范纯仁是范仲淹之子，公忠体国，为人正直，因受章惇等人的迫害，于绍圣四年（1097年）二月被贬往岭南，安置在永州。他自忖生死未卜，客死异乡将是自己最后的归宿，忽然接到新天子的勉勉慰问，不禁有绝处逢生、恍如隔世之感。

在范纯仁赴邓州途中，宋徽宗拜他为观文殿大学士、中太乙宫使。两个职务虽然都是虚职，但观文殿大学士可备天子顾问，京城的宫观使照例都是宰执出任。新天子的恩宠，让范纯仁感激涕零。接着，宋徽宗又派人赐药，催范纯仁入朝觐见。这种吐哺握发、求贤若渴的举动，得到朝野一片赞誉。

可惜这位年过古稀的老宰相疾病缠身，回京后很难正常工作。宋徽宗便批准范纯仁退休在家养老，每次见到辅臣，都要问候范纯仁的情况，并对人说："范纯仁，得识一面足矣！"

号称唐宋八大家之一的文坛领袖苏轼也获得平反昭雪。可惜天不为宋主留人才，苏轼平反昭雪后，病死在回京的途中。

宋徽宗得知苏轼病死途中，感慨地说："苏轼作文，好像行云流水，嬉笑怒骂，皆成文章，是当今的奇才啊！召他进京，就是要让他为朝廷效力，不想却溘然长逝，让人痛惜啊！"

除了范纯仁、苏轼外，其他很多蒙冤大臣，也都得到了妥善处理。在韩忠彦的倡议下，已故的司马光、吕公著、文彦博、王珪、吕大防、刘挚、梁焘等三十三人得以平反昭雪，恢复名誉。这些棘手的公案已经沉积多年，宋徽宗举重若轻，一一妥善解决，表现出了一个年轻天子的才干。

唐太宗李世民是历史上一位从谏如流的一代明君，宋徽宗即位之初，也想成为一代明君：开明、克己、仁慈、公正、正大光明，爱民如子。在纳谏上并不比李世民逊色。

一次，宋徽宗闲暇之余，在宫中放风筝，一阵大风吹过来，刮断了风筝线，风筝飘落入附近百姓家，百姓见是宫中之物，惊恐不已。

曾布在宋徽宗面前提到位这件事，宋徽宗支支吾吾地说："不会有这种事吧！或许是民间误传，待查明之后再说。"

曾布见状说道："陛下刚即位，朝政之暇，偶尔为戏，未尝不可，怕的是有了错，不敢承认，还要委过臣下，不但败坏了社会风气，也有损圣德啊！"

宋徽宗自知理亏，只得承认。

宋徽宗喜欢大兴土木，修葺殿堂，宰相张商英屡次进谏，请求罢掉这些不急之务。

昙花一现的新政 第三章

一次，宋徽宗命人修葺升平楼，但又担心张商英进谏，于是吩咐监工，如果张商英经过此处，赶快把匠人藏起来，不要让他发现了。作为一国之君，修建楼堂馆所，是一件很普通的事情，却要躲开宰相的监督，让人有些忍俊不禁。

天子从谏，臣子才敢于直言。政和初年，右正言陈禾铁骨铮铮，敢于直言。宋徽宗知其耿直，下诏升任陈禾为给事中。当时宦官童贯、黄经臣等人倚恃宋徽宗的宠幸，胡作非为，朝野之人为之侧目，但都是敢怒不敢言。陈禾赴任之前，对左右说："我担任右正言之职，就该直言相谏，一旦改任给事中，便不是言官，卸任之前，一定要尽忠直言。"于是不待宋徽宗宣召，便上殿面君，力陈汉、唐之世宠任宦官，造成大权旁落、社稷覆亡的历史教训。今天宠任宦官，他日定会有不测之祸，恳请陛下留意，防患于未然。

宋徽宗饥肠辘辘，实在有些不奈，拂袖而起说："朕饿了，改日再说吧！"

陈禾意犹未尽，一把拽住宋徽宗的衣服说："陛下再忍耐片刻，容臣把话说完。"

宋徽宗只得重新坐下来。

陈禾继续说："陛下今天宠幸宦官，他日会有江山危亡之祸，孰重孰轻，请陛下三思！"

宋徽宗很不高兴了，自己即位不久，陈禾竟然说出会有江山危亡之祸，什么意思呀？心里一分神，坐在殿上有些木然。陈禾以为宋徽宗拒谏，心情激动，用力过猛，竟然将宋徽宗的衣服拽掉了。

宋徽宗真的生气了，大声说："你有话好好说嘛，把我的衣服都撕破了，这叫什么事啊？"

陈禾很有气节，大声说："陛下你要不在乎这件衣裳，我就不在乎粉身碎骨以报陛下！"

宋徽宗听后不禁动容，说道："你竟然如此赤胆忠心，朕还有什么可以忧虑的呢，你说吧！"

内侍走过来说："陛下的衣裳破了，换一件吧！"

宋徽宗挥挥手道："不用换，朕就穿着这件破衣裳，听他把话说完。而且这

31

件破衣裳也不许扔掉，以后我看到这件衣裳，就会想起右正言陈禾，我要把这件衣裳留着纪念。"

宋徽宗的这个故事，同唐太宗和魏徵的故事很相似。从这件小事，可以看出这位少年天子的刚厉有为之气。

宋徽宗为端王的时候，虽然醉心于笔墨、丹青、琴棋书画，来往于烟花柳巷，对朝廷的政事并不怎么关心，但他毕竟是宗室一份子，在那个圈子里生活，耳闻目睹，对朝廷的事情还是略知一二。在哲宗朝，无论是宣仁圣烈太皇太后垂帘听政时期司马光搞的"元祐更化"，还是宋哲宗亲政时期章惇搞的"绍圣绍述"，实际上都是搞窝里斗，朝臣的精力都在内耗中消失，做皇帝的精力也都花在调解各种各样的矛盾之中。

对于宋徽宗来说，最大的历史遗案，便是对王安石变法的评价问题。王安石在宋神宗的支持下大力变法，确实使国家富强起来，但因此也得罪了不少朝中元老，以致变法、废法，一直成为贯穿宋神宗后宋朝始终的大问题。在宋徽宗的鼓励下，上疏言事的人越来越多，后来议论得最多的问题便是宋神宗、宋哲宗时变法、废法的评价。

一种议论认为，宋神宗任用王安石变法，但元祐年间，司马光反其道而行之，更改熙宁、元丰之政，使国家陷入积贫积弱的境地。以后虽有绍圣"绍述"，推翻了元祐之政，但终因积重难返，宋神宗时的法度已破坏殆尽。新朝如果欲大有作为，必须尽去元祐党人，弃旧图新。

一种看法则是针锋相对，认为祖宗之法本已很完善，只需萧规曹随即可，不必节外生枝。司马光拨乱反正，正本清源，才使宋室江山转危为安。后来又有绍圣之变，导致国穷民困，政令不举。当务之急是起用元祐旧臣，贬逐主张绍述的大臣。

还有一种观点是不必持门户之见，无论是元丰党人，还是元祐党人，都应因才取用，不可扬此抑彼，这一说法虽然有调和之嫌，无疑是正确的。

年轻的宋徽宗陷入了深思，到底接受哪一种意见，他一时拿不定主意。神

昙花一现的新政 第三章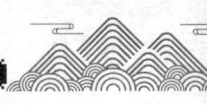

宗皇帝是他的父亲,变法图强,自然是无可厚非。哲宗是他的兄长,虽然不是一母所生,但向来手足情深,自己的帝位就是承袭他的,如果初即位便驱逐先朝老臣,更改法度,于情于理,似乎都不好说。他仔细阅读奏疏,觉得无论是否定元丰党人还是元祐党人,似乎都有失偏颇,都有以偏概全之嫌,倒是屏退门户之见的建议,打动了他的心。

恰在此时,范纯仁病死家中,弥留之际,他向宋徽宗上了一道遗表,恳请天子不要理会所谓的朋党之争,应该观察某人是否正直,从而披抉幽隐,发现人才。遗表由范纯仁口述,由他的儿子转呈宋徽宗。

宋徽宗的目光停留在遗表上,凝视不动,思绪万千。所谓不要理会朋党之争,不就是要不偏不倚,公平用人吗?范纯仁是当年元祐党的领袖,在政坛上曾经大起大落,临终之前还能如此摒弃成见,一心为国,其心可嘉。

经过反复思考,宋徽宗于元符三年(1110年)向全国发布一道诏书,表明自己对元丰、元祐两党之争的态度。大意是说,军国大政和用人标准,对于元丰、元祐不会有区别,如果能使政事稳妥无失,人才各得其用,天下就太平了。无偏无党,正直是与,清静无为,顾大局识大体,使天下得以休养生息。

应该说,这道诏书是宋徽宗在位期间所下的诏书中最有分量、最值得肯定的诏书,可谓痛快淋漓,大快朵颐!

很显然,宋徽宗想谋求一个在新党与旧党之间的平衡点,使两党能够和平相处。诏书刚颁布一个月,便将"元符"年号改为"建中",意思是不偏不倚,新党旧党一视同仁,大家都是好兄弟,又因为"建中"是唐德宗的年号,不能重复,特地在"建中"后面添加"靖国"二字,即为"建中靖国"。"靖国"的意思,就是建立一个安定和谐的国家,立意不可谓不善。

宋徽宗刚刚即位,如此除旧布新,去奸佞,任贤良,开言路,纳忠言,俨然一个中兴天子的形象。如果能持之以恒,不改初衷,北宋的兴旺发达必将大有希望。可惜的是,宋徽宗的新政只是昙花一现,接下来发生的事情让人大跌眼镜。

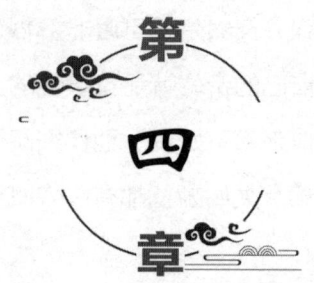

第四章

巨轮驶入歧途

重陷党争泥潭

宋徽宗即位之初的所作所为,确实让人有耳目一新,精神振奋的感觉,可惜的是,宋徽宗锐意革新的政策只是昙花一现,没有继续下去,雷声大,雨点小,虎头蛇尾,不了了之。究其原因,一是宋徽宗太年轻,没有从政经验,即位之初,倚仗向太后给他掌舵。向太后倾向于旧党,因此韩忠彦才得以升任宰相。向太后还政、乘鹤西去之后,旧党失去了依靠,新党便乘机卷土重来。二是韩忠彦、曾布两位宰相不和,时间一长,矛盾竟然发展到不可调和的地步。

韩忠彦虽然位在曾布之上,因其性格懦弱,木讷而不善言词,朝堂上的事多是由曾布说了算。曾布本是与章惇一同主张绍述之人,后来与章惇产生矛盾,转而与韩忠彦联手,挤掉了章惇。如今又故态复萌,主张绍述,排除忠直之臣。

曾布的所作所为,引起了谏官的不满,任伯雨上疏贬了章惇之后,又把矛头对准曾布,针对曾布欲调和两党的做法,他上疏说:

> 人才固不当分党与，然自古小人未有与君子杂然并进，可以致治者。盖君子易退，小人难退，二者并用，终于君子自去，小人犹留。唐德宗坐此致播迁之祸，建中乃其纪号，不可以不戒。

任伯雨在奏疏中将旧党中人视为君，将新党中人视为小人。

任伯雨是个很固执的人，当谏官半年，一连上了一百零八篇奏疏，这些奏疏中，有的是真有其事，有的是捕风捉影。有一次，宋徽宗将任伯雨的奏章扔在地上，生气地说："朕不是说了吗？稳定是第一位，不要再搞窝里斗，怎么总是这样喋喋不休的呢？"

宋徽宗恼火了，开始讨厌旧党中人。而曾布则不仅仅是恼火，他是忍无可忍了，本想顺着宋徽宗的意思，先调和一段时间再说，既然有人不买账，那就不用再调和了，于是奏请宋徽宗，罢了任伯雨的谏官之职，改任权给事中，并派人警告任伯雨，今后请闭嘴，少说话，否则下场很惨。

任伯雨不是一个吓得住的人，同传话的人大吵一场，准备再上疏弹劾曾布。曾布怒不可遏，决定先下手为强，将任伯雨改任度支员外郎。

右司谏陈瓘也接连上表弹劾曾布。

任伯雨和陈瓘都是韩忠彦举荐的，两人都同曾布过不去，曾布便怀疑是韩忠彦在背后捣鬼，只因此时宋徽宗仍然本着中和立政，持平用人的宗旨，并不偏向于哪一方，故朝中虽然暗流汹涌，表面上却是风平浪静。

曾布不是一个有气度的人，当然不会容忍陈瓘对他的攻击。奏请宋徽宗，将陈瓘逐出京城，贬往泰州。中书舍人邹浩、右谏议大夫陈次升一齐请曾布奏请宋徽宗收回成命，遭到曾布的拒绝，只好相约给陈瓘饯行。

陈瓘对邹、陈二人说："我原以为官家天资聪慧，或能有一番大作为，故而敢效愚忠，直言相谏。现在看来，官家的聪明，不在政治上，而在其他方面，比如文学艺术。官家虽然倡导调和、公正、持平，却又不明白怎么做。一旦调和不成，持平不了，局势必将一边倒，到时只怕党争要酿成党祸，到时来势之凶猛，恐怕会更甚于元祐更化、绍圣绍述了。"

靖康耻

"陈兄认为会向哪一边倒呢？"邹浩问道。

"韩忠彦懦弱，影响不了官家。曾布虽主调和，调和不成，他也影响不了官家。据说有不少人在为蔡京唱赞歌。如果蔡京上台，后果就难以预料了。"

陈次升吃惊地问："为什么？"

陈瓘回答道："蔡京才华横溢，办事干练，让他治理一个州县，必定是一个能吏，如果让他治国，官家若能驾驭，国必大治，如果驾驭不了，国必大乱。"

三人默然无语。

尚书右丞范纯礼，为人耿直敢言，曾布对他有所忌惮，想除去他却又找不到理由，考虑再三，便找来驸马都尉王诜，悄悄地对他说，皇上的意思是要让你为承旨郎，由于范右丞从旁谏阻，这件事才不了了之。

王诜信以为真，因此怀恨在心。恰好辽国派使臣来京，王诜和范纯礼负责接待工作。辽使离去之后，王诜向宋徽宗进谗言，说范纯礼多次在辽使面前直呼皇上御名，让辽使见笑，失了臣子之礼。

宋徽宗竟然不问真假，便将范纯礼贬到颍昌府做了知府。李清臣也因为与曾布有矛盾，罢了门下侍郎之职。尽管如此，韩忠彦与曾布之间的争斗仍然是一个不了之局，双方你奈何不了我，我对你也没有办法。

韩忠彦的权谋之术远远不及见风使舵的曾布，接连吃过几次亏后，便想找一个帮手来对付曾布。

曾布与韩忠彦的想法不谋而合，也想找一个帮手对付韩忠彦。戏剧性的一幕是，两人想到的帮手竟然是同一个人，他就是蔡京。

蔡京是一个城府极深、极善钻营的人，他的拿手绝活就是见风使舵，紧跟形势走。蔡京是熙宁三年（1070年）的进士，当时王安石变法方兴未艾，神宗视王安石为股肱，新党人士气势正盛，蔡京见风转舵，成了新党中人；元丰八年（1085年）神宗去世，蔡京已爬到代理开封府知府的职位，有了参与朝廷高层政治活动的资格。眼看前途一片光明，不料在宣仁圣烈太皇太后的支持下，保守派司马光东山再起，旧党崛起，蔡京敏感地意识到新党气数将尽，有心改换门

巨轮驶入歧途 第四章

庭，投靠旧党。

正在这时，司马光下了一道死命令，限天下五天之内废除"募役法"，恢复"差役法"。在人们普遍认为这是一件不可能做到的事情时，蔡京却抓住这个稍纵即逝的机会，竟然在自己的辖区内，奇迹般地办成了，并立即向保守派领袖司马光报功。

蔡京的投机行为虽然得到司马光的赏识，但却遭旧党中人的不耻，因为在五天之内完成由"募役法"到"差役法"的转变，是一件不可能的事情，蔡京是在蒙着眼睛骗鼻子，"故意扰民以坏成法"。

面对旧党汹汹的浪潮，司马光担心旧党起内讧，只好挥泪斩马谡，让蔡京卷铺盖走人。但司马光没有亏待蔡京，将他安置到真定府做知府，兼真定府路安抚使，只挪了一个位子，行政级别并没有降低，而真定府是一个肥缺，很多人想去也去不了。

哲宗绍述的时候，蔡京摇身一变，又以新党的面目出现，当上了户部尚书，成了章惇眼里的红人，官至翰林学士承旨，有可能跻身执政大臣的行列。不料章惇被曾布击败，被逐出京城，最终客死他乡。

十年之间，蔡京翻手为云，覆手为雨，政治操守可见一斑。章惇遭贬，蔡京也跟着倒霉，被撵到杭州闲居。蔡京虽然到了杭州，但他不甘心就此沉沦，时刻都在寻找机会谋求东山再起。

宋徽宗即位之后，于建中靖国元年下诏在杭州设置明金局，并以内廷供奉官的名义，派宦官童贯到杭州主持明金局的工作，负责搜罗文玩字画。内廷供奉官大体相当于皇宫的采购处长，职位并不是很高，但却是一个很有油水的肥差。

蔡京闲居在杭州，知道童贯是天子弄臣，便想方设法巴结童贯，将自己珍藏的王右军的字画献给童贯，又帮助童贯把杭州民间收藏的几件珍品字画、器玩弄到手。蔡京是一位不折不扣的才子，能书善画，书法冠绝一时，就连号称"米癫"的大书法家米芾也都自愧不如。蔡京利用自己的特长，精心制作了一些屏风、扇带，让童贯带回宫中。当然，童贯也不会白忙乎，从蔡京那里得到了一笔丰厚的贿赂。

37

宋徽宗见到童贯从杭州带回来的这些好东西，惊喜之余，开始对童贯另眼相看了。童贯乘机为蔡京说项，赞扬蔡京是天下奇才，这样的人闲置不用，实在是暴殄天物。

童贯又将蔡京托他带回的金银珠宝和小巧玩意分送给后宫众嫔妃与内侍。后宫这些人受了小恩小惠，心存感谢，纷纷在宋徽宗面前夸赞蔡京，说蔡京才华出众，贤能无双，忠于朝廷，是一个不可多得的人才。

蔡京也没有忘记元符皇后刘氏，当年章惇废孟后，蔡京是同谋者，刘皇后是知道的。当时有一个叫徐知常的宗教画家，常以道士身份出入元符皇后宫中，蔡京嘱咐其心腹太常博士范致虚花重金收买徐知常，托徐知常求元符皇后暗助自己复职。元符皇后本来就对蔡京心存感激，当然满口答应，她与徐知常密商一计，由心腹宫女传出话去，说当今皇上是上界星君下凡，必定另有星宿下凡辅佐。

宋徽宗听到这些谣传，心里很舒坦，他想知道辅佐星君的星宿是谁，于是想起了当年给他测字的陈彦道士。

陈彦应召进宫，装模作样地推算了半天，写下四句谶语：

宦海沉浮三十年，
两朝耿耿佐君边。
芳草萋萋去天际，
京师腊祭好重迁。

宋徽宗七窍玲珑，一看就懂，这是说在腊祭之前将蔡京召回，既然是谶句，那就是天机，天机不可泄露啊！谶语说得如此直白，当我是二百五呀？由于有了疑心，便没有依陈彦的谶语行事。

宋徽宗尽管没有召蔡京进京，但还是下诏起用蔡京为定州知府，蔡京还没有起程赴任，宋徽宗又下诏改任大名府。

起居郎邓洵武是一个极善投机钻营的人物，他预料到蔡京会东山再起，重掌朝政，便刻意巴结。当时韩忠彦、曾布为相，在一次入朝奏事时，邓洵武在宋

徽宗面前挑拨说："陛下是先帝之子，理应绍述神考遗志。宰相韩忠彦是韩琦之子。先帝曾推行新法，韩琦常谏新法不可行。现在韩忠彦为相，便更变先帝之法，陛下都听之任之。韩忠彦作为臣子，尚能继承父亲的遗志反对新法，陛下作为天子，反而不能绍述先帝的遗志。"

宋徽宗问道："依你之见，此事该如何处理呢？"

"陛下如欲继先帝遗志，非起用蔡京不可。"邓洵武看准了宋徽宗在是否变法上举棋不定而又急于继承父志的心理，用父子之情去离间君臣关系。

宋徽宗果然掉进了邓洵武的圈套，沉默不语。

当时，蔡京已贬往外地，宋徽宗并无复用之意，邓洵武早有预谋，继续说道："陛下如果真要绍述先志，群臣中恐怕没有相助者。"边说边从怀中拿出一幅《爱莫助之图》献给宋徽宗。

图分为左右两表：左表列元丰诸臣，右表列元祐诸臣。自宰相、执政、侍从、台谏、郎官、馆阁、学校等，各作一重。在元丰诸臣表中，列蔡京为首，余下不过赵挺之、范致虚、王能甫、钱遹等五六人而已。表下面注：能够尽力，以助绍述。在元祐诸臣表中，列韩忠彦为首，而举满朝公卿、百官、执事，尽行载入差不多有五六十人。表下面注：破坏政令，阻挠绍述。

这本来是恶作剧式的文字游戏，宋徽宗竟然深信不疑。

对于神宗、哲宗两朝旧臣，宋徽宗本已不存偏见，而邓洵武公然挑拨，目的在于试探宋徽宗调和两党矛盾的态度是否坚定不移，谁知他这种带赌博式的荒唐举动，竟然得到这位青年天子的默许。

宋徽宗之所以对蔡京情有独钟，是因为他对蔡京潇洒飘逸的书法心仪已久。宋徽宗当藩王的时候，就与书法结下不解之缘，只要见到自己喜爱的书画作品，都要想办法弄到手。绍圣年间，蔡京的书法名噪一时，无人能出其右。一次，蔡京的两个侍从手持百圆扇为蔡京扇凉，蔡京一高兴，便在两人的扇子上题写了杜甫的两句诗。几天之后，两人再来侍候蔡京时，喜气洋洋，衣帽一新。蔡京觉得奇怪，问他们怎么一下子阔了起来。两位侍从告诉他，几天前蔡京给他们题字的两把扇子，被端王花两万钱高价买走了。宋徽宗愿花重金购买蔡京的墨迹，当

靖康耻

然是爱屋及乌,对蔡京本人有好感。即位之后,本想重用蔡京,无奈蔡京劣迹斑斑,犯了众怒,遭到朝野一致抨击,无法庇护,只得将他贬谪到杭州去了。

宋朝的皇帝对看图说话似乎都很重视,当年的王安石因郑侠献一幅《流民图》而败走麦城,如今的宋徽宗看了《爱莫助之图》之后,感触也非常深。他以为元丰人少,元祐人多,疑心元祐众臣朋党为奸,有心要改变这种状况。恰好此时韩忠彦和曾布两人同时力荐蔡京入朝。宋徽宗于是下诏,把蔡京召入朝中担任翰林学士承旨,蔡京终于又回到了朝廷。

曾布力荐蔡京不难理解,因为蔡京也主张绍述,两人是同党,同党中人联手对付一个外人,当然在情理之中了。

韩忠彦力荐蔡京,却有些让人费解,因为他是旧党,蔡京是激进人物,韩忠彦为何要推荐一个与自己政见不合的人物呢?用韩彦忠的话说,曾布你不是靠"绍述"迎合皇上吗?我就找一个更能"绍述"的人来制服你,这叫做以暴制暴。

韩忠彦欲用蔡京来排挤曾布,曾布也想靠蔡京打击韩彦忠,但他们两人都忽视了蔡京的能力和野心。蔡京是一个工于心计,心狠手辣,睚眦必报的奸诈之徒,论他的能力,韩彦忠和曾布两人绑在一起,也不是他的对手。

韩忠彦本想找一个助手,病急乱投医,为自己找了一个掘墓人。曾布想找一个帮手,却找来了一个卸磨杀驴之人。

宋徽宗即位之初,曾发布煌煌文告昭示天下,将以至正大公的胸怀,不偏不倚地对待变法与保守两派人士,以期利国利民,并改年号"建中靖国",仅隔一年余时间,当初之言犹然在耳,宋徽宗便自食其言,改元"崇宁","宁"指的是熙宁,这是宋徽宗的父亲神宗皇帝推行变法的年代,"崇"是推崇之意,这是明白无误在表示要恢复神宗之法。在这个节骨眼上,蔡京回朝了。

蔡京是一个极具野心的人,翰林学士承旨并不是他的终极目标。为了表示他的不同凡响,他到处散布谣言,攻讦元祐党人,而宋徽宗竟然默许了,这预示着一场迫害元祐党人的风暴已起之于青萍之末了。

巨轮驶入歧途 第四章

　　国策作出重大调整，人事重新洗牌也就成为必然。宋徽宗下诏提拔邓洵武为中书舍人给事中、兼职侍讲；恢复蔡卞、邢恕、吕嘉问、安惇、蹇序辰等人官职；礼部尚书丰稷，则被逐出京城，出任苏州知府。

　　蔡京是个聪明人，知道饭要一口一口地吃，路要一步一步地走。经过一番深思熟虑之后，决定先联合曾布挤走韩彦忠，然后再干掉曾布。于是便与曾布在宋徽宗面前唱双簧，说韩彦忠身为宰相，骨子里却不乐意崇尚神宗之法，不赶走韩彦忠，崇尚神宗之法就是空谈。

　　五月，韩彦忠终于被逐出朝廷，以观文殿大学士身份出知大名府。韩彦忠悔不当初，原本举荐蔡京还朝是要挤兑曾布，不料搬起石头砸了自己的脚，政治斗争是无情的，一招失手，满盘皆输啊！

　　驱逐了韩彦忠后，宋徽宗又下诏追贬司马光、文彦博等四十四人官阶，并规定不再任用元祐、元符党人；司马光等人的子弟不得为京官。再下诏，进蔡京为尚书左丞、赵挺之、温益为尚书右丞、许将为门下侍郎、许益为中书侍郎。

　　尚书左丞（即执政）是一个副宰相的职级，相当于宰相助理。这种快速提拔足以令人眼花缭乱，曾布觉得有些不妙，但已无力阻拦了。更糟糕的是，此时的蔡京已不把曾布放在眼里了，出任尚书左丞不足一个月的时间，便对曾布痛下杀手，彻底断送了曾布的宰相梦。

　　曾布与陈佑甫是儿女亲家，陈迪是陈佑甫的儿子，也是曾布的女婿。曾布欲推荐陈佑甫担任户部侍郎。按大宋有关规定，宰相不能举荐自己的亲属担任要职，两府议事的时候，曾布提到这件事，意思是征求蔡京的意见，蔡京故意使坏，不说同意，也没提反对意见。曾布以为蔡京默许了，便向宋徽宗举荐陈佑甫。

　　蔡京却站出来说："爵禄是公器，国家设官分职，是为了治理国家，确定俸禄，是为了让臣子尽忠供职。这官职爵禄，宰相怎么能私授给亲家呢？"

　　曾布被激怒了，反驳道："蔡京与蔡卞是兄弟，不是也同朝为官吗？"

　　蔡京抓住曾布的语言漏洞说："曾大人，我说过不可亲家同朝吗？我是说不可凭借权位私自相授。蔡卞是我举荐的吗？当年蔡卞任尚书左丞，位在我之上，

靖康耻

哲宗皇帝曾拟授我右丞之职，有人当时奏说兄弟不可同朝，想必曾大人还记得这件事吧？"

兄弟不同朝这句话，其实就是曾布说的。蔡京虽然语含讥讽，曾布却也无话可说。曾布恼羞成怒，大声说："陈佑甫虽然是我的亲家，但以他的才干，足以胜任户部侍郎之职，外举不避仇，内举不避亲，我怎么就不能举荐？"

蔡京冷笑一声道："恐怕未必真有才吧！"

曾布冷哼一声道："以小人之心，度君子之腹。"

大臣温益对曾布早就心存不满，乘机斥责道："在皇上面前，怎么能如此无礼？"

在天子面前无人臣之礼，是犯罪行为。曾布自知失礼，连忙跪下请罪。宋徽宗甚为不快，拂袖而去。

第二天，言官们交相弹劾曾布，其中最著名的一句话是："呼吸立成祸福，喜怒遽变炎凉。"意是说，曾布势焰熏天，喘口气就能决定别人的命运，喜怒哀乐之间，就可以改变天地间的冷暖炎凉。

曾布无奈，只得请求辞职。宋徽宗立即准奏，免去曾布右相之职，改为观文殿大学士，贬到润州去当了知州。

蔡京痛打落水狗，继续弹劾曾布，说他贪赃枉法，收受贿赂，并设下圈套，让曾布自己承认贪污，希图免罪。结果曾布再次贬官，被遣往太平州（今安徽当涂）居住。从此以后，曾布以戴罪之身，历经劫难，五年之后，在郁郁寡欢中死去。曾布死不足惜，但从其宦海沉浮中，我们可以看到北宋末年政坛的波诡云谲，权臣相互倾轧，最终导致北宋的衰微与覆灭。

蔡京成功地导演了一场联曾倒韩，卸磨杀驴的好戏，如愿以偿地当上了尚书右仆射、兼中书侍郎，已是权势显赫的宰相了，半年之后，又升任左仆射兼门下侍郎，成为帝国第一宰相。他从贬谪地东山再起，仅用了一年时间，便成了国之重臣，其升迁速度之快，令人瞠目结舌。

巨轮驶入歧途　第四章

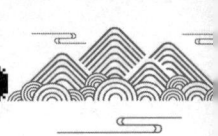

元祐党禁

奸佞得志，便意味着忠良遭殃。蔡京走马上任后，宋徽宗便下诏禁止元祐法，同时在尚书省设立讲议司。为的是要绍述神宗大业。宋徽宗以往下诏书，尽量中庸平和，这一次却一反常态，把元祐期间的政治措施抨击得一无是处，措辞之严厉，态度之蛮横，同以往的谦抑与温和判若两人。

这道诏书是在蔡京操纵下炮制出来的。诏书指责哲宗在位时期民生维艰，商旅不通，官吏寡廉鲜耻，民风浇薄，赋税不均，奢靡严重，稍微遇到饥荒，百姓便流离失所。诏书中所指的也许都是事实，但北宋积贫积弱已久，把这些积弊全都算在哲宗头上，实在不公允。问题的症结也并非在此。蔡京的本意并非与哲宗过不去，他的目的在于整肃仍然活跃在政坛上的哲宗朝旧臣，置他们于死地，这才是这道诏书的真正目的。

至于那个非驴非马、不伦不类的讲议司，则是仿照神宗熙宁年间设置条例司的旧例设立的。讲议司的主官叫提举，由宰相蔡京兼任。宋徽宗设立讲议司，本意是讲议熙、丰已行法度及神宗欲行而未行之事。然而，这个机构却成了蔡京排挤异己、陷害忠良的工具。蔡京托绍述之名钳制天子，任用亲信吴居厚、范致虚等人为幕属，将朝廷政治、经济大权牢牢控制在自己手里，颁发的政令不许台谏封驳议论，强行推向全国。

蔡京是一个睚眦必报之人，他凭借手中的权力，把和他有个人恩怨或意见相左的人悉数定成了元祐奸党，并亲自议定了一份名单，总共一百二十人。这些所谓的元祐奸党中：

文臣执政官二十五名，司马光、文彦博、吕公著、韩忠彦、李清臣、刘奉世、王岩叟、苏辙、范纯礼、陆佃等均在其中。

曾任侍制以上的官员三十五名，苏轼、范祖禹、刘安世、曾肇、邹浩等人榜上有名。

余官四十八人，程颐、晁补之、黄庭坚、李格非（词人李清照之父）、司马康

（司马光之子）、秦观、吕希哲、任伯雨、陈瓘、龚夬等在劫难逃。

此外还有内官张士良等八人，武臣王献可等四人。

宋徽宗以他那优雅高超的书法艺术，先后两次亲笔书写"元祐党人碑"，刻石立在皇宫的端礼门和文德殿的东壁之上，用以昭示天下。如此一来，朝中的精英以及那些算不上精英便与蔡有过节的人，都被戴上了"奸党"的帽子。

事实上，所谓奸党的人情况十分复杂，不可一概而论，如王安石的学生陆佃根本就不是旧党。章惇、曾布虽然心地褊狭，品质恶劣，但和元祐党人毫不相干，只因与蔡京见解不合，也被列入元祐党籍。又如曾任宰相的张商英，哲宗朝曾反对变更新法，上疏攻击司马光、吕公著等，只因蔡京政见不合，也被列入元祐党籍，贬出朝廷。总之，元祐党籍是蔡京迫害异己的撒手锏，只要他随手掷给你一顶元祐党籍的帽子，就足以使你陷入万劫不复的境地。

蔡京刊立党人碑后，又将元符末年，因日食，求直言时上书的几百人全部清查出来，将他们定为邪上、邪中、邪下三个等级，以钟世美以下四十一人为正等，悉数加以升官嘉奖。

范柔中以下五百多人定为邪等，无一例外地都被降官，以示惩罚。尽管如此，心肠歹毒的蔡京仍嫌株连不够，又向宋徽宗提出惩办那些要求恢复元祐旧法之人。宋徽宗自然应允，于是刘奉世等二十七人被罢了俸禄。按照宋代规定，大臣罢官之后，让他们去管理道教宫观，没有具体职掌，只领取俸禄，称之为"祠禄"。如今连这一点微薄的待遇都要取消了。同时又命令他们分散在各州居住，规定这些人不得居住在同一个州，以防串通滋事。这些人多是皤皤老翁，长期遭受迫害，困顿潦倒，生活拮据，现在又以戴罪之身，携妇将雏，飘零天涯，饱受颠沛流离之苦。著名词人黄庭坚、晁补之等人就在这一行列中。涉及的人数之多，范围之广，较之章惇当年的疯狂报复，有过之而无不及。有人看不惯这种作法，写了一首小诗讥讽说：

当初亲下求言诏，引得都来胡道，人人招是骆宾王，并洛阳年少。自讼监官并岳庙，都教一时闲了。误人多是误人多，误了人多少。

崇宁二年（1103年）正月，一些奉承蔡京的小人唯恐天下不乱，上书宋徽宗，说竖立在端礼门和文德殿的元祐党人碑，距京师近在咫尺的陈州竟不知情，更何况边远之地，应由朝廷下诏，将端礼门御书石碑上的"奸党"姓名下发给外路州军，立石刊记，以传示万世。

宋徽宗不假思索，欣然应允，交由蔡京办理。蔡京亲自书元祐党人姓名，颁发到各郡县，命令各地将这些名字刻在石碑上。

长安官府接到立碑的命令，不敢怠慢，立即召一个叫安民的石匠刻碑。安民看过党人姓名后说："小匠不晓得朝廷刻石的意思，但听得司马相公这个人，海内都称道他正直忠良，如今却把他列做奸党首领，小匠不忍奉命刻石。"

长官怒道："你一个小小的石匠，能够辨别朝廷谁是忠谁是奸吗？"

安民对答道："并不是小人能辨别朝廷的忠奸，不过像司马相公爱国爱民的赤心，天下之人，妇孺皆知。举世都识为忠，朝廷独指为奸，怎能叫小人不疑心呢？"

"越发胡说了！"长官大喝道，"这是朝廷的命令，我尚不敢违抗，你是什么人，竟敢违抗朝廷之命吗？"

石匠安民愣在当场，不敢出声。

"刻，便是活，不刻，立即乱棒打死，两条路，你自己选吧！"

"小人愿刻。"安民跪在地上，哭着说，"但求大人答应小匠一件事。"

"什么事？"

"小人刻碑不留名。"

原来，石匠行当有一个不成文的规定，就是所刻的石碑上，要刻上刻碑人的名字。安民不想将自己刻这个罪恶之碑的罪恶之名流传后世，故以不留名的方式对蔡京一伙提出抗议。

九江有一碑工名叫李仲宁，镌刻技术精湛，偶与诗人黄庭坚相识，黄庭坚为他所居之处题了"琢玉坊"的匾额，李仲宁珍如拱璧。朝廷诏令州郡刻元祐党人碑时，他也被征去刻碑。他见"奸党"名单中有黄庭坚之名，便对州军长官说：

靖康耻

"小人以前家庭贫穷，只因刊刻苏内翰（苏轼）、黄学士（黄庭坚）诗词，来买的人越来越多，小人一家才得以饱暖，如今说他们是奸党并要镌刻石上，小人实在不忍下手。"州郡长官是个正直的官员，感慨地说，想不到一个乡野村夫，竟有这等超凡脱俗的见解，真是难能可贵。于是馈赠以酒，并答应了他的请求。

安民、李仲宁这些贫贱乡民深明大义，与那些饱读四书五经、满腹经纶却卖身求荣投靠权贵的士大夫，形成了鲜明的对比。

被列入元祐党的众多官员中，有很多人都是才高八斗、著作等身的文化人，他们的作品早已风靡一时，妇孺皆知。蔡京知道，只要这些人的著作还在民间流传，就不可能消除他们的影响，当务之急就是让这些人的著作在民间消失。于是，在蔡京的指使下，一伙奸佞挖空心思找这些文化人的麻烦。

最先遭殃的是诗人黄庭坚，因他被列入了元祐党籍，被责降管勾玉隆观。百无聊赖之际，写了一篇《荆南承天院碑》，碑文大意是说，有人说建一座佛寺要耗费掉中等民户万家之财，实在是百姓沉重的负担。依鄙人之见，即使国家无战祸，天灾疾疫也是百姓无力抗拒的。天下善人少而不善者多，如果国家的刑罚施于外，佛家的思想施于内，两者相辅相成，无疑对国家是有益而无害。其实，黄庭坚撰写的碑文，只是直抒胸臆，表示对修造佛寺的看法而已。

湖北转运判官陈举上表弹劾，说黄庭坚语涉谤讪。而真正的原因是陈举想在碑文后面添上自己的名字，以抬高自己的身价，作为炫耀的资本，遭到黄庭坚婉拒。陈举恼羞成怒，便从碑文中摘录数句，交给执政赵挺之，而赵挺之与黄庭坚有矛盾，便乘机落井下石，马上将奏本上交宋徽宗，致使黄庭坚贬窜宜州，客死异乡。一抔黄土葬孤魂，黄庭坚再也没有回归故乡洪州分宁。

崇宁二年（1103年）四月，宋徽宗下诏销毁吕公著、司马光、范纯仁等人在景灵西宫的画像，又在蔡京的怂恿下，禁行苏洵、苏轼、苏辙、黄庭坚、张耒、晁补之、秦观、马涓等人的文集；焚毁范祖禹的《唐鉴》、范镇的《东斋记事》、刘攽的《诗话》，僧文莹的《湘山野录》等书的印版。

巨轮驶入歧途 第四章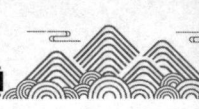

最有意思的是《资治通鉴》一书的命运。司马光既然被列入了元祐党人，他主持撰写的《资治通鉴》也在焚毁之列，当时负责销毁《资治通鉴》印版的是蔡京的弟弟蔡卞及其党羽林自等人。

博士陈莹中得知这个消息，特意在太学考试出题时援引了神宗为《资治通鉴》写的序文，以示皇帝关注过此书。

林自不学无术，不曾读过《资治通鉴》，不知道神宗确实写过这篇序文，质问陈莹中说："这篇序文怎么能是神宗写的呢？"

陈莹中反问道："谁敢说这是假的吗？"

林自又自找借口说："即使是真的，也是神宗幼年时写的文章而已。"

"天子之学出于圣人，得自天性。"陈莹中反问道，"难道皇上少年和成年时写的文章有区别吗？"

林自自知理亏，回去将这件事报告给了蔡卞。蔡卞秘密下令学宫中把印版放在高阁安全之处，不再议论毁版的事了。《资治通鉴》躲过了一场浩劫，得以幸存下来，流传于世。

蔡京销毁了司马光等人的画像，又命人在显谟阁画熙宁、元丰功臣的像；在都城南面修建学宫，建房千八百七十二间，赐名辟雍，广储学士，召集人研究王安石的《经义》《字说》，在辟雍中供俸孔子、孟子等人的图像。

夜砸党人碑

也许是宋徽宗、蔡京一伙迫害元祐党人的做法太离谱，因此在全国范围内掀起了轩然大波，致使人神共愤，万民嗟怨，蔡京等人不得不有所收敛。崇宁四年（1105年）五月，宋徽宗下诏"除党人父兄子弟之禁"。坚冰乍融，柳暗花明，事情总算有了转机。八月间又规定，凡因上书而受到编管的人士由亲戚担保，放归田里，与家人团聚。

47

靖康耻

"门外天涯迁客路，桥边风雪蹇驴情。"当年元祐党人落泊离京，风餐宿雨，无限凄凉，如今可与家人共享天伦之乐了。但又规定，如果犯流罪以上，或擅出州界，或不思悔改，谤讪朝政者，不在此列。如有违犯，保人者同罪。这等于就是说，只要蔡京一伙看谁不顺眼，随时都可以找一个理由重新进行迫害。这虽然是有限的放宽禁网，但毕竟是寒冬中有了一丝春天的气息！

这一年九月，因九鼎铸成，宋徽宗在大庆殿接受群臣祝贺，诏用新乐，并大赦天下，元祐党人的处境稍稍有了改善。宋徽宗心情大好，忽生恻隐之心，亲自起草一份诏书，表示自己不念旧恶，体恤臣民。诏书中说元祐奸党诋毁先帝，罪在不赦，理应窜逐远方，饱受颠沛流离之苦。但如今五谷丰登，祥瑞迭至，一夫失所，朕心不安，为表示朝廷宽厚之意，贬谪之人可以内徙，但不得至四辅（东辅襄邑、西辅郑州、北辅澶州、南辅颍昌府）及京畿之地。

尽管有种种限制，但从交通不便、气候恶劣的边陲移往内地，生活上毕竟方便了很多。

也是事有凑巧，崇宁五年（1106年）正月，天上出现彗星。宋徽宗以为又是上天向他示警，心里非常恐惧。赵挺之和吴居厚乘机请求宋徽宗下诏求言。宋徽宗采纳了他们的建议，并提拔吴居厚为门下侍郎，刘逵为中书侍郎。

古代向皇帝上书，有严格规定，不够级别，不能向皇帝上书。如果是皇帝下诏求言，则就不受等级的限制，只要你有话想对皇帝说，就可以越级上奏。这种求言，还有一个特别规定，就是言者无罪，说错了也不要紧，皇帝绝对不会降罪。因此，很多人会在这个时候向皇帝上言，说平常不敢说之话。

刚提拔为中书侍郎刘逵首先上疏，请求毁掉元祐党人碑，放宽禁令。当时对元祐党人的迫害虽然有所松动，但如此直率大胆的倡议，是冒了很大风险的，刘逵甚至做好了被杀头的准备。谁知峰回路转，柳暗花明，宋徽宗一反常态，竟然采纳了刘逵的建议，连夜派人到端礼门砸毁了元祐党人碑，恢复他们的仕籍，外地的"奸党"石刻也一律拆毁，不许言官再弹劾此事，除党人一切之禁，表现出了少有的雍容大度。

宋徽宗又表示，元祐党人中凡是应该起用之人，依照大赦条例起用；已经贬

谪的官员，还没有由远移近者尽快落实移近；凡服劳役者减刑。同时命三省共同商议，起用元祐党籍中曾任宰臣、执政官的刘挚等十一人，待制以上官员苏轼等十九人，文臣及其他官员任伯雨等五十五人，选人吕谅卿等六十七人，这些人健在的都安排了工作。

虽然安排的都是闲职，没有实权，甚至有的人在旧职上降两级使用，还有一些人仍然不得进京师，明显带有歧视的味道，但是比起贬窜边陲来说，境遇还是改善了不少，从某种意义上说，也算是皇恩浩荡了。

其实，在给元祐党人平反这个问题上，蔡京是持反对意见的。在元祐党人碑被砸的第二天，蔡京就曾质问宋徽宗："这碑怎么毁了？"

宋徽宗回答说："朕因上天示警，想要宽大政令，所以派人把碑毁了。"

蔡京厉声说："碑石可毁，奸党的姓名不可灭！"

大臣们都耳闻蔡京对皇上吼叫声。

宋徽宗似乎对蔡京有所忌惮，听到蔡京的吼叫，虽然面露怒容，但也只是看了蔡京一眼，并没有出声，似乎敢怒不敢言，一个月之后，蔡京便被免去宰相之职，出任没有任何职权的太乙宫使去了。重新任命去职不久的赵挺之为尚书右仆射、兼中书侍郎。

蔡京罢相之后，对刘逵恨之入骨，一直在暗中活动，欲扳倒赵挺之、刘逵两人，谋求恢复相位。

这一天，他秘密召集私党开会，商量谋求复位。御史余深、石公弼两人说，皇上刚刚重用赵、刘两贼，要想扳倒他们两人，恐怕不是一件容易的事情。

蔡京似乎很有信心，他说，事在人为，只要大家肯尽力，老夫自有办法。

"为相公做事，我等敢不尽力吗？相公有什么办法呢？"余深问道。

"在后宫，皇上最宠爱谁？"

"郑贵妃！"有人回答。

"郑贵妃最倚重谁？"

"郑居中呀！这还用问？"

蔡京的阴谋很明显，他又要故伎重演，走后宫路线以谋求恢复相位。

果然，蔡京说出了他的计划，就是让宦官给郑贵妃进言，拉拢郑居中，向皇上进言。他见大家看着他，解释说："皇上虽然一时听信奸言，罢了老夫的相位，但对老夫的信任并没有完全消除，只要有人说几句好话，仍然会恢复对老夫的信任。赵挺之、刘逵这两个人做事中规中矩，时间长了，皇上一定会不乐意，到时就会想念老夫，你们疏通好郑贵妃、郑居中两方面的关系，乘机弹劾赵挺之、刘逵，老夫恢复相位也就水到渠成。"

大家统一了意见，按蔡京的安排，分头行动。

要了解蔡京的这次阴谋，还得先了解郑贵妃、郑居中其人。

郑贵妃是开封人，父亲郑绅曾做外官。她生得美丽、聪慧，自小选进宫中侍奉向太后。向太后喜欢她秀外慧中，命她做了内侍的领班。宋徽宗在端王邸的时候，每天都要进宫给向太后请安，总是她代为传报，并由她和另外一名领班王女陪侍，二人小心谨慎，又善于奉承，宋徽宗见她们言语伶俐，容貌娇艳，心中十分爱悦。虽碍着宫禁森严，不能搂在怀中销魂，但难免有眉来眼去，言语调情的时候。久而久之，两人的感情日益加深，有时在向太后面前也有所流露。时间长了，向太后也有所觉察，但见他们并没有淫乱的行为，也没有禁止。

宋徽宗即位之后，向太后便把郑、王二女赐给了宋徽宗，让他们以偿夙愿。

宋徽宗先封郑女为贵人，很快又晋封为贵妃。王皇后见郑女能书能文，书体娟秀，文辞藻丽，对她也是另眼相看。

据记载，郑氏"自入宫，好观书，章奏能自制，帝爱其才"。显而易见，郑氏不仅姿色出众，而且还能帮助宋徽宗处理奏章。因此，宋徽宗更偏爱郑贵妃，加之王皇后秉性谦和，对于宋徽宗的爱好，从不干预，所以，郑贵妃便得擅宠专房。

蔡京这次确定走后宫郑贵妃这条线，实在是煞费苦心。

郑居中，现为中书舍人兼直学士院，他是郑贵妃的远族，自称是郑贵妃的从兄弟。郑贵妃因为母族人丁不旺，想倚重郑居中，故在宋徽宗面前美言，使得郑

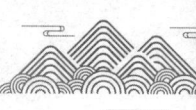

巨轮驶入歧途 第四章

居中得到宋徽宗的信任。

蔡京的私党们领了蔡京的妙计，立即行动起来，一面买通内侍疏通郑贵妃，让郑贵妃在皇上面前进言赞誉蔡京，一面重金贿赂郑居中，请他奏请皇上，让蔡京官复原职。

老谋深算的郑居中觉得，如果让他先向宋徽宗奏请，万一不答应，那就弄成了夹生饭，再要重来就难了，因此，他叫余深先上奏疏，奏请皇上起用蔡京，然后他再来敲边鼓，这样把握性更大。

余深果然上疏替蔡京申辩，说蔡京为政，秉承的是圣上的意旨，从来没有私自擅改什么法令。刘逵妄加指斥，罢免蔡京及一切绍述的政策，有失绍述的本意。

宋徽宗看了余深的奏疏，不住地点头，大有赞许之意。郑贵妃将这些看在眼里，乘机问道："陛下以为余深的奏疏怎么样？"

"颇有道理！"

郑贵妃乘机替蔡京求情说："蔡相公执政的时候，就臣妾看来，实在未尝私用己见，都是秉承圣旨行事。他对绍述之政，有功无过。"

"你说的也有道理。"

郑贵妃见宋徽宗心意已动，不再多言，密使人将这个情况转告给郑居中。

次日，郑居中入朝奏请说，"陛下即位以来，一切建树，都是学校礼乐，居养安济等法，上足以利国，下足以裕民，怎么能说是逆天背人呢？"

宋徽宗点点头，表示赞同。郑居中见宋徽宗点头赞许，更直接地说："臣恳求陛下要顾全绍述的初志，不要中途而废，以致前功尽弃而累了陛下的圣明。"

宋徽宗听郑居中说得情真意切，也有感触，便怀疑赵挺之、刘逵两人极意攻讦蔡京，可能夹杂了个人恩怨，于是有了起用蔡京之意。

郑居中窥出宋徽宗的心思，于是去见蔡京。蔡京觉得时机成熟，立即吩咐余深等人上疏弹赵挺之、刘逵两人。

余深等人哪肯怠慢，连夜写成奏疏，联名弹劾刘逵破坏绍述，导致国家大政反复无常，且还凌蔑同僚，引用邪党，为朝廷之大恶。这一道弹劾状，就是赵挺

51

之、刘逵的催命符。

宋徽宗下诏，贬刘逵知亳州，罢赵挺之为观文殿大学士祐神观使。

蔡京再次出任尚书左仆射、兼门下侍郎。

蔡京重新上任后，奏请改元，于是，崇宁六年改为大观元年（1107年），继续推行崇宁新法。

吴居厚也因赵、刘二人受到牵连被免职。蔡京的同党何执中则为中书侍郎，邓洵武、梁子美任尚书左右丞。

郑居中于蔡京复相出了不少力，满指望得到回报，蔡京也有这个打算，保荐他任同知枢密院事。

有个叫黄经臣的内侍，平时与郑居中有矛盾，知道郑居中在蔡京复位的过程中得到不少好处，故意使坏，跑去密奏郑贵妃，说本朝外戚，从未预政，贵妃应以亲嫌谏阻外戚与政，借彰美德。

郑贵妃此时身份显贵，不一定要倚赖郑居中，她也想树立自己的美好形象，听了黄经臣之言，果然劝阻郑居中升职一事。宋徽宗对郑贵妃是百般宠爱，她的话当然要听，而且这还是一件替贵妃彰显美德之事，他就更应该如她所请了。于是，收回成命，改任郑居中为太乙宫使。

郑居中再托蔡京从中斡旋。

蔡京再次找宋徽宗，说枢密是掌管军事的，并不是三省执政，不必要避亲。依蔡京的说法，政权不能交给外戚，兵权交给外戚并无不可。

蔡京的说词，并没有打动宋徽宗。郑居中见蔡京没有给一个满意的答复，怀疑蔡京没有尽力，暗暗地就恨上了蔡京，背地里有了怨言。蔡京虽然有所耳闻，但也无可奈何，毕竟是自己失信于人，只好任由他说，装做没有听见。

第二篇

浮华背后的危机

北宋经济、文化发达是繁荣昌盛,货真价实的,绝无虚言。

但浮华的背后,却蕴藏着巨大的危机。宋徽宗虽为一国之君,却不失艺术家之本性,喜好奇花异石,并为此而挥霍无度。在京城大兴土木,穷奢极侈;大兴花石纲,弄得天怒人怨;他自恃私智小慧,疏君子,近奸佞,被蔡京等"六贼"及群宵包围蒙蔽,怠国事,荒政务,日行无稽;信虚言,崇道教,竭民力,滋祸端。朝廷君不似人之君,臣不像君之臣,人心离散,大变在即,形成一种必亡之势。

儒家治国理念的破灭

儒家理论之殇

中国古代在汉武帝之前,汉、秦代都是以法家思想作为政权的统治思想。

先秦儒家理论不为当时的统治者所接受,在秦代甚至还遭到"焚书坑儒"的毁灭性打击,之所以出现这种状况,是由于先秦儒家初创之时,自身的理论也存在缺陷。先秦儒学的内容体系充满着浓重的、温柔淳朴的伦理亲情色彩,显得"迂远而阔于事情"。例如,孔子的"仁学",目的在于通过"正名"恢复"周礼",而"周礼"所代表的时代已一去不复返,所以孔子的思想不会为新兴地主势力所接受。

自汉武帝罢黜百家,独尊儒术之后,董仲舒的君权神授和天人感应学说被汉武帝采纳,从此,儒家思想和封建法律相结合,出现儒、法合流的趋势,这有利于封建统治者推崇的父权、君权、夫权的维护,此后儒法合流被延续下来,成为历代统治者制定政策的理论基础。

道教是中国土生土长的宗教,它形成于东汉时期,是中国传统道家思想和神仙方术结合而成的一种宗教。道家修命,就是要延年益寿,修炼成仙。道家说,人可以修炼成仙。人到底能不能够成仙，自古以来的道家都说能，但那些说能的人，却没有一个能真正成仙，年限一到，生命自然终结，魂魄西归，躯体埋葬于地下。

佛教进入中国之后，提倡一种终极的人文关怀。佛家思想认为，人死之后，灵魂就会转胎投世，追问人的来世怎么样。

圣人以神道说教，中国历代帝王对各路宗教，一般都是秉承支持的态度。事实上，道家的思想跟很多皇帝的想法很合拍，原因在于，皇帝最关心的是两件事，一是金銮殿上的那把龙椅能否坐稳，二是自己的寿命能否更长，最好是长生不老。道家认为，人可以修炼成仙，成仙了当然就能长生不老，这样一来，做皇帝的自然就非常喜欢道教。

北宋建国之初，就曾有过宰相赵普半部论语治天下之说，这就是说，宋初统治者仍然视儒家思想为本源。从太宗朝起，宋代便开始崇尚道教，至宋真宗时，崇道之风更盛。太宗之所以崇尚道教，源于"烛影斧声"的千古传说：

开宝九年（976年）十月二十日夜，宋朝的缔造者，太祖赵匡胤拖着病体来到太清阁观看天象，起初，星光灿烂，天空晴朗，心里很高兴。可是，没过多久，突然阴云四起，雪雹骤降，赵匡胤见势不妙，赶忙退回寝宫。

由于当时正是大雪天，赵光义进宫比往日稍微迟了一点，突然，内侍慌慌张张地赶来传召，说是皇上病情突然恶化，请晋王赶快进宫。

赵光义走出门，习惯地抬头看看天，天空阴云密布，雪还在纷纷地下，丝毫没有放晴的迹象，他暗暗地点点头，脸上露出一丝不易觉察的笑容。

寝宫内，赵匡胤躺在逍遥椅上，喘气急促，见赵光义进来，嘴巴动了动，却没有出声，赵光义等了半天，仍然没有听到皇上的口谕，只好靠近前，安慰他好好养病。

赵匡胤瞪着双眼看着门外，赵光义看看赵匡胤，又看看门外，点点头，叫内侍全部退出去，关好门后，重新回到赵匡胤的身边，静静地看着赵匡胤，等着听他说话。

内侍们退出寝宫，远远地站在门外，探头探脑地向内张望。突然，大家听到

儒家治国理念的破灭 第五章

赵匡胤似乎是在嘱咐赵光义什么。由于声音很低，断断续续，听不清楚说的是什么。过了一会儿，大家见到寝宫内烛影摇动，或明或暗，好像是赵光义急步后退躲避之状。猛然，听到有斧子戳地之声。突然听到赵匡胤大声叫道："就让你好好地去干吧！"声音激动，颇为惨烈。

内侍们不知里面到底发生了什么事，由于事先有吩咐，又不敢进去。过了一段时间，里面的声音停止了。

夜深了，赵光义神色紧张地走出寝宫，吩咐近侍，说皇上睡着了，让他好好地休息一会儿，不要打扰他。说罢，匆匆而去。

次日，赵匡胤突然驾崩。

这就是赵匡胤之死、被称为"烛影斧声"的故事，正史不见此事，野史的记载却是有声有色。

历史的真相到底如何，留给后人的只是一个谜。之所以称之为谜，是因为典籍没有记载，历史没有标准答案，这也是谜的魅力。此后关于赵匡胤之死的种种说法，都是后世文人的推理、想象，并不是历史的真实。

赵匡胤死时没有立遗嘱，这也是一个谜：是因为死得太仓促，来不及立？还是因为已经有金匮之命，根本就不需要立？谁也说不清楚。

"烛影斧声"成为千古之谜，留给后世无限的猜想。

有一种解释对赵光义很不利。这种解释认为：所谓"烛影"，根本就是烛光之下，赵光义亲手杀死了自己患病的哥哥；"斧声"则是赵匡胤平时片刻不离手边的水晶玉柱斧，在激烈的打斗中发出的声音。

太宗赵光义继兄长之位，有"烛影斧声"之说，千夫所指，倍感舆论的压力。为了平息社会舆论，他便编造出了一个莫须有的道教神灵"翊圣"降临显圣的神话，证明自己入继大统是皇权神授，并非从兄长手中篡夺而来。尽管没有多少人相信，他自己却宣传得沸沸扬扬。他封此神为"翊圣将军"，在终南山修建上清太平宫，命道士张守真主持其事，凡遇到军国大事，都要派人前往祭祷。其实，这只是掩人耳目，连他自己也未必相信。

第三代皇帝宋真宗之后，道教与皇室的关系拉得更近，这位亲手签订了"澶渊之盟"的皇帝，显得有些怪异，时不时能看到天神圣祖降临人间，而且是降临在宫廷里面。而且，神道降临时辉煌灿烂的景观，只有皇帝一人有此仙缘瞻仰，其他任何人都看不到，只能心怀崇拜地听皇帝绘声绘色地予以描述。

宋真宗想利用道教神灵来"镇服四海，夸示夷狄"，于是便有了天书、封禅之事的出现。其实宋真宗未必就相信道教真有如此大的魅力，只是出于政治的需要，有意让辽国君臣知道，大宋朝有神灵庇护，不要再牧马南寇，侵扰宋室江山。

宋真宗还煞有介事地导演了一场政治秀。一次，他对辅臣们说："去年十月的一天，朕刚刚就寝，忽然室中出现一道亮光，一个神人头戴星冠，身穿绛衣，站在床前告诉朕说，来月三日，应在正殿建黄箓道场，届时将降《大中祥符》三篇。"

宋真宗于是命大臣们做好准备，到了那一天，果然见左承天门屋南角有两丈长的黄帛悬挂在鸱尾上，帛中有书卷之类的东西，外面缠了三道青丝绳线，封口处有字迹隐约可见，这就是神人所降之书。

宋真宗让人取下来，打开一看，只见帛书上有文字："赵受命，兴于宋，付于恒（宋真宗名赵恒）。居其器，守于正，世七百，九九定。"

上帝把天下交付给宋朝皇帝赵恒，要传七百年，九则是表示多数，意味着宋朝国祚长，绵延不绝。从此，宋真宗修建道观，优待道士。

经过宋真宗的提倡，道教在宋朝获得了特殊的地位。传到宋徽宗时代，道教已非常盛行。宋徽宗自然也要受到一定的影响，尊奉道教也是一件很自然的事情，即位之后，出于政治形势的需要，崇奉道教。

宋徽宗崇奉道教，大体可分为两个时期。即位之初，宋徽宗对于道教并无特殊的好恶，后来却逐渐走上崇道的道路，到了政和、宣和年间，崇道则到了近似于疯狂的程度。为何出现这种状况呢？究其原因，即位之初，政治还算清明，社会秩序基本稳定，刚登皇位的宋徽宗也算是一位守成之君，用不着拿宗教来麻醉百姓。后来，宋徽宗耽于逸乐，沉湎酒色，重用奸佞，朘削百姓，致使廊庙蠹朽，民不聊生，方腊、宋江揭竿而起。更要命的是，北方的金、辽、西夏等强敌

儒家治国理念的破灭 第五章

环伺，虎视眈眈。面对内忧外患，宋徽宗君臣竟然一筹莫展。为了安内攘外，宋徽宗自导自演了一出出尊崇道教和神化自己的闹剧，举国上下掀起了一股"道教热"，作为治国理论基础的儒家文化，似乎就不那么重要了。

宋徽宗崇道的做派，较之他的先祖毫不逊色，甚或有过之而无不及。宋徽宗信奉道教源于求子，宋徽宗继位之后，膝下无子，有个叫刘混康的茅山道士告诉他，说皇上无有子嗣，是皇宫的风水不好，皇宫西北方地势太低，如果把皇宫西北方的地势垫高，皇室一定会子孙繁荣。宋徽宗信以为真，命人运土将京城西北的地面填高。事在凑巧，京城西北的地面填高不久，王皇后便生下了太子赵桓，随后，其他嫔妃也接二连三地生儿育女，大家一齐努力，一共生了三十多个皇子、三十多个公主。在中国古代帝王中，宋徽宗大概是儿女比较多的了。

宋徽宗身边美女如云，只要没得不孕症，生儿育女只是迟早的事，可是他不相信自己的能力，却相信这是道士刘混康给他带来的，于是格外信任刘混康，多次把他召进京师，赐给印、剑、田产。

崇宁二年（1103年），宋徽宗特地下诏，准许刘混康修建道观，可以直接奏报灾福。刘混康原号洞元通妙大师，宋徽宗改为葆真观妙先生，后再改为葆真观妙冲虚先生，先后给他敕书、赠诗七十余次，并向他索要灵丹、仙饵、伤风符、镇心压惊符等。

一天夜晚，刘混康拜罢给上帝的奏章，站在那里久久不语。宋徽宗觉得奇怪，问道："这次拜章为何用了这长时间？"

"天门正在放春榜，我多看了一会，故而时间长了。"刘混康所说的放春榜，即人世间的殿试，天帝发榜，然后在人间应验。

宋徽宗好奇在问："天帝发榜？前几名是谁？"

刘混康故弄玄虚地说："天机不可泄露，我写在纸上，密封保存，以备他日应验。"

第二年殿试完成后，宋徽宗拆开刘混康密封的纸条，上面写有"二草二木"四字。这一年殿试的前两名是蔡薿、柯棐，刚好应验"二草二木"四字，宋徽宗大为惊讶，对刘混康的法术更是深信不疑。

刘混康得宠，他的徒弟乘机狗仗人势，狐假虎威，为非作歹，夺民苇场、强买庐舍。百姓告到官府，官吏们知道刘混康手眼通天，明知道百姓冤枉，但却不敢秉公而断。

道教与佛教地位平等，不分轩轾，大观元年（1107年），宋徽宗御笔亲批道士的地位在僧人之上，道姑的地位高于尼姑，人为地把道教抬到佛教之上。次年二月，宋徽宗又下诏颁《金箓灵宝道场仪范》于天下，以便道士学习。

政和三年（1113年），宋徽宗前往圜丘祭天，大臣蔡攸随行，百余名道士执仪仗为前导，队伍刚出南薰门，宋徽宗忽然手指东方询问蔡攸说，玉津园之东好像有楼台叠复，那是什么地方呀？蔡攸向宋徽宗所指方向看了一眼，尽管什么也没有看到，眉头一皱，便心领神会，立即附和道："臣看清楚了，在那云雾缥缈之间，楼台殿阁若隐若现，有数重之多，复阁回廊，粲然可观。仔细一看，这片建筑离地数十丈，没有根基，若非神宅仙窟，岂能傲立苍穹？"

宋徽宗问："看见人了吗？"

蔡攸连忙回答说："既然有殿台楼阁，当然有人在活动，臣看到好像有一批道童手持节盖，在云雾出入，连眉毛都看得很清楚。"

君臣二人一唱一和，迅速传遍了京城。第二天，宋徽宗下诏，在天神显灵之地修建道观，命名为"迎真"，并作《天真降灵示现记》以记其事，同时命蔡京将此事宣付史馆，载入史册，昭示后人。

徽宗意犹未尽，又于次年御笔钦定每年的十一月五日为天佑节，以纪念天帝降临京师上空，庇佑天下苍生。

司马迁的《史记》一书中列传第一篇是伯夷传，第二篇是管晏列传，第三篇是老子与韩非合传。宋徽宗竟然下诏改变《史记》一书中的次序，先将老子的传记与韩非分开，单独成篇，并列在《史记》众列传之首。命人仿效唐朝制度，把老子的《道德经》分章句书写刻在石碑上，立于京师神霄玉清万寿宫内。以蔡京、郑居中、余深、童贯兼任神霄玉清万寿宫使，白时中、王黼、蔡攸等兼任副使。这样一来，朝廷大员都变成了宫观官员，每逢上朝，宫殿上一片羽服黄冠，

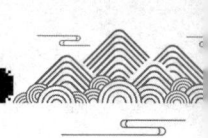

如同道场一般。

道士乱政

　　道教既然受宋徽宗的推崇，道士的身份自然就看涨。宋徽宗最早宠幸的道士是刘混康，其后便是郭天信和魏汉津。后来，郭天信因张商英的案子受牵连，被贬出京城，魏汉津也老死了。

　　宋徽宗时代权势煊赫的道士，最有名的王老志、王仔昔、林灵素三人。

　　王老志是濮州人，事奉双亲颇为孝顺，以孝闻于乡里，进入仕途后，做了一个小官，办事公平，不受贿赂。后来，他在市廛偶遇一个蓬头垢面的乞丐，自称钟离先生，此人便是八仙之一的钟离权，他传授王老志炼丹之术，王老志于是弃妻抛子，结草庐于田野之间，替人看风水、决疑难，颇为灵验，一时声名大振，人称活神仙。

　　王老志不但能呼风唤雨，还有未卜先知之能。一天，大臣韩粹彦偶然与王老志相遇，寒暄之后，王老志赠给韩粹彦"凭取一真语，天官自相寻"十个字，一个月之后，韩粹彦被提为礼部侍郎，礼部官员称天官。

　　翰林学士强渊明出差路过濮州，见到王老志，王老志写了"四皓明达"四个字给他，对他说："渊明他日必贵，我与你当在京师相见。"强渊明茫然不解。

　　政和年间，刘贵妃薨逝，追谥为明达皇后，制书由强渊明起草，强渊明才悟出"四皓"的真意，即刘贵妃的赐号。

　　太仆王禀将王老志推荐给宋徽宗，王老志奉召进京后，蔡京将他请到自己的家里，盛宴款待，至于两人说了些什么，无人知道。

　　次日，王老志进宫面圣，交给宋徽宗一个锦囊。宋徽宗打开锦囊一看，里面竟是他早年写给乔、刘二妃的情诗。宋徽宗吃惊不小，因为这是他与妃子之间的隐事，外人不得而知，于是认为，这个道士确实神通广大，便赐号洞微先生。

靖康耻

王老志谢退之后回到蔡京的家里，朝中文武百官纷至沓来，询问吉凶祸福。王老志来者不拒，但不多言，只给求问之人书写几句谶语，众人不解谶语，也就似信非信。后来，很多谶语竟然都被一一应验了。大家认为王老志有些道行，求问的人更多。王老志畏惧将来因此而罹祸，奏请禁止士大夫求字问卜。

王老志不慕富贵，生活俭朴，每天只吃一餐，且只有汤饼四两，冬夏衣服各一套，仅此而已。尽管如此，他的老师钟离权还责备他穿罗绮衣服，处富贵之中而不知满足。王老志共有六七套衣服，后来都封还给蔡京。

王老志走红之后，蔡京的府上门庭若市。蔡京担心自己会步张商英的后尘，便与王老志商量，叫他不要与朝中人士来往，专心巴结皇上。

王老志似乎不受蔡京的束缚，制一面乾坤鉴送给宋徽宗，请宋徽宗坐在镜子前，静观内省，消灾避祸。同时又劝告蔡京，不要贪恋权位，要激流勇退。

蔡京当然是听不进这样的话。

王老志见蔡京媚君，朝政越来越混乱，萌生去意，在京城呆了一年之后，便以恩师驰书来责怪，说他不该贪恋红尘富贵为由，上书求去。

宋徽宗身边不能没有术士，他当然不会放王老志走。王老志见求去不得，便装病，再三上书求去。宋徽宗见王老志去意已决，知道强扭的瓜不甜，也就批准了。王老志获得批准，当天就离开京城，回到家乡濮州，不久病死家中。宋徽宗赐金赙葬，追赠他为正议大夫。

蔡京的本意是想借王老志来蒙蔽宋徽宗，王老志不但没有照他的意思办，反而还向宋徽宗灌输清心寡欲的理念，且还劝他激流勇退，蔡京对王老志有所不满，王老志的离去，他并不遗憾，更没有挽留。

王老志离去后，蔡京又推荐了一个名叫王仔昔的道士。为了与王老志相区别，时人称王老志为大王，称王仔昔为小王。

王仔昔是豫章洪都人（今江西南昌），自幼学儒，后来从道，隐居嵩山，自称曾遇见东晋道士、净明道派的祖师许逊，许真人传授他无穷的法术，能知过去未来之事。

蔡京打听到王仔昔之后，极力向宋徽宗举荐。宋徽宗召见王仔昔，面试过

儒家治国理念的破灭 第五章

后，赐号冲隐处士。恰逢天旱，宫中设坛祷雨，宋徽宗派小黄门向王仔昔索要神符。

王仔昔悄悄对小黄门说："皇上在宫中设坛祈祷，并不是祷雨，而是替爱妃祈祷。"

小黄门好奇地问："祈祷什么？"

"皇上的爱妃是不是得了目疾？"

"对呀！"小黄门惊奇地问，"你怎么知道？"

王仔昔取过朱砂，画了一道符，当场焚符成灰，放入一个小砂罐里，兑上水交给小黄门，吩咐道："你将这罐水带回去，请皇上的爱妃用此水洗眼睛，眼疾立刻就好。"

小黄门没有奉旨，不敢轻意将这些东西带进宫。王仔昔笑道："放心吧！如果皇上怪罪下来，一切罪过都由我来顶，治好了皇上爱妃的眼疾，说不定你还有赏呢！"

小黄门不得已，只得将符水带进宫，呈给宋徽宗。

宋徽宗听罢小黄门的介绍，也是暗暗心惊，因为他早晨赴坛，确实曾为爱妃的眼疾默默祈祷，这件事只有宫里的近侍知道，宫外的王仔昔是不可能知道的。他觉得王仔昔真的很有神通，便命爱妃用王仔昔的符水洗眼睛，几天过后，爱妃的眼疾竟然奇迹般地好了。宋徽宗大喜，进封王仔昔为通妙先生。

此后，宋徽宗更加信奉道教，命在福宁殿东侧造玉清和阳宫，将道像贡奉在里面，日夜顶礼膜拜。

政和四年（1114年）正月，宋徽宗创立道教官阶，共二十六品，接着又添设道宫二十六等，各地道士蜂拥而来，京城的大街小巷，到处都是道士的身影。道士的势力仿佛要超过朝中大臣。王仔昔尤其受宠，宋徽宗下令在宫中修建一座圆象徽调阁，让他居住。许多官僚依附于王仔昔，让他为自己打通关节。

中丞王安中实在有些看不下去了，上疏谏诤，说朝廷聘请术士，要问清来历，不能让他们与大臣交往。并且还在奏疏中说蔡京引用匪人，欺君害民。

宋徽宗虽然颇为赞同他的说法，但并没有对蔡京怎么样。

蔡京知道这件事后,吩咐儿子蔡攸在宋徽宗面前哭诉,说王安中诬陷父亲。

宋徽宗对蔡家父子的话,似乎总是相信的,于是下诏改任王安中为翰林学士。不久,又改任为承旨郎。并因此而对王仔昔有所猜疑,渐渐疏远了王仔昔。

宋徽宗时代最为跋扈的道士是林灵素。林灵素是一个妖道,他蒙骗君主,祸国殃民,北宋灭亡同他有很大的关系。

林灵素本名灵噩,字通叟,温州人。林灵素家世寒微,少年时皈依佛门,因学习不认真,遭到老师的笞骂,于是弃佛学道。年轻的时候,苏东坡曾给他看过相,说他将来必大富大贵。可是,林灵素一直没有富贵的机会,发迹之前,落魄于江湖,去酒店喝酒,赖账不还,赌场赌博,输得一塌糊涂。还不起赊欠,欠下赌债,便耍流氓,自行毁容。所以林灵素是一个阴阳脸,一半脸像骷髅,一半脸红润。债主们惊惧不已,害怕出人命,便免了他的酒债,赌债也没人敢讨了。政和年间,林灵素到了京师,寓寄在太乙宫。徐知常向宋徽宗举荐了林灵素,说起这段经过,近乎于荒唐。

一天夜里,宋徽宗做了一个梦,梦见东华帝君派仙童召他去游神霄宫,景致十分幽渺。醒来后,一切恍惚又记不清楚,于是命徐知常访求神霄宫事迹。

神霄宫只是一个传说的仙景,现实中根本就不存在。

徐知常对此一窍不通,无从下手,而此时王老志已死,王仔昔被杀,徐知常急得如同热锅上的蚂蚁,一筹莫展。有一道生见徐知常愁容满面,便问他为何闷闷不乐。徐知常便把皇上教他访求神霄宫事迹的难题告诉他。

道生安慰地说:"先生不急,有个人知道神霄宫。"

"哪一个?"徐知常迫不及待地问。

道生说:"寓居在太乙东宫的温州道士林灵噩,经常对我说神霄宫的事迹。"

徐知常大喜过望,立即呈报宋徽宗。

宋徽宗立即召林灵噩进宫,询问道:"神霄宫是个什么所在?"

"神霄宫是东华帝君的治阙。天上的长生大帝君、青华大帝君,都是玉皇大帝的儿子。"林灵噩看了一眼宋徽宗,故弄玄虚地说,"臣当年在天上侍奉玉皇

儒家治国理念的破灭 第五章

大帝的时候,见过陛下。"

"真的吗?"宋徽宗惊喜地问。

林灵噩绘声绘色地说:"陛下是玉皇大帝的长子玉清王降生人间。臣是仙府散卿,姓褚名慧,因陛下临凡御世,所以也跟着下凡,来辅佐陛下。"

"是啊!"宋徽宗也跟着装神弄鬼地说道,"朕今日见了你也很面熟,朕记得你当年骑着一头青牛,那头牛到哪里去了?"

道家的祖师爷是老子,传说老子骑青牛过函谷,所以人们把道士称之为牛鼻子道人。

"青牛寄放在外国一个很远的地方,不久就会回来。"林灵噩大言不惭,宋徽宗却深信不疑。

政和七年(1117年),高丽国果然进贡一头青牛,宋徽宗赐给林灵噩为坐骑。

一次,宋徽宗问林灵噩懂何法术。林灵噩吹嘘道:"臣上知天宫,中知人间,下知地府。凡天上、人间、地府的事情,臣全都知晓。"

宋徽宗认为林灵噩是仙人,一时高兴,赐林灵噩名灵素,改其名为灵素,号通直达灵玄妙先生。

林灵素获得宋徽宗的信任之后,可以自由出入禁宫,宫中眷属,也不必回避。

这一天,宋徽宗正在偏殿围炉烤火,林灵素自外而入,宋徽宗赐他在身边就座,两人聊了起来,正聊得起劲的时候,林灵素突然离座,毕恭毕敬地站立一旁,宋徽宗问他这是何意。林灵素谦恭地说,"九华玉真安妃大驾将至,臣礼当恭迎!"

"九华玉真安妃?"宋徽宗惊问道,"九华玉真安妃在哪里?"

"陛下稍候,马上就要到了。"林灵素说罢,拱手站立一旁。

宋徽宗正在迟疑之际,只见三五个宫女,簇拥着一个丽姝进来,宋徽宗一见是自己宠爱的小刘贵妃,大笑不止。林灵素却恭恭敬敬拜伏殿下,口中说道:"恭迎神霄侍案夫人!"

话音刚落,崔贵嫔轻移莲步,带着几名宫婢又冉冉而至,林灵素从地上爬起

65

来，口中说道，这位贵人，在仙班中与我同列，不必行大礼，说罢只是一揖，便回座位坐下。

宋徽宗看了看两位贵人，再看看林灵素，似信非信。

次日早朝，宋徽宗问林灵素，朝廷大臣当中有没有仙人。林灵素见宋徽宗真的信了自己的鬼话，胆子更大了，信口开河地说，蔡太师是天上的左元仙伯，王黼是神霄文华吏，蔡攸是园苑宝华吏，当年都侍候过玉皇大帝，其他如郑居中、刘正夫、盛章、童贯等人，也都位列仙班，被玉帝派下凡，辅佐神霄宫玉清王。

昏君佞臣们一听，人人都喜笑颜开，怪不得君臣之间相处得如此融洽，原来都是上天的安排。

宋徽宗认为林灵素是仙人，有通天彻地之能，决定在玉清和阳宫供奉了神像，请林灵素在玉清和阳宫设醮祭祀。

林灵素却说玉清和阳宫太窄小，做法事很不方便，必须另建一座宫殿才行。

宋徽宗当即批准了林灵素的建议，并命林灵素主持这项工程，内侍梁师成、杨戬任监理，协助林灵素。

林灵素将道宫的地址选在延福宫东侧，规划自延福宫东门至景龙门，绵延数里，紧连皇宫。宫殿修成之后，取名上清宝箓宫。根据宋徽宗的意思，林灵素在景龙门城上修了一条复道与皇宫相连，便于宋徽宗前往上清宝箓宫。宋徽宗还诏告天下，将天宁万寿观改为神霄玉清万寿宫，殿上设长生大帝君、青华帝君神像。

上清宝箓宫，是一座史无前例、无与伦比的超大型道教宫观，耗资千万贯。不久，林灵素主持了祭祀大典。因为林灵素说小刘贵妃是宋徽宗在天上的元配九华玉真安妃下凡，所以宋徽宗携小刘贵妃参加大典，文武百官一律穿羽服、戴黄冠参祭。

宋徽宗知道，许多大臣对此相当冷淡，后宫郑皇后也有所不满，因为小刘贵妃被指认为宋徽宗在神宫中的元配，几乎动摇了深得人心的郑皇后的中宫之位，幸亏小刘贵妃并无夺宫之意，才使矛盾没有进一步扩大化。

一天，宋徽宗去上清宝箓宫祈祷，林灵素问他，是想求昊天上帝之诏，还是

儒家治国理念的破灭 第五章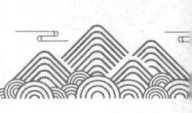

想求见青华帝君之面。宋徽宗回答说两样都想求，并叫林灵素指点迷津，让他如愿以偿。

"日有所思，夜有所想。只要陛下日夜凝想，一定能够成功。"林灵素神秘地说，"但帝君只在夜间降临，且都是在梦中，他是不见凡夫俗子的。求见期间，陛下只能与玉真安妃同宿。只要陛下心诚，一定能见到帝君的。"

于是，宋徽宗天天宿在小刘贵妃宫里，以求做个好梦。

几天之后，林灵素问宋徽宗是否见到了帝君，宋徽宗一脸茫然。林灵素提示说："陛下晚上做了梦吗？"

"好像做了个梦！"宋徽宗若有所思。

"这就对了。"林灵素高兴地说，"一定见到了青华帝君，是吧？"

"好像是的。"宋徽宗皱眉道，"好像还说了几句话，没听懂，也没记住。"

"陛下当然听不懂了。"林灵素接着问道，"陛下没看见帝君身边还有一个人吗？"

"好像是有个人。"宋徽宗有些迷糊了，思维随着林灵素的问话转。

"那个人就是我。帝君是来宣旨的，帝君将旨意交给我带来了。"林灵素随手从袖内抽出一卷天书，递给宋徽宗说，"这是天书云篆，陛下一定能看懂。"

宋徽宗接过天书云篆一看，见上面的字是李斯所创的小篆，落款盖有"昊天上帝"之印，看罢喜形于色，立即命林灵素筹备开一个千道大会，并诏命天下，所有道观都要派员参加千道大会，他要在这次千道大会上宣布青华帝君降临、颁下天书之事。

北宋在宋真宗时期曾有过天书的闹剧，百余年后的宋徽宗，宋徽宗又重演了先祖的闹剧，所不同的是，宋真宗天书的闹剧是由佞臣王钦若一手导演，宋徽宗的天书闹剧则是由妖道林灵素一手策划。

政和七年（1117年）四月，千道大会如期召开，林灵素在上清宝箓宫讲经，道士不期而至者数千人，宋徽宗亲临现场观看。当时，在皇帝的倡导下，全国的道士都有官职级别，按资格享受工资俸禄和福利待遇，致使人们趋之若鹜。此次为

67

靖康耻

了吸引人听经，朝廷花钱数万缗，设有大斋，凡与会听经者，除饱餐斋饭外，还可以领到三百文制钱。有饭吃，有钱领，这样的好事，当然就有人干了，于是乎，每逢召开千道会，一些无业游民、市井无赖，找一块布蒙着头，都来赶场，冒充道士的人，比正宗的道士、仙姑的人数还要多。

林灵素坐在一个显眼的地方，东拉西扯，信口开河。其实，林灵素对道经只是略知皮毛，并不能讲出大的道理，但他却具有演讲大师的素质，讲法的时候，他能天上、人间、地府，信口开河，编得煞有介事；三教、九流、十家，牵强附会，说得天花乱坠；滑稽、野语、村言，夹杂其中，贩夫走卒都听得懂。因此，林灵素讲道，常常会引得哄堂大笑。不仅普通听众喜笑颜开，就连宋徽宗本人也是忘形大笑，完全没有了君臣之礼，师道之尊。

皇帝成了道教掌门

林灵素又号召吏民到宫中领受神仙秘箓，朝中官员争先恐后按受秘箓。宋徽宗派人告诉道录院，说自己是天帝元子，为神霄殿帝君，只因怜悯中华到外盛行金狄之教（佛教），苍生无依无靠，于是恳请天帝，愿降生尘世，为天下百姓之主，引领天下人归于正道。此时的宋徽宗已被道教吸引得如醉如痴，竟授意道录院上表章，册封自己为道教君皇帝。道录院不敢怠慢，连忙起草了一道昊天上帝的奇特的诏书，并由林灵素宣读：

朕察中华众生遭金狄之教（佛教）所愚弄，命长子长生帝君下界，兴中华之正教。怎奈众生愚昧，仍为金狄之教所迷。因此，朕命青华帝君传谕，敕封长生帝君为中华教主道君皇帝。钦此。

道院主事紧接着宣布，上宋徽宗为"教主道君皇帝"的封号。

儒家治国理念的破灭 第五章

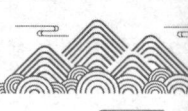

宋徽宗堂而皇之地登上法坛，一身二职，以皇帝的身份兼任道教教主，台下出现了一道史无前例的独特风景：宋徽宗以道教教主的身份接见教众，教徒们欢声雷动，向皇帝教主行教礼，拜呼谨遵教令；宋徽宗以皇帝的身份接见文武百官，文武百官则向教主皇帝行君臣之礼，朝贺呼万岁。皇帝当了道教掌门，这在中国历史上绝无仅有。

中国历史上，有不少帝王崇佛崇道，最典型的是南北朝时期的梁武帝萧衍，他曾三次舍身同泰寺。梁朝的大臣上朝时，惊奇地发现皇上不见了，一打听才知道，皇上出家了，大臣们只好捐钱给寺庙，把皇帝赎回来。同泰寺是修得金碧辉煌，可百姓被搜刮得饥不得食、寒不得衣，最后只能造反。宋徽宗是文化人，一定读史，也一定会知道这段历史，为何不引以为鉴呢？只能解释为，宋徽宗崇道，已到了近乎疯狂、不计后果的地步。

皇太子笃信佛教，曾策动佛教徒与林灵素斗法，只因林灵素有宋徽宗支持，结果佛教徒败北。皇太子请求赦免僧人之罪，宋徽宗不听，下诏将僧人送入开封府刺面发配。

林灵素的威望越来越高。据说其麾下有弟子二万，出行时与宰相、太子争道，人称"道家两府"。

在宋朝，两府指东府、西府，东府是宰相，西府是枢密院，宰相管政务，枢密院管军事。林灵素的地位能与宰相、枢密院分庭抗礼，可见他的气势之大。所以，很多奸邪小人都来贿赂林灵素，以求官职。时人写诗讽刺说：

当日先生在市廛，世人哪识是真仙？
只因学得飞升后，鸡犬相随也上天。

大臣们见皇帝崇奉道教，上行下效，纷纷投其所好，上朝不穿朝服而穿道袍，每当朝会之时，金銮殿内，但见黄冠羽扇，满廷乌烟瘴气，形成一道史无前例的奇观。道教作为宗教之一，提倡并无可非议，而作为一国之君，废国事而痴迷于道，耗巨资大修道观，广开道场，对于江山社稷和黎民百姓，则就是一场

灾难。

林灵素目中无人，气焰嚣张，四面树敌，遭到很多人忌恨。政和末年的一天，林灵素在上清宝箓讲道，道人俗人赴会者达数千人，大家都毕恭毕敬，虔诚地听讲，唯独有一道人昂然而立，怒目而视。林灵素呵斥道："你有何能，竟敢如此倨傲无礼？"

道人回答："贫道无所能。"

林灵素又问："既然无所能，为何如此？"

道人反问道："先生既然无所不能，为何也在此？"

林灵素虽然能说会道，竟然一时语塞，不知如何回答才好。

宋徽宗在幕后将两人的对话听得一清二楚，随之召见道人，询问道人有何本事。道人拱手回答："臣有雕虫小技，能生养万物。"

宋徽宗随即命人于道院寻找可以播种的种子。结果只找到一包茴香子交给道人。道人在两名卫卒的监视下，将茴香子种在艮岳之下，然后被安排在院中住宿，并有人监护。三更时分，道人忽然不见，各处寻找，踪影全无。次日查看道人播种的茴香，竟然生长得已是郁郁葱葱，蔚然成林。宋徽宗这才知人外有人，天外有天，林灵素并非万能的神仙。

墙倒众人推，种茴香的道人小试身手之后，林灵素又碰到一件难堪的事情。一天，有一客人来访，自称是林灵素温州的同乡，有一小术愿一试身手。来客也不等林灵素应允，便撮一把土放进炉子里，取一杯水喷在案子上，将茶杯盖在喷过水的案子上。试验还没有得出结果，宋徽宗突然驾到。林灵素慌忙出迎，客人也不辞而别。

宋徽宗进屋后，闻到香气浓烈，非比寻常，便问林灵素这是什么香，林灵素说是他所焚之香，宋徽宗便让林灵素取香再焚，却无一点香味，一连换了几次，还是没有香味。宋徽宗非常诧异，再三诘问，林灵素只得承认刚才有一客人来访，并说还有喷水覆杯之事。

宋徽宗命人取杯子，不料杯子像生了根一样贴住案板，怎么也拔不起来，林

儒家治国理念的破灭 第五章

灵素亲自去取，杯子同样粘得很紧。徽宗出于好奇，亲自去取，居然很轻松地就拿起来了，只见杯下压有一张小纸条，上面有诗一首：

捻土为香事有因，如今宜假不宜真。
三朝宰相张天觉，四海闲人吕洞宾。

张天觉即张商英，历仕神宗、哲宗、宋徽宗三朝。张商英当宰相时，更改蔡京弊政，获得忠直之名。后来因与方士郭天信往来，被贬谪亳州，他还攻击过哲宗时的大臣司马光，后又被蔡京排入元祐党籍中，是是非非，真真假假，一时难以分辨，此诗中有"如今宜假不宜真"之说。宋徽宗细细品味，觉得这是含沙射影，而这个影显然是指林灵素了。于是对林灵素平时所为之事产生了怀疑。

宋徽宗平日宠幸林灵素，常亲临他的住处，这一天又去了，偶尔抬头仰望，隐隐约约看见三清阁牌匾上有两行金书小字，但看不清楚。因阁太高，而牌匾又在飞檐之外，非人力所能为，感到非常惊讶，命人架上梯子上去看，只见上面写的是："郑子卿居此两月，不得见上而去。"

宋徽宗寻思，郑子卿何许人也？有何事要见朕？为何在此等了两个月而难得一见？于是问林灵素，郑子卿是怎么回事。林灵素支支吾吾地说："此人是一位道士，其他详情一概不知。"徽宗见林灵素神情慌乱，知道他有所隐瞒，于是命人将牌匾取下来，置于宫禁，自此，林灵素渐渐失宠。

还有一件事对宋徽宗的触动非常大。宣和初年，京师发大水，林灵素奉命与众道士在城上作法止水，城上役夫数千人，见到林灵素，拿起棍棒一拥而上，要打死他，林灵素惊得比兔子还跑得快，一下子逃得没有踪影。徽宗这才知道林灵素怙恶不悛，积怨甚多。又听说林灵素与宦官近幸树党纷争，心中甚为厌恶。后来，又发生了林灵素与太子争道的事情。太子向宋徽宗告状。宋徽宗一怒之下，下诏将林灵素驱逐回乡，后来宋徽宗又下诏将林灵素贬往楚州，林灵素尚未到达楚州，在途中便一命呜呼了。

在道士队伍中，并不都是骗吃骗喝的假道士，也有人品甚佳者。女道士虞仙姑，居颜有术，年过八旬，容颜姣好如少女，善行大洞法。一次，蔡京设宴招待虞仙姑，酒酣耳热之际，突然一只猫溜进来，虞仙姑指着猫问蔡京："太师认识此猫吗？它是章惇。"

虞仙姑其实是在含沙射影，指桑骂槐，意在讽刺蔡京与章惇是一路货色。因为章惇在哲宗朝任尚书左仆射，蔡京由他引荐入朝，有恩于蔡京。蔡京何等聪明，自然听出了弦外之音，甚为恼火。

还有一次，宋徽宗召见虞仙姑，问她说："天下纷争，干戈四起，天下何时才能够太平？"

虞仙姑回答说："要想让天下太平，皇上当用贤人啊！"

宋徽宗问："仙姑所说的贤人，指的是谁？"

"范纯粹！"虞仙姑不假思索地说。

宋徽宗把虞仙姑的话告诉蔡京，蔡京上奏说："范纯粹是范仲淹之子，范纯仁之弟，虞仙姑说此话，显然是受了元祐大臣指使。"宋徽宗大怒，将虞仙姑逐出朝廷。

有一个叫张虚白的道士，小名张胡，邓州南阳人。宋徽宗对他很尊重，每次召见他，必赐酒数杯，张虚白虽醉，但仍不失君臣之礼，对皇上更是谦恭。宋徽宗让他掌管龙德太一宫，又为他创建诸庵，如超然、致道、运机等，还有十几处小轩，室名牌匾都是宋徽宗亲自御笔亲书。这些建筑幽邃华丽，远在其他道观之上。张虚白博学多才，精通术数，经常在酒后发出预言，神奇的是，每每被他言中。他曾醉后枕在宋徽宗的膝盖上睡觉，每当这个时候，总是要直言无忌地发表一些评论，甚至是针对宋徽宗本人。宋徽宗从不计较，只是说："张胡，你又醉了！"宣和年间，金国人俘虏了辽国的天祚皇帝，派人来通告宋室。宋徽宗将这件事告诉了张虚白。张虚白缓缓地说："天祚帝在海上筑宫室等候陛下，已经很久了。"天祚帝是公认的荒淫无度之君，而且亡国后成了俘虏。张虚白此言一

儒家治国理念的破灭　第五章

出，众人大惊，无不为他捏一把汗。徽宗却面无愠色，拍拍张虚白的背说："张胡，你又醉酒说胡话了。"

张虚白官至太虚大夫，从不自我炫耀。一天，六名健卒抬着三个红漆木盒送给张虚白，说是皇上所赐。开箱一看，尽是纯金。张虚白说："此乃朝廷之物，不是道流所能用的。"于是辞而不受。

张虚白多次出入宫禁，终日论道，但却从不干政。靖康年间，京城失守，宋徽宗被迫至金营议和，与虚白不期而遇，叹息地说："你平日所言都应验了，朕没有听你的意见，如今追悔莫及。"

张虚白回答说："事已至此，无可奈何，愿陛下保重身体，以往之事已不可挽回了。"道士中像张虚白这样品质正直的人，算得上是凤毛麟角。

一家欢喜一家愁，宋徽宗崇尚道教，佛教自然要受到冷落，甚至是打击。政和年间，宋徽宗下诏各州都要设神霄宫，以道观改建，如果道观规模太小，就将当地的佛教寺院改为道观，揭立匾榜。把佛寺改为供奉道教神像的神霄宫，是对佛教徒的亵渎和侮辱，但皇帝下了圣旨，佛教徒敢怒不敢言。由于朝廷扬道抑佛，致使道观香火鼎盛，门庭若市，而寺院却门可罗雀，无人问津。地方官员为了讨好皇上，不惜横征暴敛，资助道观，许多平民百姓因此而破产。

在中国历史上，自佛教传入中国后，其地位便越来越高，大有取代本土的道教之势，宋徽宗抑佛扬道的做法，引起了佛教徒的不满和抗争。襄州一个叫杜德宝的僧人毁体燃香，以死表示抗议，有司仰承林灵素的鼻息，拘捕了杜德宝，并上奏朝廷。当时担任大理寺正卿的王衣认为，依照有关法律，毁坏自己的身体只能处以杖责，不可以拘捕，应该立即放人。林灵素大为恼火，找到宋徽宗，随便找了个理由，就把杜德宝流放了。王衣就因为说了几句公道话，便被撤职，给了个有名无实的宫观官。

有一个叫饶德操的僧人，写了一首《改德士颂》的诗：

靖康耻

自知祝发非华我，故欲毁形从道人。

圣主如天苦怜悯，复令加我旧冠巾。

旧说螟蛉逢蜾蠃，异时蝴蝶梦庄周。

世间化物浑如梦，梦里惺惺却自由。

德士旧尝称进士，黄冠初不异儒冠。

种种是名名是假，世人谁不被名谩。

衲子纷纷恼不禁，倚松传与法安心。

瓶盘钗钏形虽异，还我从来一色金。

小年曾著书生帽，老大当簪德士冠。

此生无我亦无物，三教从来处处安。

反抗最激烈的佛教徒，竟甘冒杀头的危险，寻找机会斥责宋徽宗。宣和六年（1124年）上元节，京城车水马龙，观灯的民众蜂拥而来。按照惯例，天子要登御楼观灯。开封府尹为防不测，提前在西观做了部署。以往宋徽宗率六宫坐在楼上观灯，重幕密帘，百姓无人知晓。但这一年却是宋徽宗只身一人坐在西观上，宦官及左右无一人跟随，楼下万头攒动。正看之际，忽然，有一个身穿黑色布衣的僧人从人群中跳出来，手指帘幕，冲着宋徽宗大声说："你是天子吗？你有何神力，竟敢破坏我教？我今天告诉你，报应马上就到了。我并不害怕你，你能破坏诸佛菩萨吗？"僧人义正词严，声震瓦砾，帘幕内的宋徽宗和台下的观众都听得一清二楚。

开封府尹不敢怠慢，立即派人把僧人抓起来，宋徽宗十分震怒，命有关部门严加惩处，并亲临观看。

僧人毫无惧色，大声说："现在落在你手里，如何惩处，悉听尊便，难道我会害怕吗？今天骂你，是要让你知道，尽管你是皇帝，你也毁灭不了佛教。"

宋徽宗大怒，命人将僧人零刀碎割而死。

儒家治国理念的破灭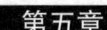

宣和七年（1125年）十二月，金人南侵，北宋江山大堤已塌，宋王朝已处于风雨飘摇之中，有人借道教之名骗取荣华富贵，又在实际对阵中贻误战机，更是加速了北宋的灭亡。

宋徽宗崇道的闹剧，虽然不是北宋灭亡的主要原因，但无疑是一剂非常猛烈的毒药，加速了北宋的灭亡。

第六章

花石纲劫难

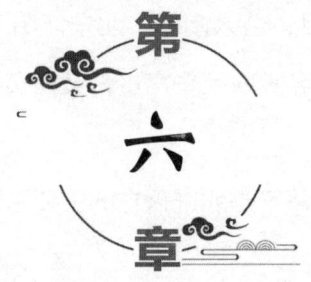

花石纲之祸

宋徽宗是一位天才的艺术家,当藩王时便喜欢读书绘画、古器山石,登基做了皇帝后,仍然乐此不疲,摩挲周鼎商彝、秦砖汉瓦,以显示自己是一位儒雅天子。同为艺术家的蔡京,当然知道投其所好。

宋徽宗的生日快到了,蔡京为了讨好宋徽宗,下令府、州、县、道,普建寺观,天下凡有寺观,都改名万寿宫,以向宋徽宗祝寿。

宋徽宗口里虽然说太奢侈了,心里却是甜滋滋的。蔡京摸透了宋徽宗的心思,奏请宋徽宗在苏州专设应奉局,专门负责采办花石,称为"花石纲",并推荐心腹朱勔具体负责这件事。如此一来,引发了一场震动全国、祸国殃民的大规模的采办、运送花石纲的运动。

蔡京为何要推荐朱勔呢?这中间还有一段故事。

蔡京曾到过苏州,准备在苏州修建一座寺院,要求建得宏伟壮观。蔡京不缺钱,就担心没有人督造。寺院的僧人向蔡京保荐了一个人,此人姓朱、名冲,是当地人。蔡京吩咐僧人把朱冲找来,当面商谈建造寺院的事。虽然是萍水相逢,

花石纲劫难 第六章

朱冲却满口答应了，并表示不需他人帮忙，自己就能办成此事。

数日后，朱冲便说建造寺院的材料已经备齐，请蔡京去工地参观。蔡京到现场，见砖石和木料堆积如山，非常满意。朱冲算准了蔡京必能东山再起，建寺如此卖力，实际是必要的政治投资。

朱冲有个儿子叫朱勔，干练不亚于乃父，父子二人一同督造蔡京交办的工程，只用了一个月的时间便告完成。

蔡京前往新寺院游览，果然规模闳丽，金碧辉煌，觉得朱冲父子是人才，便将他们带回京城，设法将父子俩的名字列入童贯军的军籍，然后谎报军功。经过一番运作，朱冲父子居然紫袍金带，在京城做了官，父子二人自然就成了蔡京的心腹。

短暂的贬谪生涯，使蔡京悟出了为官之道，要想承欢固宠，就必须博得皇上的欢心。

有一次，宋徽宗在皇宫宴请辅臣，让内侍拿出玉制的盘碗杯盏，小心翼翼地问大家："我打算在国宴上使用这些东西，又担心御史们议论，说太奢侈，说三道四，因此很犹豫。"此时的宋徽宗，对御史们的谏言，似乎还有所忌惮。

蔡京当然不会放过逢迎巴结宋徽宗的机会，巧舌如簧地说："臣昔年出使辽国，辽国皇帝端着玉杯玉碗，在臣的面前夸耀，说是后晋时的物品，南朝恐怕没有这样贵重之物。辽国皇帝尚且如此奢华，难道我堂堂中国，反不如小小的辽国吗？谁敢说陛下不能用这些玉器？"

宋徽宗仍然有顾忌，摇摇头说："勤俭乃祖宗家法，先帝做一小台，耗资有限，言官尚且接二连三地上本谏阻。这些物件历史久远，如果使用，朕怕言官们又来饶舌，所以不敢拿出来使用。"

蔡京狡辩地说："只要事情做得合乎情理，管别人说什么呢？陛下贵为天子，当享太平之养，区区几个玉器，只是小事而已，何畏人言呢？"接着，蔡京还引经据典，胡诌《易经》中有"丰亨豫大"之说，意思是国富民强的太平盛世，帝王要敢于大肆挥霍钱财，不必拘泥于世俗之礼，这是在怂恿宋徽宗要尽情享受荣华富贵。

蔡京随心所欲地解释《易经》和《周礼》，实在是太善解人意了，已经不能用一般的"卑鄙""无耻"来形容了。

按照儒家传统理论，逢君之恶，是标准的奸佞之徒。

不幸的是，蔡京的这套理论，居然被宋徽宗全盘接受，成为皇帝本人、他的宰相和整个宋徽宗时代的基本施政纲领。

善于揣摩天子心意的蔡京，时刻留意宋徽宗的癖好。他知道宋徽宗喜好珍玩，尤为喜欢奇花异石，便暗中嘱咐朱冲父子，采集苏州珍玩，随时进献。朱冲也不辱使命，第一次就寻觅到三株高达八九尺的黄杨树。

黄杨树生长缓慢，据说每年只长一寸，闰年不长。宋代的木雕又常常用到黄杨树，使这种珍贵的木材更加稀少。宋徽宗看到造型奇异的三株黄杨树，非常高兴，随后，朱冲又选送了几件奇珍异宝。时间一长，徽宗沉溺其间，欲壑难填。蔡京乘机推波助澜，奏请在苏州专设应奉局，专门负责采办花石。

朱勔也是一个善于揣测承迎的小人，见皇上欢喜，知道这件事可为，而且，自己的功名富贵，也都寄托在这件事上。于是，他每年都要从户部领取数百万贯钱币，在江南采求花石。他手下养了一大批人，专门在民间寻找奇珍异石，凡是民间的一棵奇树、一块怪石，只要是值得一玩的，他就让人贴上封条，指为贡品，让那家人小心保护，等着搬运，稍有不慎，便以大不敬之罪论处。到了搬运的时候，必定拆屋毁墙，开出一条大路，恭敬地搬出去。百姓只要有一句怨言，就要遭鞭笞之罚，苏州、杭州的百姓苦不堪言。

宋朝将大宗运输的货物称为"纲"，朱勔向京师运送奇石异木时，将十艘船编为一组，运送的是大宗货物，货物又是花石，故将这些货物称之为"花石纲"。

刚开始时，运送花石纲的动作并不大，只是从东南地区采运。宋徽宗非常欣赏这些珍奇石木，只要看中了哪块石头，就会赏赐给运送石头的人高官厚禄。宋徽宗的这一举动，化成了一道无形的命令。于是，一场祸国殃民的大规模运送花石纲的运动，在全国大范围兴起。

花石纲劫难 第六章

朱勔在太湖发现了一块巨石，长、宽、高均两丈有余，需百余人方可环抱。为了运送这块巨石，朱勔专门打造了一艘巨船，一路上，凿去城墙，毁掉桥梁、堤坝不计其数。历经几个月，才从太湖流域将石头运抵东京汴梁。

朱勔却说运这块石头，既不劳民，也不伤财。宫中称这块石头为"神运石"。巨石抵京后，由于城门高度不够，巨石进不了城，竟拆掉城门，才将石头运进城中，引来数千人围观。

宋徽宗见到这块巨石大悦，赏赐役夫每人金碗一个，朱勔的四个仆人被封官，朱勔本人被封为节度使衔。更为可笑的是，宋徽宗竟将这块石头封为盘固侯。

古代官阶次序为：王之下是公、侯、伯、子、男。当初周武王分封子弟功臣，功劳最大的姜子牙的后代才被封为齐国侯爵，而宋徽宗一高兴，竟把一块石头封为侯爵，在他的眼里，在战场上浴血奋战、保家卫国的将士，竟然不如一块石头。

后来，修成万岁山，将这块石头运去竖在山上，作为奇峰。

苏州一带的奇花异木，被朱勔一伙搜罗殆尽，但他们仍不罢休，派人到墟墓间、深山老林中去寻找，只要发现中意的树木，即使是合抱的参天大树，也要移往京师。由于路途遥远，有的树木尚未运到京师，中途便枯萎而死，有的即使运到了京师，因沿途风吹日晒，移栽不久，也枯槁而死。时人有诗讥讽说：

> 森森月里栽丹桂，
> 历历天边种白榆。
> 虽未乘槎上霄汉，
> 会须沈网取珊瑚。

意思是说，如果有可能，宋徽宗、朱勔等人就要栽桂月宫，种榆天边了。可谓是入木三分。宣和年间，一个名叫焦德的优伶因出言诙谐，颇受宋徽宗宠遇。焦德对花石纲也极为不满，常常以比喻予以讽谏。一天，宫廷设宴娱乐，宋徽宗指着梅花、松树、桧树等询问,这些是什么花竹草木,焦德回答说,都是芭蕉。宋徽宗责怪地说:"分明是梅花、松树、桧树,为何说都是芭蕉?"

焦德分辩说:"禁苑花竹,皆取之于天下四方,路途遥远,陛下眼巴巴地盼到了上林苑,都已变得枯焦了,这不是'芭蕉'吗?"

宋徽宗听了,明白焦德意在讽谏,纵情大笑,并没有责怪他的意思。

花石纲的征发,前后持续了二十多年,一大批贪官假手其间,中饱私囊,东南地区和运河两岸的许多百姓家破人亡,怨声载道,官逼民反,终于爆发了方腊造反,宋江举义。

朱勔既得蔡京扶植,又获得宋徽宗的宠眷,在寻找、运送花石纲的过程中,国库成了他的私人钱庄,民间的财宝也任由他取。他在所住的地方创建一个花园,搜集珍奇花石,堆砌在里面,做成假山假水,有林泉之胜,在江南一带,没有哪座园林能出其右。后来,又请旨在里面建造一座神霄殿,在殿中供奉青华帝君神像,各地官员初到苏州,必须先去神霄殿拜谒青华帝君神像。

蔡京、朱勔之流不但借花石纲大发横财,而且还乘机陷害无辜。越州有一殷实人家,家中藏有数块奇石,朱勔得知后,派人上门索要,遭拒绝后恼羞成怒,派兵毁了这户人家的房屋,强行搬走了奇石。

惠山山上有数株高大挺拔的柏树,栽种在一家大姓祖坟旁边。朱勔连招呼也不打,派人前去挖树,因树大根深,盘根错节,延展到坟地去了。士兵们肆意刨土,竟然连人家的祖坟也刨了,棺椁丢了一地。

此类事件不胜枚举,东南百姓只要一提起朱勔,莫不咬牙切齿,恨之入骨。哪里有压迫,哪里就有反抗。政和六年(1116年)卢阳县(今湖南芷江)发现一株巨木,地方官员视若珍宝,调集丁夫,由水路运往京师,献给朝廷。由于树大沉重,民夫在装船时碰破了树皮。监运的官员大施淫威,痛打民夫。民夫们胆小怕事,凑钱贿赂监运官,希望能破财免灾。遭到监官拒绝。民夫们忍无可忍,奋起反抗,打死了知州张建侯、知县王宪。

蔡京得知消息,害怕大规模镇压会激起民变,于是对宋徽宗说,陛下不喜欢声色犬马,只爱山林竹石,这些都是常人丢弃之物,取之无妨。只是办事的人处置失当，才发生了骚扰百姓的事情，请陛下下诏抑制，免得激起更大的祸患。

宋徽宗也不想把事情闹大，诏令各地官员不得妄进花石，不得夺粮纲船运输花石，更不得因花石而掘人坟墓，毁人室庐。并规定以后除了朱勔、蔡攸等六人外，其他的人不得插手运送花石的事情，违者治罪。如此一来，运送花石之风才有所收敛。

但是好景不长，大约过了两年光景，运送花石纲的纲船便又恢复如初。朝廷又增设了几处提举人船所，专门进贡花石。纲运所过之处，往往劫掠百姓，州县官员噤若寒蝉，不敢过问。淮南转运使张根是一个很有正义感的人，上疏痛陈花石纲之弊，竟然受到处分。由于宋徽宗君臣奢靡无度，大肆挥霍，导致国库空虚，财用匮乏，宋徽宗下诏让群臣献计献策，加以补救。张根再次上疏，请求撙节费用，罢停不急之务。权奸们群起攻击之。总算宋徽宗大度，没有加罪于他。恰逢御前船人派纲船去江南运花石，张根请求将船只追回。

蔡京、朱勔故意使坏，提议让张根去督运花石。生性耿直的张根怀着满腔怒火，第三次上疏说："东南花石纲已二十年于兹，本路运送一棵竹子，就得花费五十缗，他路犹不止此。现在所运花石没有安置在国家苑囿之中，而是进入了大臣之家，这一切花费都由百姓负担，何时是个尽头？请陛下诏示停运花石日期，天下苍生不胜期盼之至！"

蔡京、朱勔等人交相上疏弹劾张根多事，说他"轻躁妄言"，宋徽宗便命他去监信州（今江西上饶）酒税去了。从此，大臣们三缄其口，谁也不敢再逆龙鳞，谏止花石纲了。

修建延福宫、艮岳

宋徽宗在蔡京等人的诱导下，又营造了延福宫和艮岳两大建筑。九成宫美轮美奂，华丽异常，但要与延福宫相比，那可是小巫见大巫，逊色多了。

靖康耻

政和四年（1114年），宋徽宗下令改建延福宫。

新延福宫建在皇城北景龙门外与内城城墙之间，分延福殿建筑群、左七殿、右两阁及动物园与湖沼、东十五阁、西十五阁五大部分，其间还建有球场、跑马场等。五部分称"延福五位"，分别由童贯、杨戬、贾详、何䜣、蓝从熙五大宦员负责修建。

五个人各自设计，争奇斗艳，只求建得富丽堂皇，新颖别致，不计造价，因此，建造出来的亭台楼阁，风格无一雷同，池沼假山，形式绝不相似。建成之后，又把历年从苏杭等地采办回来的花石纲珍品巧妙地分布其中。

富丽堂皇的宫殿、巧夺天工的假山，再配以佳花名木、奇葩异卉、文禽、奇兽、山石珠宝，新建的延福宫，胜似仙境。宋徽宗亲自写了《延福宫记》，刻碑留迹。

新延福宫建落成之后，宋徽宗携郑皇后及众嫔妃前去游览，宋徽宗手指一处景点，笑着说："这里再修一座凉亭，旁边住上三两户村农，开家小客店，两家酒肆，那就更有意思了。"

"妙啊！"蔡京赞道，"鸡声茅店月，人迹板桥霜，真是人在画中了！"

蔡攸在一旁插嘴说："依我看，不如再开几家歌楼妓馆，瓦子勾栏，岂不是更有趣？"

"胡说八道。"蔡京呵斥道，"禁宫之地，岂能如此？"

"有趣！有趣！"宋徽宗哈哈大笑。

"白日里杏帘招客饮，红烛下拥妓乐春宵。"蔡攸见宋徽宗高兴，邪笑着说，"那真是妙趣无穷啊！"

"好你个蔡鸟儿，三句话不离本行，不过，说得文绉绉的，还是大有长进。"宋徽宗话锋一转说，"只是，妓馆设在这里，恐怕不大协调吧！"

蔡攸偷偷地看了蔡京一眼，脸露得意之色。

一行人登上貌春阁，新延福宫尽收眼底。

"你们看。"宋徽宗指着前方对大家说，"东起景龙门，西至天波门那条主干道两旁，如果再修建一批整齐漂亮的小店铺，以后，每年从长至节起，由开封

花石纲劫难 第六章

府主持，迁入一批商家，当然有酒家、歌楼、妓馆，夹道而居，所有各色人等，都可以到这里来饮酒作乐。这就叫预赏元宵。等上元节过了，又一律迁回原处，这是不是与民同乐呀？"

蔡京父子一齐叫好，后宫嫔妃也齐声赞同。

时隔不久，宫内果然出现了一批村居野店，酒肆歌楼，此后，每年长至节后，百姓都可以自由进宫参观，自东华游门以北，白天挂彩，夜晚悬灯，不禁夜，市民可以日夜在里面花天酒地，寻欢作乐，不受任何限制，直到上元节后才结束。宋徽宗称这一举动为先赏元宵。

随后，又修旧城，在城外壕沟上修两座桥，东边一桥名景龙门桥，西边一桥名天波门桥。两桥下面，叠石加固，舟船相通，桥上行走的人，看不见桥下的人，取名叫景龙江。江边殿宇对峙，金碧辉煌，奇花异木，点缀其间，还建有动物园，里面有白鹤、长颈鹿、孔雀、老虎、狼等珍稀飞禽走兽。

宋徽宗闲暇之余，常往宫中游玩，有飘飘若仙的感觉。他对左右说，此宫是蔡太师提议兴建的，功劳最大，童太尉等精心设计，功劳也不小。秦始皇和隋炀帝，未必享有此等仙景。

左右奉承地说："秦、隋都是亡国之君，平时爱好的，都是声色犬马，而陛下鉴赏的，都是山林间弃物，无伤盛德，有益圣躬，秦、隋怎么能与陛下相比呢？"

"朕问过蔡太师，他说国库里还有五六千万的盈余，所以朕命筑此宫，与民同乐。"

其实，蔡京说的都是假话，朝廷实际上已是寅吃卯粮了。

宋徽宗完全沉浸于寻欢作乐之中，基本不理朝政。政和七年（1117年）十二月，在几个佞臣的怂恿下，又一项规模庞大的工程在京城东北动工了，按照八卦的方位，东北方是八卦的艮位，因此，这项工程称之为"艮岳"，又称万岁山。

当初，由于宋徽宗子嗣不旺，道士刘混康说增高艮位的地势，就会使皇家的子嗣兴旺，宋徽宗于是下令在京城东北建造假山，抬高那里的地形，恰巧开工

83

不久，包括王皇后在内的后宫女人，接二连三地生儿子。宋徽宗便以为这是块风水宝地，于是便开始大力营造这处园林。道士们还说，在这个方位修建成假山园林，国家必将繁荣昌盛。有了生儿子的先例，宋徽宗对道士的鬼话是深信不疑，于是下令营建万岁山。

万岁山建成之后，更名艮岳。艮岳是一座史无前例的人造假山，方圆十余里，最高峰达八九十步，其中规划有芙蓉城、灵璧城、慈溪、景龙江等景点。里面有看不完的台榭宫室，说不尽的靡丽纷华。宋徽宗写了一篇《艮岳记》，对园中的景点作了详细描述。

修建艮岳所耗费的人力、物力、财力无法计算。仅朱勔从江南运来竖立在山顶上的那块太湖巨石，从太湖中捞起来、到安放到山顶上，用时五个多月，由太湖经运河、汴河运抵汴京途中，死了一百零六人；沿途纤夫每批二千人，换了二十批，累计达四十余万人；为了能使运石的大船通过窄小的运河与汴河，沿途拆毁大小桥梁千余座，毁坏闸门数百个，拆毁民居五千余间；扩宽、加深河道，累计征调民夫百余万；沿途还有说不尽的艰难险阻、意外事件，大石运抵汴京后，却又因外城东水门太小进不了城，最后只得拆毁古城墙。

据说，太湖巨石运抵京师后，宋徽宗欣喜若狂，特赐搬运石头的役夫每人金碗一只，朱勔的四个仆人被封官，朱勔本人也被封为威远节度使，而那块不会说话的大石头，居然也被封为"盘固侯"，并赐名、御笔亲书"昭功敷庆神运石"，刻在巨石之上，这样荒唐的事情，恐怕也只有宋徽宗这个昏君干得出来。

神运石旁边，栽了两棵桧树，东边的一棵因枝条夭矫，名为"朝天升龙之桧"；西边的因枝干偃蹇，名为"卧云伏虎之桧"，都用金字金牌题名，挂在树上。宋徽宗又自己题了一首律诗，赞扬这两棵树：

拔翠琪树林，

双桧植灵囿。

上稍蟠木枝，

下拂龙髯茂。

花石纲劫难 第六章

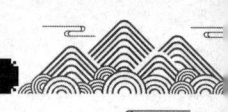

撑拿天半分,

连卷虹南负。

为栋复为梁,

夹辅我皇构。

后人说此诗已暗含隐谶,说桧即后来的秦桧;天半分,虹两负,便是江山分裂,南渡立朝的预兆。构字,是康王的名讳。这当然是牵强附会之说。但后来秦桧南归,满朝猜忌。秦桧曾引此诗,说"上皇（宋徽宗）早已预见臣将为国之栋梁,辅佐陛下,临行时,上皇复引此诗嘱臣尽心为国",解除了高宗赵构对他的怀疑。这是后话。

极具讽刺意味的是,万岁山从修建时开始,天下似乎就不那么太平,方腊、宋江领导的大起义相继爆发,金人的铁骑呼啸而至,踏碎了中原大地,北宋的大好河山,成了外族的口中之食。

变本加厉运花石

宋徽宗及蔡京之流轻歌曼舞,宴安逸豫之时,老百姓却食不果腹,家徒四壁,两者形成鲜明的对比。尤其是受花石纲之扰最严重的东南地区,百姓更是倾家荡产,十室九空,饿殍遍地,辗转沟壑。为了生存,只得铤而走险,揭竿而起。最先发生民变之地,便是睦州人方腊领导的农民起义军。

在镇压方腊农民军的过程中,童贯亲眼看到了花石纲对老百姓的危害,在幕僚们的建议下,童贯命幕僚董耘代宋徽宗写了一份罪己诏,大意是说：朕收购竹木花石、禽兽珍奇,都是在皇家内库支取钱财,让他们按市价购买,并且多次下诏,严立法禁,不准压价和摊派。朕以为,奉行之人,定能遵承约束,都会懂得朕体恤百姓的大义。岂料具体办事的官吏,借花石纲之名贪赃枉法,为奸作恶,侵扰百姓。今朕已知闻，从今后一切废罢。今后，若以贡奉为名，行敲诈勒索之事，以违御笔论处。

童贯授意起草的这份诏书，替宋徽宗撒了一个弥天大谎，将花石纲之祸的责任，完全推到下面办事人的身上，他对花石纲之乱，一无所知。为了平息民愤，童贯又下令撤销苏、杭应奉局，停运花石纲。

宋徽宗也下诏罢免了朱勔父子的官职。

如果宋徽宗能做到令行禁止，从此不再运送花石纲，并整顿吏治，民力不至于大困，宋朝的江山也不至于很快倾覆。但是，宋徽宗君臣见识短浅，并非真的要洗心革面，更弦易辙，童贯这一番表演，不过是麻痹起义军，收买人心的缓兵之计。

战争的硝烟尚未散尽，宋徽宗君臣故态复萌，又想起了花石纲。童贯命幕僚董耘代宋徽宗写的那篇"御笔"，虽非宋徽宗亲笔，但也是经他授权默认了的。现在方腊授首，东南平定，宋徽宗回头再看那篇罪己诏，句句都像是揭自己之短，内心颇为不悦，整天郁郁寡欢。

王黼善于察颜观色，乘机进谗说："方腊起兵，是因为盐茶法太苛刻，断了他们的财路，与花石纲无关，童贯听信奸人之言，让陛下替人受过，实在是不应该。"

宋徽宗立即下诏恢复应奉局，以王黼、梁师成主持应奉局工作，朱勔也跟着恢复了官职。

童贯刚刚因平方腊之功而晋升为太师，心有余悸地说："东南百姓的饭锅子还没有稳当，朝廷怎么还要做这样的事呢？"

宋徽宗恼羞成怒，立即让童贯退休，那位起草诏书的董耘，也因此而获罪。

宋徽宗食言自肥，变本加厉地运送花石纲，引起了正直人士的不满。太学生邓肃进诗讽谏，其中因有"但愿君王安万姓，圃中何日不东风"之句被逐出太学。

词人邢俊臣生性滑稽，经常出入宫禁，善作《临江仙》词，末尾两句必引用唐诗，以资调笑。宋徽宗设置花石纲，其中一块巨大的石称为神运石，用数十只

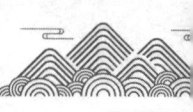

大船连在一起，运往京师，安放在万岁山上。宋徽宗命邢俊臣以"高"字为韵，写一首《临江仙》助兴。邢俊臣稍加思索，一挥而就，最后一句为：

巍巍万丈与天高，物轻人意重，千里送鹅毛。

不久，江南又运来一株南朝时陈朝的桧树，树高五六丈，粗九尺余，树荫覆盖数百步。宋徽宗又要邢俊臣以"陈"字为韵，作《临江仙》助兴。邢俊臣又是一挥而就，最后两句说：

远来犹自忆梁陈，江南无好物，聊赠一枝春。

这两首词都含有讥讽之意，宋徽宗看后虽然有些不高兴，但没有怪罪邢俊臣。

王黼主持应奉局工作，比朱勔更为贪婪狠毒，除花石纲之外，还搜集其他贡品。命令全国各地州郡，凡当地出产的美味可口的食物，一律要进贡朝廷。于是异国之珍，绝域之宝，源源不断地去至京师。

王黼与梁师成朋比为奸，公然中饱私囊，多数珍宝运至京师后，并没有进入皇家园林，而是直接送往两人家中。王黼的住处台榭峥嵘，金碧辉煌，庭院中聚花石为山，当中有四条街道，房屋都是雕梁画栋。另一处御赐宅第，装潢更是与众不同。垒奇石为山，高十余丈，房屋装修雍容华贵。府第西面的一处景观，号称西村，村中小路用巧石铺成，曲折往返，徜徉其间，犹如迷宫一般。

由于宋徽宗喜好花石，导致举国上下追逐奇花异石蔚然成风，京城甚至连道观也用珍木异石，修建得富丽堂皇。朝中名公巨卿、戚畹贵族自然也不甘落后，争相修葺府邸，穷土木，饰台榭，华丽可与宫廷媲美。特别是盛产奇花异石的东南地区，人人砌假山，家家修园圃，以此附庸风雅，炫耀富贵。

浙江有一个叫卫子叔的人，在自家花园中修砌一座假山，占地二十余亩，假山上面修砌亭阁四十余座，引得万人歆羡。

靖康耻

　　侍郎俞子清家中的花园，修建的假山有大小山峰百余座，高者二三丈，低者仅数尺，错落有致，令人拍案叫绝。

　　可惜盛宴难久，好景不长。靖康元年（1126年）金兵攻入汴梁城，钦宗下诏拆毁艮山当做炮石，百姓争相持锤斧敲毁。又让百姓砍艮山树木，拆掉房屋当柴烧，残存的图书碑碣都丢到臭水沟里去了。昔日繁华喧嚣的艮山，几天之内便被夷为平地。

第七章

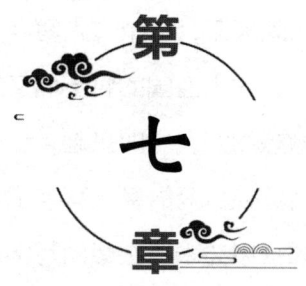

醉生梦死在汴梁

任性的皇帝

青年时代的宋徽宗，还是想有一番作为的，希望通过整顿朝政，恢复父亲神宗时代实行的新法，使国家更强盛。但我们可以看出，他的所作所为，为后面的遭遇埋下了伏笔。

宋徽宗特别喜欢同文人交往，因为他本身就是一个文人。但他跟文人交往过度亲密，以至于一些文人恃宠而骄。比如，宋朝有一个大书法家米芾，宋徽宗就非常喜欢他，跟他的关系非常好。宋朝历史上有书法四大家——苏、黄、米、蔡。苏是苏轼，黄是黄庭坚，米就是这位米芾，蔡实际上是宋徽宗朝的大奸臣蔡京，因为他的名声太臭，所以后人不提蔡京，而说是蔡襄。

米芾这个人，文人性情到了极致，甚至近似于疯疯癫癫，人称"米癫""米疯子"。米芾看见一块怪石，非常喜欢，就会与怪石结为兄弟，认石为兄。有一次，宋徽宗召米芾进宫写字，米芾就在两丈长的卷上笔走龙蛇，一气呵成。宋徽宗看了非常欣赏，一高兴，竟然把殿中所有宝物都赏给了米芾。

如果宋徽宗只是一个王爷，或者只是一个普遍的土财主，同朋友意气相投，送他东西无可厚非。但他是一朝天子，一个文人写几个字就赏赐这么多宝物，大臣们该怎么想？那些出生入死、守土卫国的将士们又怎么想？中国古代的明君都知道，爵禄不能滥赏，可宋徽宗倒好，一时兴起，竟然将价值无可估量的一殿宝物随意赏赐给米芾，那米芾当然就更爱给皇上写字了。

还有一次上朝的时候，宋徽宗让米芾在殿内写字。米芾手里拿着一个手札，宋徽宗让他坐在椅子上，结果米芾竟大模大样地往椅子上一坐，随口叫宋徽宗把唾壶（痰盂）拿过来。风纪官听了很生气，立即弹劾米芾，说不能这样跟皇上说话，没大没小，乱了君臣之礼。宋徽宗却笑着说，对这种俊逸之士，不可以常理待之，不必用礼法来约束。

从这里可以看出，宋徽宗本身就是一个不守礼法的人，米芾这样做不用礼法约束，也就不能用礼法来约束别人了，因为法是一样的，不能针对不同的人用不同的法。

米芾写完字，宋徽宗赏给他九百两银子。米芾拿着银子，高兴得发疯，说知臣莫若君，皇上真是了解我，我就是疯，就是傻。九百两银子是什么意思呢？在当时，九百就是傻的意思，宋徽宗故意给米芾九百两白银，是故意跟米芾逗着玩的。宋徽宗作为天子，跟大臣这样逗乐，就是失体统了，就不合适了。

米芾时任博士，相当于中央美术学院院长的级别，成为文化人中的翘楚。一次，米芾进宫给宋徽宗写字，看中了一方名贵的御用砚台，皇家的东西，当然都是极品中的极品。写完字后，米芾竟然对宋徽宗说："这方御砚已经被臣污染过了，陛下你以后不能再用了，把它赏给微臣吧！"宋徽宗也是文化人，也非常喜爱这方砚台，但也只是稍微犹豫了一下，还是答应了米芾的要求。米芾怕宋徽宗后悔，顾不上砚台上还有墨汁，抓起来就揣进怀里，弄了一身墨汁，疯疯癫癫地就跑了，连感谢的话都忘了说。

皇帝跟文化人交往无可厚非，但不能把私人友谊放在跟国事相当的地位，更不能滥行封赏。如果说道不同不相与谋，凡是志同道合之人便获重用，何谈朝政清明，文武百官也只会离心离德。

宋徽宗是一位艺术家，有一种文人的天性，做事任性而为，凭感觉走。这种

醉生梦死在汴梁 **第七章**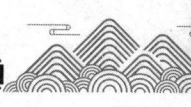

文人当国，有时是非常可怕的，因为在处理国事时，很容易被情感所左右，感性的东西比较多，理性的思考就比较少。

宋徽宗在位初期还是比较勤政，也想有一番作为，但是到了后来，把从祖宗那里继承的繁花似锦的大宋天下，弄得狼虎满街，烽烟四起，满目疮痍，百姓流离失所，自己也身亡国灭，原因何在？一个很重要的原因，是他遇到一个艺术上的知音，这个人就是蔡京。在蔡京的引导下，短短一年多时间，宋徽宗便完成了从勤俭到奢侈的大蜕变，他不再是刚即位时的那个好青年了，成了一个奢靡成风、挥霍无度的昏君，出手阔绰，常常是一掷千金，毫不吝啬，国库有限的财政储蓄，在他漫不经心的赏赐中化为乌有，钱从哪里来，不在他的考虑范围，只享受花钱的快感。

宋徽宗在位二十五年，赐给近臣的府第遍布京畿，处处都是盛极一时的豪华建筑。除豪华府第外，土地也是赏赐物，只要他高兴，大笔一挥，大片良田便成了某人的私人田产。当然，最常见的还是赏赐金银财宝。

蔡京官至宰相，位极人臣，无官可升，便赏赐天子乘舆用的排方玉带；赐给牛鼻子老道林灵素赏品是镀金的银牌、金牌；赐给宦官梁师成的则是宫廷收藏的价值连城的藕丝灯。

宣和殿是朝廷藏存瑰宝之处，从太祖赵匡胤建国后陆续搜集的珍宝，大多藏在宣和殿，宋徽宗以前的历代帝王，对这些珍宝极为重视，一向是秘不示人，更不用说拿来赏赐了。其中一颗北珠便价值三百万缗，宋徽宗随手拿来，用以赏赐宠妃侍从。太宗时命能工巧匠打造了三十条金腰带，其中一条自用，一条赏给了大将曹彬，其余二十八条贮藏于库中，珍贵无比，从真宗到哲宗，谁都没有动用过。宋徽宗即位后，对此毫不珍惜，只要高兴，随便命人取出金带赏人，童贯、蔡攸等人，都得到了金带。

宋徽宗的任性，不仅是滥赏财物，更要命的是将官职也作为赏赐品。冗官冗员是北宋的一个重大问题。

宋初，节度使只是用来封赏功高勋重之人，人数甚少，一般人无缘享受此殊荣。宋徽宗时代，崇宁至宣和年间，仅节度使就有八十余人，节度虽是虚衔，但俸禄比宰相还高。冗官冗员犹如过江之鲫,泛滥成灾,如留后、观察与遥郡刺史多达数千人,学士、待制多达一百五十人。从重和二年(1119年)七月至次年三月,仅半年时间内,升官论赏者便有五千余人,甚至有人步入仕途才两年时间,就升官十次。可笑的是,升官升职不是根据政绩能力,而是根据巧言令色溜须拍马的水平,几近儿戏。

官职是治国之重器,是维护国家机器正常运转的基本保障,当统治者将官位作为赏赐物随意封赏时,这个政权离垮台也就不远了。

宋徽宗的任性挥霍,引起了正直大臣们的不满,淮南转运使张根大声疾呼:如今百废待兴,应当节约开支,当务之急是要削减建筑工程费用,陛下赏赐大臣,开口就是一座府第,动辄耗费百万缗之多。臣所管辖的二十个州,一年上交国库的税赋才三十万缗,尚不够建造一座府第之费。赏赐如此泛滥,已属不当。何况这些钱都出在百姓身上!即使像太祖时期的赵普,仁宗时期的韩琦,都有佐命定策之功,也没有得到如此厚赏。请陛下对此务必谨慎从事。其次如赏赐田园、邸店,虽然没有赏赐府第的数额大,但积少成多,数额也是相当惊人,陛下也应当日削月减。至于金帛玩好之物,也应节省使用。知尺绢寸帛、粒粟颗枣,皆来之不易。宋徽宗虽然没有怪罪张根,也没有采纳他的谏言。

醉生梦死在汴梁

南宋诗人林升写了一首著名的《题临安邸》——

山外青山楼外楼,

西湖歌舞几时休。

暖风熏得游人醉,

直把杭州作汴州。

醉生梦死在汴梁 第七章

诗词表达了作者对南宋统治者苟且偷生、整日陶醉于歌舞升平、醉生梦死生活的不满和谴责。

汴州即东京，也叫开封。唐朝安史之乱以后，中国经济重心南移，开封以其交通和经济优势成为北宋的首都。开封城打破了宋代之前城市的坊市制和夜禁制，延长了夜市时间，并且出现了各种各样的娱乐场所，新增了瓦子，呈现出前所未有的繁荣局面。

宋徽宗即位之时，天下太平，政局基本稳定。北方的辽国自"澶渊之盟"后，与北宋化干戈为玉帛，铸刀剑为犁锄，不再枹鼓相攻，宋辽之间和平相处；女真人刚刚兴起于白山黑水之间，势力虽大，但暂时对北宋没有构成直接威胁；西夏虽然与北宋有些小摩擦，但却无碍大局。蔡京的儿子蔡绦在《铁围山丛谈》一书中说：

大观、政和年间，海宇晏清，四夷向慕中华文化，纷纷向宋朝表示友好；天气也氤氲异常，风调雨顺，家给人足，朝野之间零无事，天天讲究礼乐，庆祝祥瑞，可称太平盛世。

从宋人孟元老的《东京梦华录》里的"州桥夜市"一节，我们约略知道北宋鼎盛时期的汴京夜晚，市面之繁华，商铺之稠密，钱财之富裕，物品之丰足，恐怕连当下的开封也无法相比。

出朱雀门，直至龙津桥，自州桥南去，当街水饭、爊肉、干脯。王楼前獾儿、野狐、肉脯、鸡。梅家鹿家鹅鸭鸡兔、肚肺鳝鱼、包子、鸡皮、腰肾、鸡碎。每个不过十五文。

接下来，从朱雀门的曹家从食，"直至龙津桥须脑子肉止，谓之杂嚼，直至三更"。而"东角楼街巷"一节里，从夜到明，从天亮到天黑，宋朝的首都简直

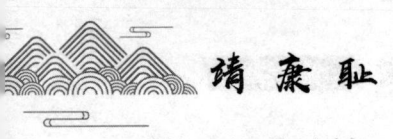

就是一个不眠之城：

自宣德东去东角楼……直至旧酸枣门，最是铺席要闹。……南通一巷，谓之"界身"，并是金银彩帛交易之所，屋宇雄壮，门面广阔，望之森然，每一交易，动即千万，骇人闻见。以东街北曰潘楼酒店，其下每日自五更市合，买卖衣物书画珍玩犀玉。至平明，羊头、肚肺、赤白腰子、奶房、肚胘、鹑兔、鸠鸽、野味、螃蟹、蛤蜊之类讫，方有诸手作人上市买卖零碎作料。饭后饮食上市，如酥蜜食、枣䭅、澄砂团子、香糖果子、蜜煎雕花之类。向晚卖河娄头面、冠梳、领抹、珍玩、动使之类。东去则徐家瓠羹店，街南桑家瓦子，近北则中瓦，次里瓦。其中大小勾栏五十余座。内中瓦子莲花棚、牡丹棚、里瓦子夜叉棚、象棚，最大可容数千人。自丁先现、王团子、张七圣辈，后来可有人于此作场。瓦中多有货药、卖卦、喝故衣、探搏、饮食、剃剪、纸画、令曲之类，终日居此，不觉抵暮。

在"会仙酒楼"一节中，汴京人的阔绰、挥霍，也令人惊叹咋舌：

大抵都人风俗奢侈，度量稍宽，凡酒店中不问何人，止两人对坐饮酒，亦须用注碗一副，盘盏两副，果菜碟各五片，水菜碗三五只，即银近百两矣。虽一人独饮，碗遂亦用银盂之类。

蔡绦在《铁围山丛谈》里，也专门谈到了马行街：

天下苦蚊蚋，都城独马行街无之。马行街，都城之夜市，酒楼极繁盛处也。蚊蚋恶油，马行街人物嘈杂，灯火照天，每至四鼓罢，故永绝蚊蚋。上元五夜，马行南北数十里，夹道药肆多国医巨富，声伎非常，烧灯尤壮观。故诗人多道马行街灯火。

马行街之富，只是汴京一角，由此可见，汴京尽管规模小于唐朝的都城长

醉生梦死在汴梁 第七章

安和洛阳,但其发达富足的程度远胜前朝,而在社会公平方面亦是如此:进学之不计贫富、科举之不问家世、土地之不抑兼并、用人之不限士庶、经商之不受限制、贸易之不禁海运、消费之不约奢华、文化之不计雅俗。因此,在相对和平的时期里,宋朝居民的自由程度、幸福指数,绝非前朝所能企及。

孟元老著《东京梦华录》,时已南宋,对于他曾经生活了二十多年的汴京盛况,既是难以磨灭的记忆,也是割舍不去的隐痛。在他笔下,一切无不美轮美奂,无不弥足珍贵,他对当年的汴京,倾注若怀旧之情。

太平日久,人物繁阜。垂髫之童,但习鼓舞。斑白之老,不识干戈。时节相次,各有观赏,灯宵月夕,雪际花时,乞巧登高,教池游苑。举目则青楼画阁,绣户珠帘,雕车竞驻于天街,宝马争驰于御路。金翠耀目,罗绮飘香。新声巧笑于柳陌花衢,按管调弦于茶坊酒肆。八方争凑,万国咸通,集四海之珍奇,皆归市易;会寰区之异味,悉在庖厨。花光满路,何限春游;箫鼓喧空,几家夜宴?伎巧则惊人耳目,侈奢则长人精神。

好一派太平景象,四海升平,天下无事,宋徽宗少年登位,无治国经验,身边又聚集了一群奸佞宵小,很快便从一个年表有为的帝王沉沦为昏庸之君。蔡京之子蔡攸曾劝宋徽宗说:"所谓人生,当以四海为家,太平为娱,岁月能几何?岂或徒自劳苦?"这与李斯、赵高之流劝说秦二世享乐,简直如出一辙。

在一次宴会上,宋徽宗对梁师成说:"先王为天下欢乐,也为天下担忧,如今西北少数民族臣服,天下无事,朕才有机会游玩啊!"

"臣闻圣人先天下之忧而忧,后天下之乐为乐!"梁师成套用北宋名臣范仲淹的名言,意思是说,宋徽宗以前的皇帝已为天下人分过忧,轮到宋徽宗当皇帝,该是与天下人共享安乐了。

宋徽宗转问蔡京:"师成刚才说的话,你认为如何?"

蔡京自然是随声附和,从此,宋徽宗将国事置之脑后,肆意纵情享乐。

95

靖康耻

宋徽宗自幼过着雍容华贵、锦衣御食的生活，竟然有了厌烦之感，很想体验一下小桥流水、茅屋草庐的田园生活，于是下诏仿效江浙风俗建造苑囿，房屋是白色的，不饰彩绘，如同村居野店，房屋四周是菜园、猪圈、水塘，菜园子里种菜，猪圈子里养猪，水塘里养鱼，山坡养鸡，好一派田园景象。夜深人静之时，鸡鸣蛙叫，鸟语花香，使人恍惚置生于山林陂泽之间，心旷神怡。

宋徽宗仍然不满足，每逢花朝月夜，良辰美景之时，便带上童贯、蔡京、高俅、杨戬一帮奸佞游逛皇城，寻欢作乐。宋徽宗觉得还不够刺激，居然在宫掖内设立市肆，令宫女当垆卖酒。玩到高兴时，宋徽宗甚至装扮成乞丐，穿一身破烂衣服，拄一根木棍，手端一只破碗，行乞于宫苑市肆之中，全无君臣体统。

宋徽宗甚至还与蔡攸在宫中戏班子里扮演角色，君臣二人粉墨登场。蔡攸在戏中戏谑说："陛下好个神宗皇帝！"

宋徽宗一边用手杖轻轻击打蔡攸，一边说："你也好个司马宰相。"

堂堂天子，竟然扮演优伶，哪还有心思治理朝政？宋徽宗是文化人，熟知史书，一定会知道五代时期的后唐皇帝李存勖，此人是一个超级票友，不理朝政，自为优伶，后来被臣下所杀，血淋淋的历史教训，一点也不顾虑吗？

宋徽宗的寝宫配置也相当豪华气派。宣和年间，苏东坡的儿子苏叔党被召进宫中作画，入宫后，不敢仰视，从未见过如此高大宽敞的房子。当时正是六月，宫外酷暑难当，宫内却积冰如山，冰山上散出的冷气，透出阵阵寒意。宫中所用的蜡烛，都是人间绝品。政和、宣和年间，宫中过去使用的都是河阳蜡烛，虽然明亮，但香味不浓，于是改用龙涎沉脑屑灌进蜡内，点燃两行，阵列数百支，不但光辉明亮，而且香味扑鼻。

宋徽宗奢靡无度，又想长生不老，寿齐天地，政和年间，他效仿秦始皇命徐福寻长生不老药的故事，在民间觅得一位异人，为他炼制长生不老丹。丹药炼成之后，恐怕出现意外，便召来一位官职卑微的人试服。那人不敢不从，谁知那人"才下咽，觉胸间烦躁之甚，俄顷，烟从口中出，急扶归，已不救"。好好的一个人，咽下异人炼制的不老丹，便一命呜呼了。面对死亡，宋徽宗害怕了，再也

醉生梦死在汴梁 第七章

不提炼长生不老药的事了。

有一个叫李传的人，宣和年间任大府卿。有一次，李传上殿奏事，宋徽宗见他面色红润，气色非常好，于是问道："卿年事已高，面色光润，不显老像，满朝文武都说你有内丹之术，是否属实，可如实奏来。"

李传回答说："陛下圣德深远，睿知日新，臣虽不学，敢以诚对。臣的养生秘诀，一言以蔽之，就是一个字：咽！"

宋徽宗不解地问："怎么解释？"

李传说："一咽三咽，云蒸雨至；三咽四咽，内景充实；七咽九咽，心火下降，肾水上升。水火既济则内丹成，可以去疾，可以保生，可以延年，可以超升。"看来此人比较实在，只是让宋徽宗修炼吞咽唾沫之法，没有让宋徽宗挥霍钱财。也许是进谏时言语委婉，方式得当，得到宋徽宗的嘉许。

说到北宋东京的繁华，元宵节是一个绕不过的话题。元宵放灯的习俗兴于唐而盛于宋。唐代元宵放灯时间为三天（从正月十四到正月十六），赵宋立国后，宋太祖赵匡胤下诏："上元张灯旧止三夜。今朝廷无事，区宇乂安，方当年谷之丰登，宜纵士民之行乐。其令开封府更放十七、十八两夜灯。后遂为例。"将元宵放灯时间延长至五天。

元宵放花灯的节日气氛，从腊月初一就开始酝酿。才过冬至，开封府便在汴京宣德门前的御街上，用竹木搭好了用于放灯的棚楼，饰以鲜花、彩旗、锦帛，挂着布画，"皆画神仙故事，或坊市卖药卖卦之人"，这种棚楼叫作"山棚"，大内门前的灯山叫鳌山。

端门两旁扎有彩山，大观年间，宋乔任开封府尹时，在彩山中间竖一木牌，上写"大观与民，同乐万寿"八字，从此成为常例。

大观初年（1107年）元夕观灯时，朝廷接到收复湟、鄯二州的捷报，宋徽宗兴奋异常，当即赋诗赏赐群臣，诗中有"午夜笙歌连海峤，春风灯火过湟中"之句，喜悦之情溢于言表。

宣和年间，元宵节发展成为了规模盛大的世俗狂欢节。从年前开始，汴京御街两廊每天都有各色艺人表演各种娱乐节目：魔术、杂技、说唱、歌舞、杂剧、蹴鞠、猴戏、猜灯谜，"奇巧百端，日新耳目"。而随着元宵节临近，人们又在御街山棚的左右，摆出两座用五彩结成的文殊菩萨与普贤菩萨塑像，身跨狮子、白象，从菩萨的手指，喷出五道水流——可以说是古代的人工喷泉装置了。

从山棚到皇城宣德门，有一个大广场，官府在广场上用棘刺围成一个大圈，长百余丈，叫作"棘盆"。棘盆内搭建了乐棚，教坊的艺人就在这里演奏音乐、百戏。游人站在棘盆外面观赏。

放灯之期，山棚万灯齐亮，"金碧相射，锦绣交辉"。上面站着身姿曼妙的歌妓美女，衣裙飘飘，迎风招展，宛若神仙。山棚还设置有人工瀑布——用辘轳将水绞上山棚顶端，装在一个巨大的木柜中，然后定时将木柜的出水口打开，让水流冲下，形成壮观的瀑布，灯光映照之下，非常好看。

宣德门楼的两个朵楼，"各挂灯球一枚，约方圆丈余，内燃椽烛"。"诸坊巷、马行、诸香药铺席、茶坊酒肆，灯烛各出新奇"，"有灯球、灯槊、绢灯笼、日月灯、诗牌绢灯、镜灯、字灯、马骑灯、凤灯、水灯、琉璃灯、影灯"，灯品之多，让人目不暇接。

宣德楼上设御座，专供宋徽宗看灯之处，用黄罗设一彩棚，由天子近侍御龙直执黄盖，排列在帘外，帘内作乐，宫嫔嬉戏，声传于外。楼下是檀木搭成露台，栏槛结彩，两排禁卫军并排而站，手执骨朵子，面对乐棚。乐棚里各种艺人轮番上演，百姓在露台下观看，乐人不时引观众山呼万岁。

宣德楼前有两朵楼相对，左边是宋徽宗的儿子郓王赵楷彩幕，右边是蔡京及执政、戚里彩幕。宋徽宗不时给两朵彩楼赐金凤凰，有时甚至用金子制成形状如橘子的弹丸，用弹弓射向右边蔡京所在的朵楼，一次竟达数百颗之多。宋徽宗每次观灯，都是华灯初上时，便来到宣德楼，直到三更时分，身体困倦时才回宫。

京城的名门望族、宗藩戚里，也都在此时宴请往来，车水马龙，川流不息，每到漏尽才回家。

有人形容了当时的盛况：

醉生梦死在汴梁 第七章

太平无事,

四边宁静狼烟眇。

国泰民安,

谩说尧舜禹汤好。

万民翘望彩都门,

龙灯凤烛相照。

只听得教坊杂剧欢笑。

美人巧。

宝箓宫前,

咒水书符断妖。

更梦近、竹林深处胜蓬岛。

笙歌闹。

奈吾皇,

不待元宵景色来到。

只恐后月,

阴晴未保。

北宋词人晁冲之有《传言玉女》《上林春慢》两首词描述了上元节灯火的盛况。《传言玉女》:

一夜东风,

吹散柳梢残雪。

御楼烟暖,

正鳌山对结。

箫鼓向晚,

凤辇初归宫阙。

千门灯火，

九街风月。

绣阁人人，

乍嬉游、困又歇。

笑匀妆面，

把朱帘半揭。

娇波向人，

手捻玉梅低说。

相逢常是，

上元时节。

《上林春慢》：

帽落宫花，

衣惹御香，

凤辇晚来初过。

鹤降诏飞，

龙擎烛戏，

端门万枝灯火。

满城车马，

对明月、有谁闲坐。

任狂游，

更许傍禁街，

不扃金锁。

玉楼人、暗中掷果。

醉生梦死在汴梁 第七章

珍帘下、笑着春衫袅娜。

素蛾绕钗,

轻蝉扑鬓,

垂垂柳丝梅朵。

夜阑饮散,

但赢得、翠翘双軃。

醉归来,

又重向、晓窗梳裹。

宣和六年（1124年），宋、金两国战争的硝烟尚未散尽，协约还没有正式签订，宋徽宗迫不及待开始狂欢了，十二月初一刚过，他就开始预赏元宵节。

这一年的鳌山扎得格外华丽，中间两条鳌柱高二十四丈，各扎一条缠绕的金龙，每个龙口里点一盏巨灯，叫"双龙衔照"，中间悬一个巨牌，长三丈六尺，阔二丈四尺，上面嵌着"宣和彩山、与民同乐"八个大金字，这是宋徽宗的御书。

彩山华丽无比，彩岭直接禁阙春台，仰捧端门。预赏期间，各种表演不断，梨园奏起和悦之音，乐府进献婆娑之舞，有声有色。

宋徽宗诏令今年的鳌山对外开放，任何人都可以进来游玩观赏。百姓们并不知道朝廷收回燕云十六州的真相，还以为真的在北边打了一个大胜仗。听说今年的鳌山对外开放，纷纷涌到鳌山脚下游观。

宋徽宗携皇后嫔妃及文武百官，同至五门看灯。宋徽宗见到人山人海的场景，以为这是天下太平的象征，一高兴，便命人在宣德门上向游人撒钱。看到游人抢钱的情景，有一个叫袁綯的人填了一首名做《撒金钱》的词，赞撒钱这一盛事：

频瞻礼。

喜升平，又逢元宵佳致。

> 鳌山高耸翠。
> 对端门、珠玑交制。
> 似嫦娥降仙官,乍临凡世。
>
> 恩露匀施,凭御栏、圣颜垂视。
> 撒金钱,乱抛坠。
> 万姓推抢没理会。
> 告官里。
> 这失仪、且与免罪。

宋徽宗站在楼上,看到人群你争我夺,哄抢地上的铜钱,高兴得手舞足蹈。李邦彦献媚地说:"太平无事,国泰民安,似这等放灯撒钱,恐怕尧、舜、禹、汤的时候,也不及今日的陛下。"

宋徽宗笑道:"朕怎敢比尧、舜、禹、汤呢?不过趁此升平之日,与民同乐一回罢了。"

"父皇!"太子赵桓皱着眉头说:"尧、舜、禹、汤,崇尚节俭,哪有撒钱之举?君主与民同乐,靠的是治理好国家,并不是靠撒钱取悦于民。李邦彦以撒钱这种无聊的事情将父皇比为尧、舜、禹、汤,实在是居心不良。请父皇治李邦彦阿谀奉承之罪!"

赵桓的建议,遭到了宋徽宗的呵斥。

王黼等人见皇上呵斥太子,齐声赞颂宋徽宗是万世圣主。

宋徽宗虽然没有什么本事,但却好大喜功,听到这些拍马屁的话,似乎觉得自己真的是万世圣君了。心里一高兴,当场宣布在内门直赐御酒,到场的百姓,每人都可以喝一杯御酒。

这可是一个带有轰动性的消息,酒是御酒,杯子是金杯,看灯的百姓,不论富贵贫贱、老少尊卑,或男或女,都到端门下领饮一杯御酒。人丛中,有一个美妇人饮了御酒,把金杯藏在怀里,被人发现捉住了,带到端门下奏与宋徽宗知

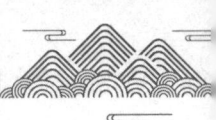

道。宋徽宗见这个妇人长得很漂亮,不相信她会做小偷,于是问道:"朕赐御酒,怎么把金杯也偷了去?"

妇人灵机一动,立即吟了一首《鹧鸪天》词,算是回答:

> 月满蓬壶灿烂灯,
> 与郎携手至端门。
> 贪看鹤阵笙歌举,
> 不觉鸳鸯失却群。
>
> 天渐晓,感皇恩,
> 传宣赐酒饮杯巡。
> 归家恐被翁姑责,
> 窃取金杯作照凭。

原来,妇人同夫婿同到鳌山脚下看灯,两人走失了,蒙皇帝赐酒,不敢不饮,饮酒后面带红晕,担心回家后公婆责怪,想借皇帝的金杯,回家给公婆看,不想就背了个窃贼的罪名。

宋徽宗微笑着说:"既然这样,朕就将这个金杯赐给你。"

杨戬认为这是妇人设局骗取金杯。建议让她现场再作一首,作得好,就赐给她金杯,作不出来,就治偷窃欺骗之罪。

宋徽宗准奏,于是让妇人以金盏为题,《念奴娇》为调,再作一首词。

妇人领旨,随即口占一词:

> 桂魄澄辉,
> 禁城内、万盏花灯罗列。
> 无限佳人穿绣径,
> 几多妖艳奇绝。

> 凤烛交光,
>
> 银灯相射,
>
> 奏箫韶初歇。
>
> 鸣鞘响处,
>
> 万民瞻仰宫阙。
>
> 妾自闺门给假,
>
> 与夫携手,共赏元宵节,
>
> 误到玉皇金殿砌,
>
> 赐酒金杯满设。
>
> 量窄从来、红凝粉面,
>
> 尊见无凭说。
>
> 假王金盏,
>
> 免公婆责罚臣妾。

宋徽宗听罢,哈哈大笑,夸赞妇人好文才。除将金杯赏给妇人外,还赏了妇人两朵宫花,妇人领赏后,欢天喜地地去了。

宋代无名诗人,描绘上元节的词别具一格,其中两首为:

宣德楼前雪未融。贺正人见彩山红。九衢照影纷纷月,万井吹香细细风。复道远,暗相通。平阳主第五王宫。凤箫声里春寒浅,不到珠帘第二重。

忆得当年全盛时。人情物态自熙熙。家家帘幕人归晚,处处楼台月上迟。花市里,使人迷。州东无暇看州西。都人只到收灯夜,已向樽前约上池。

北宋历代皇帝都雅好上元节赏灯,但没有人的奢侈超过宋徽宗。

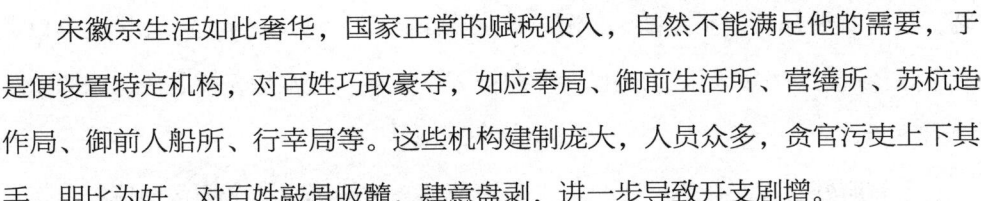

宋徽宗生活如此奢华，国家正常的赋税收入，自然不能满足他的需要，于是便设置特定机构，对百姓巧取豪夺，如应奉局、御前生活所、营缮所、苏杭造作局、御前人船所、行幸局等。这些机构建制庞大，人员众多，贪官污吏上下其手，朋比为奸，对百姓敲骨吸髓，肆意盘剥，进一步导致开支剧增。

左藏库主管各地财赋收入，然后支付全国各级政府机构、军队官兵的费用开支，长期以来，这些费用每月都稳定在三十六万缗左右的水平上。到了宋徽宗时期，每月支出高达一百二十万缗。虞策曾在户部任职，后来调任吏部尚书，他上疏宋徽宗，请求撙节费用开支。奏疏中说他在户部任职时，中都（开封）每年经费开支为六百万缗，与天下上供之数约略相当。全国每年上交中央政府的财政收入，仅够京城一地开销。国家财政管理混乱，国库收入本来分为御前财物、朝廷钱物、户部钱物几个部分，但这些钱如今大部分都变成了禁中私财。入不敷出，国家财政捉襟见肘，统治者便挖空心思，千方百计地从老百姓身上搜刮，除了严禁铁器自由买卖、严格实行酒专卖、铸造当十钱外，又别出心裁地在京城附近州县增设铁栅强行收税，这无异于明火执仗打劫。其他无名之税，更是多如牛毛，致使天下百姓叫苦不迭，怨声载道。

宣和年间，尚书左丞宇文粹中给朝廷上疏，在奏疏中说，由于赋税岁入有限，而支出浩大，使得百姓离乡背井，流离失所，四处迁徙，"陕西上等人家多弃产而迁居京师，河南富人则多弃产业而徙居川蜀。河北衣被天下，素以富饶著称，如今蚕织皆废；山东频遭大水，耕稼失时。其他各路只顾榨取，不加抚恤，谷麦尚未登场，已去筹划卖粮还债，即使本年赋税已经缴纳，还有他年赋税未清。""任是深山更深处，也应无计避征徭。"这是一幅多么可怕、血泪斑斑的灾民流离图啊！

宋徽宗君臣就是这样把自己的奢靡腐化的欢乐，建立在百姓的痛苦之上。

宋徽宗过着醉生梦死的生活，却还有一颗极强的虚荣心，自认为自己是圣明之君，只要有人颂扬他圣明，便笑逐颜开。既然是圣明之君，便应有祥瑞之气降临。一帮佞臣揣透了宋徽宗的心思，挖空心思讨宋徽宗喜欢，天上没有降临祥瑞，那就制造祥瑞。于是胡说蟾蜍（癞蛤蟆）如能活够万年，背上就会长出芝草。芝草是祥瑞之物，只要此物出世，便象征天下太平。这本是无稽之谈，宋徽宗却深信不疑。

上有所好，下必甚焉，于是天下争进芝草，政和年间，全国各地每年向朝廷进献芝草二三万株。密州（山东诸城）山间盛产芝草，有一株硕大无朋，长有几十片叶子，而且叶片五彩缤纷，各种颜色都有。密州郡守李文仲采集许多芝草，用纲船运送到京师。宋徽宗见到那株硕大无朋芝草，龙颜大悦，提升李文仲为本路转运使。转运使是一路长官，掌管一路财赋，监察各州官吏。官吏如有违法或有关民生疾苦之事，转运使有权直接上报朝廷，比当州官威风多了。李文仲没有什么政绩，只靠歪门邪道便升了官，让许多人羡慕不已。

既然进祥瑞能升官发财，便有人挖空心思走捷径，为达到目的，有些人甚至不择手段。宣和年间，有一个名叫郑良的人，本是一位茶商，交结宦官而进入仕途，官至广南转运使，他的辖区内有一富户，家里藏有一个玛瑙盆，只要盛满水，便见两条金鱼在水中跳跃。郑良知道这件事后，打算出重金收购，那家富户执意不卖。后来，玛瑙盆被一个叫曾讷的人高价买走。郑良派人找到曾讷，曾讷谎称已献给朝廷。郑良恼羞成怒，上书诬陷曾讷私藏宝货，并说曾讷穿衣、乘轿都依照天子，其罪可诛。

宋徽宗闻奏，不假思索，便命郑良追查些事。郑良接旨后，立即派后包围曾讷的家，拘捕了曾讷的一家老小，在他家里翻箱倒柜地搜查，没有发现玛瑙盆。曾讷的弟弟曾谊正醉卧家中，不知郑良是奉旨搜查，以为是强盗打劫，提剑而出，双方引起争执。郑良以曾谊抗命杀人上奏，宋徽宗下诏曾谊赐死，曾讷发配沙门岛。后来在靖康年间，曾讷遇大赦，才得以回家。郑良也因曾讷击鼓鸣冤而遭到追究，最终毙命狱中。为了一个玛瑙盆，郑良害得数人身首异处，最终将自己的命赔了进去。

校书郎王寀，由于官职低微，俸禄也少，生活过得很清苦，当他看到不少人因进祥瑞而升官发财，不禁怦然心动，冥思苦想，终于想出了一条迅速升官的"捷径"，于是上奏宋徽宗，谎称天神降临其家，这是天降祥瑞。宋徽宗听说天

醉生梦死在汴梁　第七章

神降临王寀家，欲亲自前往，一睹天神之风采。有人心存怀疑，建议应先派人前往观察虚实，属实后再御驾亲临也不迟。宋徽宗随之派宦官前往王寀家探看虚实，并没有发现任何天神降临的迹象。宋徽宗大怒，以欺君罔上之罪，将王寀赐死。王寀本以为天神来去无踪，即使谎报，也露不出什么破绽，不料弄巧成拙，不但升官之梦破灭不说，还搭上自己一条性命，真是应了"机关算尽太聪明，反误了卿卿性命"这句话。

还有一个名叫陈举的官员，以青蛇冒充神龙，向朝廷献祥瑞。陈举官居淮南转运副使，上疏奏说，说他巡按到泗州临淮县（今江苏泗洪县临淮镇）东门外，在他的船上忽然看见一条小蛇，长八寸许，过了片刻，再以烛相照，发现小蛇身猛长到四尺有余。才知道这是一条神龙，忙用金纸相迎，装进箱子里，派人送到庙里。知县黄某差人报告说，箱子里的金纸被人揭走，小蛇也不见踪影，只留下开通元宝钱一枚，小青虫一条。次日早上，派人送到他的船上。他想了很久，才悟出这是神龙现形示人。并说他主管漕运，就等于主管财赋，故神龙示以钱财，表示钱如泉水之流，行于天下而无穷。不显示别的钱，而显示开通元宝，则是预示有开必有通而无壅滞之患。显示的青虫虽小，脊背与头都呈青色，腹与足都呈金色。青色代表东方，表示生机勃勃；金代表西方，表示丰收在望。这是祥瑞之兆，不敢隐瞒，谨将神龙现形的经过报告，同时将开通元宝钱一文、小青蛇一条，装进涂金银盒子里，派专人进呈。这实在是一场表演拙劣的闹剧，陈举穷极无聊，信口雌黄，一派胡言，使人无法相信。小青蛇怎么会变成神龙？开通元宝钱显然是有人做了手脚，事先放到箱子里去的。陈举硬把这些东西说成祥瑞之兆，无异是在败坏朝廷的声誉。宋徽宗对陈举的举动大为恼怒，下旨罚他铜二十斤，将所进献的开通钱和小青蛇扔到东水门外的河里，以儆那些利令智昏、荒诞不经之人。陈举这才如梦初醒，后悔不该贪图富贵，偷鸡不成反蚀了一把米。

崇宁元年（1102年），蔡京入相的次年便修大内、建景灵宫、元符殿。他向宋徽宗进言，说国库充裕，积蓄达五千万缗，有能力营造宫殿及其他工程，不必过份节俭。宋徽宗受蔡京的蛊惑，于崇宁三年采纳方士魏汉津之说铸造九鼎。

靖康耻

九鼎是古代象征国家政权的传国之宝，相传大禹曾铸九鼎，代表天下九州，其后，成汤迁九鼎于商邑，周武王又迁九鼎于洛邑。战国时，秦、楚两国都曾到周朝求九鼎，唐代武则天也曾铸九鼎。

宋朝北边有契丹建立的辽，西北有党项建立的西夏，再往西有回纥诸部，西藏还有吐蕃诸部等，并没有完成中国的统一，其疆域在汉民族建立的中央王朝中是最小的。蔡京唆使宋徽宗铸九鼎，以象征九州统一，完全是求媚宋徽宗。

宋徽宗也是一个好大喜功的人，不但铸造九鼎，而且还在太一宫之南建造九座宫殿，专门用来供奉九鼎，取名九成宫。九殿按东、南、西、北四面，东南、东北、西南、西北八方设置，中设一殿坐镇中央。

中央一鼎为黄色，取名为帝鼎；

东、南、西、北各鼎颜色分别为：碧、紫、赤、黑，鼎名分别为：牡鼎，彤鼎，晶鼎、宝鼎；

东北、东南、西北、西南各鼎颜色分别为：青、绿、白、黑，鼎名分别为：苍鼎、冈鼎、魁鼎、阜鼎。

九成宫建成、九鼎落位之时，蔡京亲自为定鼎礼仪使，引导宋徽宗给九鼎献辞献酒。当祭到北方宝鼎时，一件意外的事情发生了，宝鼎突然爆裂，里面装的酒也喷了出来，所有的人都惊呆了，按中国人的说法，不吉利。

宋徽宗铁青着脸愣在当场，蔡京脑子转得快，翻身跪下说，北方的鼎爆裂，表示北方的辽国要出现内乱，我们可以乘机灭掉辽国。

本来是一件很不愉快的事情，竟然被蔡京说成与大宋无关，而且还预示着宋朝可以乘机灭掉辽国。蔡京拍马屁的功夫，已经到了登峰造极的地步。

宋徽宗好大喜功，一帮佞臣不断地制造假新闻，无非是想说明宋徽宗是一位不同凡响的明主罢了。

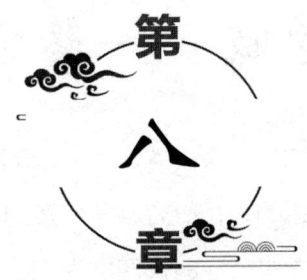

第八章

奸佞宵小闹东京

有识之士评论北宋灭亡说：宋朝亡于君子，而非亡于小人。乍看起来，这话是似乎说反了，细想起来，确实是极有见地。从表面上看，宋徽宗左右小人为患，君子却寥若晨星，之所以出现这种局面，完全是那些君子们明争暗斗，同归于尽，以致把大好河山交到小人手里。宋徽宗在位二十五年，身边聚集了一批奸佞邪恶之徒，最著名的当属被称为"六贼"的蔡京、王黼、朱勔及宦官李彦、童贯、梁师成。

"六贼"之名最早出于太学生陈东在宣和七年（1125年）的上书，陈东说："今日之事，蔡京坏乱于前，梁师成阴谋于后，李彦结怨于西北，朱勔结怨于东南，王黼、童贯又结怨于辽、金，创开边衅。宜诛六贼，传首四方，以谢天下。"

除六贼之外，还有杨戬、高俅、蔡攸、蔡卞、张邦昌等人。这些权势炙手可热的奸佞宵小贪赃枉法、横行霸道，让一个原本有志于重振河山的年轻皇帝，蜕变为一个荒诞无稽的昏君，导致当时江南方腊起义和金军入侵中原，将北宋的锦绣河山弄得满目疮痍，民不聊生，直至于亡。

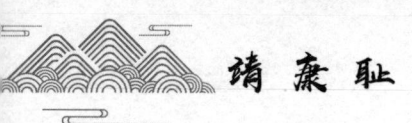

首贼——蔡京

宋徽宗时代之所以虎头蛇尾、最终葬送了北宋的锦绣河山,其中一个非常重要的原因,就是聚集在他身边的人,少有君子,多为奸佞小人,在这些奸佞小人之中,首罪当推蔡京。蔡京在宋徽宗时代四次为相,弄权长达十七年之久。由于蔡京长期独揽朝纲,养成了刚愎自用、阴险狡诈、冷酷无情的性格。传说有人见过蔡京的面相后对人说:蔡京神情异于常人,他日必大富大贵,但他自恃与常人禀性不同,敢与太阳相争,恐怕此人得志后,必定结党营私,扰乱朝纲。后来的事实证明,此言不虚。

按照惯例,宋朝自太祖赵匡胤开国以来,凡属军国大事,由三省(门下省、中书省、尚书省)、枢密院议定之后,再面奏天子定夺。官员的任命,先由宰相提出初步人选,经皇上认可之后,才由中书省起草任命文书,门下省审议把关。如有不妥,中书省由中书舍人封缴,门下省则由给事中封驳,这些程序走完之后,尚书省才去执行。这一套程序虽然繁琐,但相对公允。

蔡京为相之后,权力欲极强,一切都由自己说了算,但对言官的弹劾心存顾忌,便扯大旗作虎皮。想办什么事情,先以宋徽宗的口气拟成诏书,然后送给宋徽宗过目后,再由宋徽宗亲自抄一遍,称之为御笔手诏,臣下都得遵禀,不遵者以违制论处。自从蔡京发明的御笔诏书兴起之后,三省及台谏都被架空了,只是在蔡京拟好的文书上签字画押而已。

蔡京晚年年老体衰,老眼昏花,不能视物,难以上朝理事,朝中大小事情取决于他的小儿子蔡绦,蔡京决定的事,也由蔡绦代理,并代表蔡京上奏。宋徽宗也知蔡京是奸邪之人,几次罢免蔡京的官职。每次罢官之后,蔡京都能东山再起,足见蔡京的能量之大。

一次,御史中丞王安中上疏弹劾蔡京,列举了蔡京许多罪状。宋徽宗看后也认为都是事实。王安中恐遭蔡京暗算,伏地叩头说:"臣一介书生,孤立无援,不自量力,弹劾朝中大臣。臣知道蔡京狡猾多智,将来必定会遭到他的迫害,发

110

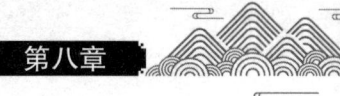

配边远地区，不能再见到皇上了。"

宋徽宗安慰地说："卿不必忧虑，朕罢免蔡京之职，他也没有机会报复了。"

蔡攸知道这件事后，向宋徽宗泣诉，请求保全父亲。宋徽宗为难地说："王安中奏疏在此，句句属实，谏官之言，朕不可以置之不理呀！"

蔡攸恳求道："陛下如果想保全臣家，臣倒有一个两全齐美的办法。"

"什么办法？"

蔡攸出主意说："给王安中挪一个位子，这事就不必追究了。"

对于蔡攸这样的馊主意，宋徽宗不但不加以斥责，居然还同意了。当王安中起草第三道奏疏，准备再次弹劾蔡京时，半夜之时，一位不速之客敲开了王安中的家门，对他说："王安中，奏疏不必再写了。"

"为什么？"王安中说，"我是御史中丞，有事上疏，是我的本分，凭什么不让我写？"

来人冷笑地说："现在是御史中丞，天亮以后就不是了。刚才我见到御笔，你已调为翰林学士承旨，明天就到新部门报到了。"

王安中掷笔在地，长叹道："我为社稷弹劾奸佞，这次算是惹祸了啊！"

翰林学士承旨是翰林院的长官，负责起草制、诏、令，没有弹劾奸邪的职能。蔡京、蔡攸父子略施小计，釜底抽薪，保住了蔡京的相位。

王安中弹劾蔡京虽然惹祸，总算保住了性命，有人与蔡京作对，却丢了性命，这人便是知枢密院事张康国。

张康国的枢密使本是由蔡京荐举，张康国上位之后心理上发生了变化，便与蔡京分庭抗礼，争权夺势，每当朝议之时，常常与蔡京唱反调，而且还经常在宋徽宗面前诋毁蔡京。

宋徽宗本来就是一个没有主见的人，经张康国这么一鼓吹，也觉得蔡京有些专横跋扈，密令张康国想办法监督蔡京的一举一动，并允诺一旦蔡京倒台，宰相之位就是他的。以掌握军权的枢密使张康国监督掌握政权的宰相蔡京，并许诺宰

相之位，宋徽宗这个皇帝的脑子，实在是有毛病。

张康国领了密旨，每天监视蔡京的一举一动，一有风吹草动，便向宋徽宗密报。

世上没有不透风的墙，张康国暗地监督蔡京、向皇上打小报告的事，还是被蔡京知道了。蔡京也不是一盏省油的灯，知道张康国在监督自己，立即采取行动，密令同党中丞吴执中上表弹劾张康国。

张康国也在朝中广布耳目，监视着蔡京一伙的一举一动，吴执中还没有发动，张康国就得到了信息，来了个先发制人。

次日早朝，两府大臣先入内奏事，退出之时，张康国独自留了下来，跪告宋徽宗说："今天朝堂上，吴执中一定会替蔡京弹劾臣，说什么臣都知道。臣情愿让位，免得蔡京怨恨，受吴执中的指责。"

"有这种事吗？"宋徽宗安慰道，"你不要担心，朕自有主张。"

张康国得到宋徽宗的承诺，胆也大了，气也壮了，退到候朝堂，像没事人一般。

宋徽宗登上金銮殿坐定之后，吴执中果然出班劾奏张康国，痛陈张康国的过失。宋徽宗打断吴执中的话头，呵斥道："你敢受人唆使来进谗言吗？朕看你倒不配做中丞。"

吴执中见宋徽宗发怒，吓得面如土色，跪在地上不住地磕头，本想分辨几句，无奈心里发慌，想说却又说不出来。宋徽宗见他这般狼狈，更是气恼。怒斥道："好个中丞！不效忠朕，替朕分忧图治，却徇私给人家作走狗，滚出朝去吧！"

吴执中叩头谢罪后，如丧家之狗退出朝堂。

当晚，宋徽宗即传出圣旨，将吴执中逐出京城，出任滁州知州。

蔡京受此挫折，自觉脸面无光，但他并没有检讨自己，而是将一切仇恨记在张康国的账上，千方百计地想谋害张康国。无奈张康国处处小心防备，无从下手。

明枪易躲，暗箭难防，百密也总有一疏的时候。大观三年（1109年）三月的一

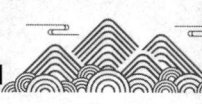

天，张康国上朝，退朝后在当值者所居的偏殿喝了一杯茶。不一会，只听他大叫一声，倒在地上，口吐白沫，滚来滚去，显得痛苦万状。当班的差役连忙将他抬到待漏院，也就是朝臣等待上朝之所。此时院中有余深、侯蒙等人，等到大家围上去，喊来御医的时候，张康国已经断气了。

从张康国死前的惨状分析，就是不懂医术的人也能看出来，张康国是中毒而亡。在场的人也都心知肚明，问题就出在那杯茶里，有人在茶水里做了手脚。但是，大家都知道，敢在这种场合做手脚的人，绝非常人，在没有证据的前提下，谁也不敢说，如果说出来，说不定下一个中毒而亡的就是自己。

终宋朝一世，执政大臣中毒猝死朝堂，仅此一例。

宋徽宗听到张康国暴死的消息，暗暗心惊，叹了几声后，命有关部门优恤他的家属，追赠开府仪同三司，且给他一个美谥，叫作文简。张康国的一条性命，竟白白送掉。

张康国死了以后，蔡京欲保举他的私党顶上留下的空缺，不料宋徽宗在没有征询蔡京意见的情况下，直接下诏，任命郑居中为枢密使。

还有一次，同为"六贼"中人的王黼见蔡京屡次被贬，仍然不肯放权，心中甚为忌恨。一次，王黼好不容易说服了宋徽宗，于是派童贯、蔡攸两人一同去见蔡京，要求蔡京自己写个辞呈。蔡京见是皇上派来的使臣，且儿子也在其中，于是设家宴款待。宴饮中间，蔡京表白说："我已年迈，应该交出权柄，之所以没有上表请求致仕，是因为皇恩浩荡，我还没有来得及报答皇恩的缘故，这一点两公是知道的。"

当时在场的人听了此话，都是掩口窃笑，因为蔡攸是蔡京的儿子，蔡京保官心切，慌不择言，竟然称自己的儿子为公。

蔡京为相多年，党同伐异，排斥异己，晚年权势鼎盛之时，蝇营狗苟之徒聚集在蔡京门下，送金钱，输美女，讨蔡京欢心而获美官肥差，朝廷的纲纪法度形同虚设。蔡京任命官员大体有两种人，一是子弟及姻亲，二是袍泽故旧且还是其党羽。凡是与他关系深厚者，不但本人升官升职，而且还推恩其子孙，再及亲戚故旧，盘根错节，牢不可破。二十多年来，蔡京的门生故吏遍天下，朝内的侍从、执政等高官，朝外的帅臣监司等封疆大吏，尽是蔡京的门人亲戚故交。蔡京的儿子蔡攸、蔡儵、蔡翛及蔡攸的儿子蔡行，都是官至大学士，职位相当于执政，还有一个儿子蔡鞗娶宋徽宗之女茂德帝姬为妻，如此一来，蔡京与天子便成了儿女亲家。《资治通鉴长篇纪事本末》记载，宋徽宗车驾多次到蔡京家，蔡京的子孙都受到恩宠，八个儿子，八个孙子，四个曾孙都在寄禄官上转升一官，这就是说，蔡京满门即便是襁褓之中或稚气未脱的小孩，都领一份国家的工资。《文献通考》也记载，蔡京拜相数年，六个儿子，四个孙子同为执政、侍从，大宋王朝几乎成了蔡家的天下，甚至连仆人也居高官，媵妾封为夫人。可谓一人得道，鸡犬升天。

蔡京攫取了政权，还想控制兵权，建澶、郑、曹、拱四州为"四辅"，以拱卫京师。每州屯兵两万，用其姻亲宋乔年、胡临文为郡守，由于这层关系，自然听命于蔡京。蔡攸的妻兄韩梠本是无才无德之辈，竟然当上了户部侍郎；蔡行倚仗父、祖之势，窃弄权柄。贿赂公行，荐引小人，盘踞要津。蔡攸每次入朝，侍从以下官员都趋炎附势，身后跟着抱文牍的侍从竟多达数十余人，装腔作势，作威作福，朝野之人无不侧目而视，畏惧十分。

由于朝王公卿相多出自蔡京门下，因此，不论风云如何变化，权力总是牢牢地控制在蔡京手里，形成一门生去世，另一门生随之补缺，一故吏被逐，另一故吏又来的局面。

蔡京有个远房本家蔡倬，本来是乡下一个跑村串户的木匠，就因为与蔡京这点关系，居然做了南剑州通判。此人目不识丁，品质恶劣，贪污受贿，横征暴敛，无所不为。

还有一事更为可笑，一次，有两个人同时来找蔡京，要求堂除，堂除是什么意思呢？就是由政事堂直接奏准皇上安排官职，这样的官员比吏部任命的官员升职更快，是一条迅速升官的捷径，很多人都想走这条捷径，因此趋之若鹜。但这次只有一个职位，一个职位两人争，蔡京实在有些犯难，因为这两个人的后台都很硬，而且蔡京也都收了重贿。事情该有结局，收了的贿赂当然不会退，于是蔡

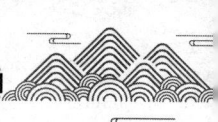

京想了一个两不得罪的绝佳办法，便以让两人背诵唐代诗人卢仝的《月蚀诗》以定去留。两人中年长的一位应声背诵，声音洪亮，吐字清晰，满座为子倾倒。蔡京大喜，便将职位给了此人。靠背诗决定命运，将朝廷任用官员之事视若儿戏，形同私授。

政和年间，蔡京以太师的身份统管三省事务，因年纪大了，宋徽宗允许他在家处理政务。蔡京的弟弟蔡卞带着朋友将仕郎吴说去见蔡京，在便室见面，当时屋里放着一张桌子，桌子上有笔墨纸砚。蔡卞对哥哥说，常州教授某人从及第时便做教官，如今还是原来的职务，长期没有得到提拔。蔡京看了蔡卞一眼，问道："以你之见，该如何安排他？"

蔡卞思索片刻说："给他一个提学（掌一路州县学政）吧！"

蔡京随手从桌子上取过一张玉版纸，写上该人姓名及提举学事，停下笔问蔡卞："想去哪一路做学政？"

蔡卞说："此人家里很穷，须得给去一个经济发达、收入优厚的地区才可。"

蔡京于是任命书上填写"河北西路"，交给老兵拿走。

河北西路治所在真定府（今河北正定），管辖河北阜平、满城、徐水、巨鹿、丘县、临漳及河南浚县、汲县等地，土地肥沃，物产丰饶，到那里去任职，自然是一个肥差。

蔡京权势显赫，拍马屁数不胜数。有一个叫薛昂的尚书左丞，是蔡京的同党，他对蔡京的恭顺，到了无可复加的地步，为了避讳，全家人都不敢说"京"字，倘若有人说漏了嘴，薛昂就要用鞭子抽打，如果自己不慎说了京字，则自打耳光以示惩罚。薛昂的尚书左丞就是蔡京荐举的。

蔡京既然大权在握，又将宋徽宗玩弄于股掌之中，生活上的腐化自然是到了登峰造极的地步。他拥有的土地多达五十余万亩，每逢生日，天下各州郡都要给他送寿礼，号为"生辰纲"。《水浒传》中写晁盖、吴用智取生辰纲，并非捕风捉影、凿空妄说，而是确有其事。

蔡京喜欢吃鹌鹑，一次便烹食数百只，还说没有下筷之处。厨房里用人很

多，竟有婢女专门负责切葱丝，用人之多，分工之细，可想而知。

宋徽宗虽罢蔡京的相位，仍优待有加，特赐相邻之地，让他扩建西园。蔡京毁掉民居数百间。蔡京问伶人焦德，西园与东园相比，景致如何？焦德说："太师公相之家，自然非凡人可比，东园嘉木繁阴，望之如云，西园百姓流离，泪下如雨。可谓东园如云，西园如雨啊！"

焦德是在讽刺蔡京因建西园而使百姓流离失所，焦德也因此而获罪。

政和年间，蔡京以太师身份致仕，宋徽宗允许他在京居住，并依文彦博之例，择日在垂拱殿赐宴，允许他依旧服玉带，佩金鱼赐对，三日一至堂议事。宣和末年第四次为相时，蔡京已是八十岁了，宋徽宗允许他在家里办公，三五日一至朝堂议事。并下诏褒美他"忠贯金石，志安社稷"。

蔡京作恶多端，引起了正直之士的不满。兴化人方通与蔡京是儿女亲家，靠蔡京的引荐而位居要津。他的儿子方轸却是一个深大义之人，上疏宋徽宗说："蔡京专权自恣，处处效法王莽、曹操，视祖宗神灵如无物，玩弄陛下不啻婴儿，威震人主，祸移生灵，气焰嚣张，中外畏之，大臣保家族不敢议，小臣保寸禄不敢言，颠倒纪纲，胡作非为，自古为臣之奸，未有如蔡京今日为甚者。"然后又列举了蔡京的桩桩罪状，最后说："臣披肝为纸，沥胆书辞，忘万死而叩天阍，绝不是一鸣惊人，窃取陛下爵禄，看重的是祖宗之庙社，可惜的是天下之生灵，因而舍生冒死上疏，是杀，是赦，是窜，悉听陛下裁决，臣之生死，无关乎轻重。愿陛下上体天戒，下恤人言，安能爱一国贼而忘庙社生灵之重。"蔡京大怒，添油加醋地向宋徽宗倾诉，宋徽宗自然听信蔡京之言，将方轸削籍流放到岭外，后来死于贬所。

在蔡京气势正盛之时，方轸敢于挺身而出揭露其罪恶，这种精神确实难能可贵。蔡京之罪罄竹难书，当时便有"打破筒（童贯），泼了菜（蔡京），人间便是好世界"的呼声了。

奸佞宵小闹东京 第八章

美男子——王黼

史书上说王黼"为人美风姿，目睛如金"，是一个美男子。蔡绦在《铁围山丛谈》中对王黼的描画得更详细："面如傅粉，然须发与目睛色尽金黄，张口能自纳其拳。"意思是说王黼肤色呈白色，天生一头黄金发，眼睛也是黄色的，嘴奇阔，能容得下自己的拳头。谁都不曾想到，这位相貌堂堂的美男子，却是一个金玉其外，败絮其中的奸诈之徒。

王黼不学无术，但他有一招绝活——拍马逢迎，一招鲜，吃遍天，王黼就凭这一招，居然当了宰相。王黼阴险狡诈，反复无常。由于大臣何执中的荐引，王黼谋得校书郎一职，不久又升谏议大夫。

王黼进入官场后，很快发现五光十色的朝廷里面，有一个人的"大腿"特别粗，也特别白，只要抱住了这条"大腿"，自己就会平步青云、风光无限。于是，他义无反顾地踢开何执中，向那条"大腿"扑过去。那条"大腿"的主人姓蔡名京。

宋徽宗不喜欢宰相张商英，派人给贬谪到杭州的蔡京送去一只玉环。王黼敏锐地觉察到，这是蔡京东山再起的信号，于是上书弹劾，矛头直指张商英。蔡京再次为相后，投桃报李，立即提拔王黼为御史中丞。王黼从低微的校书郎升为御史中丞，仅用了两年时间。

蔡京和何执中当时并为左右相，王黼抱蔡京的大腿后，一心想帮助蔡京独掌大权，于是罗织了何执中的二十条罪状，准备整垮何执中。奏疏到了蔡京手中，还没来得及上传。

何执中对此毫不知情，还是很喜欢王黼，对小伙子赞不绝口。一天，何执中又开始称赞王黼了，蔡京问道："少师何故总是赞誉王黼？"

何执中愣了一愣，又滔滔不绝地吹嘘起来，说王黼如何识大体、知恩图报。

蔡京从案头抽出一卷纸，扔给何执中说："看吧！看吧！看看这是什么。"

何执中接过一看，上面竟然是王黼弹劾自己的奏章，脸色大变，憋了半晌，

117

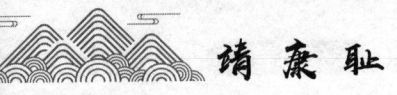

破口骂道:"畜生竟敢如此!"

王黼除抱蔡京的大腿外,对另一位权臣梁师成也是格外巴结。王黼任宣和殿学士时,梁师成圣眷正隆,为了巴结梁师成,王黼竟然拜梁师成为父。从此,王黼更是狗仗人势,狐假虎威。

宋徽宗在昭德坊赐了王黼一处宅第,左邻是已经退休的门下侍郎许将,王黼依仗梁师成的权势,竟然将许将一家赶出京城,霸占了许将的住宅。徽猷阁待制邓之纲有一美妾,秀色可餐,王黼对她垂涎三尺,为了达到目的,王黼居然设计诬陷邓之纲,致使邓之纲贬往岭南,然后公然霸占了他的美妾。

就是这样一位欺男霸妇、品质恶劣之人,宋徽宗居然对他优渥有加,由通议大夫,连升八级,直接提升为少宰(宰相),有宋一代,如此任命宰相恐怕是空前绝后。

王黼取代蔡京为相之初,悉数废除了蔡京的酷政,罢黜奸佞宵小,朝野一时称之为贤相。其实这都是他沽名钓誉的手段。子系中山狼,得志便猖狂。王黼在政治上站稳脚跟后,便露出了贪婪奸邪的本来面目。

王黼力主联金攻辽,在三省设立经抚房,专门处理边境事务,但却不让枢密院插手。

王黼巧立名目,统计全国人口,然后计口出资,称之免夫钱。并以治理黄河水患为借口,向天下百姓征收免夫钱,仅此一项,就搜刮了一千七百余万缗,百姓深受其害。河北更甚,辗转沟壑,饿殍遍地,无奈之下,只得铤而走险,揭竿起义。

王黼贪婪成性,欲壑难填,大权在握之后,公然大肆卖官鬻爵,不同的官职都有定价,时人称:"三千索,直秘阁;五百贯,擢通判。"他每次陪宋徽宗宴饮,都亲为俳优鄙贱之技献媚邀宠,如同小丑,全不顾及大臣体面。又在宫中让宦官成立集市,自己自兼市令,和南北朝时的南朝齐国的东昏君萧宝卷如出一辙。

一天,宋徽宗故意责罚市令取乐,王黼装作很害怕的样子告饶说:"告尧舜,免一次!"宋徽宗哈哈笑道:"我不是唐尧、虞舜,你也不是稷、契这样的

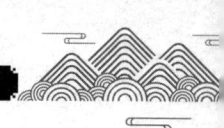

贤人，怎能免罚！"

有一次，王黼带着宋徽宗翻墙出宫，宋徽宗站在王黼肩膀上，由于宫墙太高，不好翻越，宋徽宗低声叫道："耸上来，司马光！"王黼应声说道："伸下腿来，神宗皇帝！"君臣如此取乐，形同市井纨绔无赖。

王黼是一个好色之徒。据说他在卧室里设置一个超级大床，用金玉为屏，翠绮为帐，旁边用数十张小床围绕，每张小床上卧一美人，名曰"拥帐"。生活上的其他享受，更是穷奢极欲，这一点恰恰与宋徽宗的爱好相一致。宋徽宗对王黼十分厚待，为他的住所题写了"得贤治定"的匾额。

一天，王黼奏称自家宅第长出了芝草，宋徽宗甚为好奇，乘着夜色，前往王黼家游观，见堂屋柱子上果然有玉芝，以为是祥瑞之兆，欢喜非常。王黼设宴款待宋徽宗，并邀请梁师成作陪。梁师成从便门进来，谒见宋徽宗。原来，王黼的家与梁师成家毗邻，王黼事梁师成如父，称之为恩府先生，因此在院墙上开门相通，方便两家往来。宋徽宗问明了底细，也要过门去看看，于是从便门去了梁师成的家。

梁师成也是设筵席招待，宋徽宗痛饮至醉，回到王黼家后继续喝酒，喝得酩酊大醉，不省人事。直至五更，才由内侍十余人，拥至艮岳山旁龙德宫，开复道小门回内宫。次日因酒未醒，不能上朝。

尚书右丞李邦彦入内请安，宋徽宗对他说了在王黼、梁师成家酒醉之事。李邦彦说："王黼、梁师成交宴陛下，敢是要陛下作酒仙吗？"

宋徽宗默然无语，李邦彦一语惊醒梦中人，权臣与宦官交结，搅乱朝纲。从此，宋徽宗渐渐疏远了王黼。

宦官——梁师成

梁师成是一个宦官，"六贼"之一，其外表愚讷谦卑，看上去老实厚道，不

像是能说会道之人，实际上却内藏奸诈，善察言观色，处事非常老道。

梁师成原本在贾祥的书艺局当差，因本性慧黠，加之在书艺局耳濡目染，也略习文法、诗书。贾祥死后，领睿思殿文字外库，主管出外传导御旨。这可是个肥缺，所有御书号令都经他之手传出来，颁命天下。梁师成知道宋徽宗喜欢礼文符瑞诸事，便极力奉迎，深得宋徽宗宠信。宋徽宗竟令他入宫殿中，遇有诏旨敕令，都让梁师成缮写。时间一长，梁师成也看出些门道，找来几个擅长书法的小吏，模仿宋徽宗的笔迹，制造假诏书，混在真诏书之中，从中捞取好处，外人不知底细，也不辨真伪。

梁师成自我标榜吹嘘，说自己本姓苏，是苏东坡的儿子，母亲王氏原是苏东坡的妾，身怀有孕后离开苏家，再嫁梁氏，自己也跟着姓梁。在宋徽宗面前也是这样说。苏东坡被诬陷为元祐党人，文集被查封、禁止流行，梁师成为苏东坡抱不平，向宋徽宗奏道："先臣何罪？文章更得何罪？请予开禁。"宋徽宗竟然含笑答应了。

梁师成虽多少懂些诗书，但也谈不上是什么大家，他却喜欢附庸风雅，自我吹嘘，说自己出自于苏轼之门，四处宣称以翰墨为己任，并以老儒自居，在家中客厅挂满了名人字画，摆放卷轴、古玩，邀请当时的文人墨客前来观赏、评论、题诗。一些追求名利的无耻之流闻风而动，投其所好，纷纷向梁师成敬献珍贵的古玩字画，以求他帮助考取功名，升官发财。

梁师成利用宋徽宗的宠幸，将自己名字窜入进士籍中。太监出身的梁师成，摇身变成了进士出身，从此官运亨通，政和年间拜节度使，宣和年间，开府仪同三司，换淮南节度使，后晋升为少保，恩宠无比。

王黼曾视梁师成如父，朝中执政、侍从，很多人都是出自梁师成门下，甚至连蔡京父子对他也礼让三分，不是宰相而胜过宰相，京师的人称梁师成为"隐相"。

朝廷起草文书，都有规定的格式，只需萧规曹随即可，梁师成却标新立异，自创格式，士大夫一有违背者，立遭贬斥。

朝廷取士，最公平的是科举考试，这是朝廷笼络天下英才最有效的途径，大

批寒门士子，都是通过科举取士而踏入仕途。梁师成却两次推荐其门吏储宏参加廷试，两次都金榜题名，而储宏及第之后，依旧充当梁师成的使臣，朝廷命官竟成了私人奴仆。

宣和末年，宋徽宗亲自策试进士八百余人，其中有余百人都是庸碌之辈，以献颂上书为名，经特批参加廷试。百余人大多是富商大贾子弟，士大夫多不屑与之为伍，由于重贿梁师成，才挤进廷试进士之中。赐名唱第的时候，梁师成站在宋徽宗身边，某人该录取，某人该废黜，全凭梁师成做主，宋徽宗似乎成了摆设。国家选举之法，抡才大典，被梁师成破坏殆尽，缙绅大夫尽人皆知，因畏惧梁师成的淫威，敢怒而不敢言。

梁师成贪得无厌，平日收受四方监司、郡守以下贿赂不计其数，又专管书艺局，任由市井游手无赖之辈为官吏，横征暴敛，靡费百端。京师所有土木工程，几乎全都由梁师成主事，从中上下其手，偷盗官钱，据为己有，数目之多，无法统计。梁师成是一个十恶不赦的奸佞。

赵家天下朱家败——朱勔

朱勔是苏州人，其父朱冲原为井市贱流，"狡狯而有智数"，后开药店成了暴发户。朱冲成了有钱人，出手就阔绰了，修建园圃，莳花植木，广交三教九流，成为地方名人。蔡京贬居杭州时，途经苏州，想修建一座寺阁，需数万钱，担心无人督建。有个和尚推荐了朱冲。朱冲把握住了这个巴结蔡京的绝好机会，独家出资赞助，得到蔡京的赏识。第二年，蔡京奉诏还京时，把朱冲父子带到京师，嘱咐童贯给他们搞了个假军籍，冒充军功做了官。

蔡京见宋徽宗喜好奇花异石，让朱冲父子"秘取浙中珍异以进"。不久，朱勔便将三株奇异的黄杨运进宫苑。趁着宋徽宗高兴，蔡京把朱勔引荐给宋徽宗，为朱勔后来发迹埋下了罪恶的种子。后来，童贯安排朱勔全权负责苏州"应奉局"，专办采贡。朱勔干得卖力，博得宋徽宗的青睐，官位累迁至合州防御使。崇宁四年（1105年）十一月，派朱勔领苏、杭应奉局及花石纲于苏州。

朱勔在《宋史》列传中名列佞幸，绝非偶然。当时苏州百姓家中只要有一木一石稍堪赏玩，朱勔就率领健卒直冲其家，往园囿花石贴上黄封条为标志，就算是又搜罗到一件御前贡物。百姓稍有怨言，则必冠之以"大不恭罪"，借机敲诈勒索，普通人家往往被逼得卖儿鬻女，倾家荡产，朱勔却大发横财。他以采办花石为名，从库府支取钱财，"每取以数十百万计"，但进贡到东京的却都是"豪夺渔取于民，毫发不少偿"。其他如掘坟毁屋、贪赃受贿的事情不可胜数。

宋徽宗建中靖国年间，为修建景灵宫，下令到吴郡征集太湖石四千六百块。朱勔役使成千上万的山民石匠和船户水手，不论是危壁削崖，还是百丈深渊，都强令采取。太湖石经过长期的水蚀，佳品形成了瘦、漏、透、皱的特点，一些太湖石体量很大，这就给搬运带来了难题。后来有人想了个办法，用胶泥把石头封住，再裹以巾麻载运，解决了这个问题。当时为运载花石，朱勔可任意抽调官、商用船，一度曾影响漕运。宣和年间，朱勔曾在太湖获得一块高达数丈的巨石，为了运此石，"载以巨舰，役夫数千人，所经州县，有拆水门、桥梁，凿城垣以过者"，历时数月才运到东京。其间力役、费用当然都是苏州人民买单。此石后来赐名"神运昭功石"，立在万岁山顶，被封为"盘固侯"。朱勔也因此被擢升为威远节度使。

朱勔名列"六贼"之中，因采办花石纲得到宋徽宗的宠爱，官职不断攀升，成为朝中最有权势的风云人物之一，盘踞朝纲长达二十年之久。

朱勔穿有一件袍子，说是宋徽宗曾用手抚摸过，便在衣服上绣了一只御手，作为炫耀资本，其实这纯属子虚乌有。他在东南还未进京之时，弄来一幅宋徽宗的画像，挂在大堂上，每月初一、十五两天，监司、郡守必须前来朝拜。地方官明知这是朱勔故弄玄虚，但却不敢违抗，稍有违拗，朱勔便会以御笔罪惩治，因此人人畏之如虎。

朱勔因采办花石纲有功，加之利用特权公开掠夺，成为拥有私人武装的大官僚、大地主，计有田庄十所，良田三十万亩，岁收租课十余万石。甲地名园，

几乎占吴郡一半。朱勔搜刮民脂民膏在苏营造的同乐园，据称园林之大，湖石之奇，堪称江南第一。

朱勔生活奢侈，家里使用的家具用具，竟然超过了皇宫。朱家数名子弟娶皇家宗室女子为妻。朱勔的儿子朱汝贤、侄子朱汝楫、朱汝舟任承宣观察使，这是位于节度使之下、观察使之上的高官。甚至他的媵妾也都有朝廷封号，享尽荣华富贵，非常人所能比。

朱勔父子各立门户，气焰熏灼，公然收受贿赂，市井无赖争相投靠在朱家父子门下。其他官员如果稍有异议，顷刻之间便会丢官罢职，人称朱勔为东南小朝廷。朱勔势盛之时，从政府官员直至宦官，都争相与他交结，前往朱勔家拜访之人可以说是车水马龙，冠盖相望。大小官吏没有不巴结朱勔的，甚至如郡守这一级的官员，有不少出自朱勔门下，发展到后来，只要给朱勔送钱，精于养花的农夫、善于叠石为山的匠人，都能谋得一官半职，朝为田舍郎，暮登天子堂者不计其数。朱家补授八、九品的官员达一百五十余人，多是朱家的亲戚及奴仆、种菜人等。朱勔的家奴也有数十人腰佩金腰带。当时人称"金腰带，银腰带，赵家天下朱家败！"

朱勔的横征暴敛，官逼民反，直接导致了当时的农民大起义。方腊起义打出的口号就是"诛朱勔"，可见北宋江山崩塌，赵家天下易主，同"六贼"闹东京有直接的关系。

阉割了的王爷——童贯

童贯是一个宦官，自幼进宫为太监，服侍宫廷，只因他性格媚巧，善于揣测人主之意，深得宋徽宗宠信，不几年便官至极品，先后任武康军节度使、检校司空、检校太尉、太傅、知枢密院事，后来被封为广阳郡王，人称"媪相"，媪，说文解字注释：年老的妇女。童贯是一个不男不女的宦官，年龄渐长，长相可能

有点像老太婆，而实权几乎等于宰相，故有"媪相"之称。

童贯的一生极富传奇般的色彩，作为宦官，他开创了几项中国历史之最：

掌兵时间最长的宦官——二十年；

掌控军权最大的宦官——知枢密院事（全国最高军事长官）；

第一位出使外国的宦官——出使辽国；

唯一封王的宦官——广阳郡王。

童贯自幼净身入宫，拜在同乡宦官李宪门下做徒弟。李宪是神宗朝的著名宦官，在西北边境担任监军多年，颇有战功，童贯读过四年私塾，有点经文功底，跟随李宪出入前线，在军事上也不陌生，颇有点能文能武的味道，加之他曾十次深入西北，对西北的山川形势相当了解。不过，李宪似乎并没有特别提拔他，进宫十余年，并没有出人头地的机会，因此，在神宗朝，他只是一名默默无闻的太监，少有人知。

童贯为"六贼"之一，他的发迹，与六贼之首的蔡京有着千丝万缕的联系，两个奸佞搅在一起，成为繁花似锦的大宋江山分崩离析的强力助推器。

宋徽宗以内廷供奉官的名义，派童贯到杭州设明金局收罗文玩字画，第一次为童贯打开了上升的通道。一般来说，内廷供奉官相当于皇宫的采购供应处长，官职不高，却是一个很有油水的肥差。童贯没有满足于捞油水，通过这次杭州采买机会，他结识了一位重要人物，便是蔡京。两个心机很深的人碰在一起，立即就擦出了火花。

蔡京当时正在走霉运，贬居杭州，得知童贯来杭州采办宫中用品，削尖脑袋巴结童贯，将自己珍藏的王右军的字送给了童贯，又帮助童贯把杭州民间收藏的几件珍品字画器玩弄到手，回京献给宋徽宗，其中就包括宋徽宗梦寐以求的周文矩的真迹《重屏会棋图》，从此，宋徽宗对童贯就刮目相看了。更厉害的是，童贯与蔡京结下了深厚友谊。

童贯此次杭州之行，根据他对宋徽宗的揣摩，指点蔡京创作了一批宋徽宗喜爱的书画作品，然后带进宫中，源源不断地献给宋徽宗，又极为豪爽地向宫中妃嫔馈赠厚礼，为蔡京回京打通关节。

奸佞宵小闹东京 第八章

据说童贯的几个心腹徒弟十分困惑，不明白师傅为何如此热心地帮助一个贬居在外的倒霉蛋。童贯告诉他们："现任的宰相架子太大，没把我们放在眼里，巴结他们，没门，如果看准了，通过我们自己的策划，扶植一个宰相，情况就大不一样了。"

事实证明，童贯烧冷灶的眼力与功力是超一流的，不到一年时间，蔡京便完成了三级跳，坐上了宰相之位。蔡京上位，童贯也时来运转了。

蔡京主政后的一项重大举措，就是推荐童贯监军西北，意在收复青海、甘肃地区的四州之地。当时发生了一件事，颇能看出童贯的性情：

童贯监军后，随大军进发湟川，他们在此地杀牲祭旗，召开誓师大会，行将开战的时候，突然接到宋徽宗的手诏。原来是宫中失火，宋徽宗认为这是不祥之兆，急令止兵，童贯看过手诏后，若无其事地折起来塞进靴筒。军中主将问皇上手诏说了些什么，童贯回答说，皇上期望我们早旗开得胜，马到成功。在这次战争中，童贯表现低调，支持、配合领军将军，打了一连串漂亮仗，平息了西北部族的叛乱。

这次胜仗对于大宋帝国极其重要，帝国已经许久没有军事上的光荣与辉煌了，从"澶渊之盟"大宋帝国与辽国结成"兄弟之邦"以后，东北、北部地区平静下来了，西北军事成了帝国心头的痛，一代名臣范仲淹也曾在这里折戟沉沙。因此，童贯成为大宋帝国冉冉升起的一颗耀眼明星，英雄般受到京城朝野上下的热烈欢迎。从此，童贯一路顺风顺水，飞黄腾达，手握兵权二十年，权倾四方，人人侧目而视。

童贯生活极为奢侈，衣服、饮食几可与天子媲美。政和年间，将作监贾谠明奉旨为童贯在都城建造府第，落成之后，童贯说："劳你费心，我冗事丛脞，从未招待过你，甚为不安。明日早朝后，请过府吃早点。"

次日早朝后，贾谠明准时来到童府，宾主礼过之后，童府的家奴提来似宝璎珞状的两件东西，放在童贯、贾谠明跟前，贾谠明看时，里面装的是价值连城的珍珠，童贯又命两个丫环抬一张桌子到座前，厨师拿着银镣灶，在大厅之侧现场生火制作包子，然后饮酒吃饭，每喝一杯酒，换一次桌子，共换过三次。桌子上用过的果碟、酒杯，第一次用的是银制的，第二次用的是金制的，第三次用的是玉制的，制作奇巧，贾说明见所未见，闻所未闻。席散之后，贾说明刚刚回到家里，已有数人等在家门口，其中一人说："太傅向你致意，你刚才喝酒使用过的一份器皿及两个丫环，太傅都奉送给你，请笑纳。"贾说明点检器皿，价值数万缗，外加两个如花似玉的丫环，算是大赚了一笔。

童贯手握兵权，便召健卒万人为亲兵，护卫他的府第，号称胜捷军，当时只有皇宫才有如此气派。他家每天门庭若市，侯王柄臣，多出其门，奴仆官至承宣使者数百人，厨师马夫也能做到防团、刺史。

童贯汲引群小，植朋树党，卖官鬻爵，升降进黜，全凭个人好恶，目不识丁但善于行贿而致身青云者比比皆是。他每次出师，都把朝廷拨给他的军费据为己有，然后责令州县补偿，州县官又去搜刮老百姓，头会箕敛，民不堪命。他攻打方腊时，纵容士兵贪暴，东南之民死于官兵之手者，十之五六。童贯也是一个可杀的佞臣。

踢球踢来的太尉——高俅

《水浒传》中的高俅是童叟皆知的人物，此人并不是施耐庵凭空杜撰，而是确有其人。高俅原本是宋代大词人苏东坡的书童，为人聪明，写得一手好字，年龄大了，苏东坡不再用他，将他转送给莫逆之交枢密都承旨王晋卿，也就是驸马王诜。

蹴鞠是古代体育运动之一，蹴，用足踢；鞠，是用皮革制成的中间填满毛的球。蹴鞠就是踢球，类似今天的足球运动。有人称蹴鞠为黄帝所创，但无确凿证据。战国时期，齐楚地区已广泛流行蹴鞠，唐时为世人所爱，到宋代已是相当普遍的竞赛运动，上至皇帝，下至普通百姓、小孩都喜欢，这时的蹴鞠已是具有欣赏价值的表演活动。高俅是蹴鞠高手，转投新主人后，居然凭此一技之长，敲开

了通往飞黄腾达的大门。

高俅的新主人王晋卿善于绘画，宋徽宗当藩王的时也喜欢绘画，两人因绘画而相知，进而成为好友，而且还是那种能够一同嫖娼的好友。

有一次，王诜与宋徽宗两人在撷芳楼鬼混一宿，次日正要离去，王诜见宋徽宗鬓发零乱，从怀里掏出一柄小梳子递给他，让他梳理一下。宋徽宗梳过头，却把小梳子拿在手里不停地把玩。原来这梳子是用翡翠雕琢而成，绿光晶莹，玲珑剔透，十分惹人喜爱，宋徽宗羡慕不已。王诜见宋徽宗喜欢，便说，前几天刚好让工匠又打造了一副，比这个更精巧，殿下如果觉得还行，明天我就派人给殿下送过来，这柄梳子我用过了，就不给你了。此话正中宋徽宗的下怀，欣然笑纳。

次日，王诜果然派府中一个叫高俅的小吏将小梳子送往端王府。

高俅来到端王府，正逢宋徽宗在后院草坪上同一班太监和宫女蹴鞠。王爷玩游戏，当然不能上前去打扰，于是站在旁边观看。宋徽宗是一个蹴鞠高手，在场上非常活跃，场上的太监、宫女都很卖力，双方的攻守非常激烈，忽然，球冲着场边的高俅飞来。高俅本来也是蹴鞠一流高手，正看得技痒，见球向自己飞过来，一时兴起，轻出右脚，将球稳稳勾住，脚尖一挑，又将球抛向半空，待球落下来后，忽然耸身跳起，以左脚将球从背后挑起，然后用头一顶，那球稳稳地落右肩，右肩一耸，球移到左肩，左肩一摆，球又落在背上，然后顺着身子下滑到脚后跟，只见他一个鹞子翻身，左脚跟轻轻一磕，球便飞向场内的端王，不前不后，不左不右，恰好落在端王脚下。这一连串的动作，就像变魔术一样，让在场的人看得眼花缭乱，连连喝彩。

宋徽宗见到如此高手，岂能放过，问明了高俅的来历，立即将他拉上场玩了起来。高俅使出浑身解数，陪宋徽宗踢球，高超的球技，很快就征服了宋徽宗，大有相见恨晚的感觉，散场之后。宋徽宗派人给王诜传话，小梳子留下了，送梳子的高俅也留下。高俅因此完成了鲤鱼跳龙门的关键一跳。

不久，宋徽宗登基，端王升级为天子，高俅也跟着沾光，官位屡获升，官至太尉，是武将的最高官员。早年一起跟宋徽宗一起玩的那帮人很不服气，说我们都是从龙之人，有些仆人便向宋徽宗请赏，他居然说："你们有他那样的

脚吗？"

一人得道，鸡犬升天，高俅的家人也跟着飞黄腾达。他的哥哥高伸直赴殿试，后登八座（泛指高级官员），子侄也都为郎官。高俅由一个下等胥吏发迹而至使相，不思竭力报效国家，却自恃天子宠幸，胆大妄为，肆无忌惮地侵吞国家财产。他身为总军，侵占军营土地以扩建私宅，让禁军充当自家的劳役。高俅招募的士兵，多是一些能工巧匠，而他召这些能工巧匠的目的，并不是为军队服务，而是为他私人役使。高俅规定，军中士兵如果能出钱贴助军匠者，可免军事训练。他家修建房屋、花园，所用木料、砖瓦、泥土，尽取之于军营，而士兵的军饷却不能按时发放，士兵无法维持生活，只得另找副业养家糊口。即使是禁军，也要靠出卖力气补贴家用。这样一来，出钱的士兵可以不参加训练，久而久之，武备废弛，士兵没有丝毫战斗力，以至金军入侵中原时势如破竹，如入无人之境，宋军束手待毙，毫无抵抗之力。

高俅还极尽奉承之能事，竭力奉迎宋徽宗作狭邪之游，当大臣张商英因此而进谏，宋徽宗自知理亏而准备有所收敛时，高俅却跳出来进谗言说，陛下是君，张商英是臣，君王好比是天，天能够操纵万物，可以使万物生长，可以扼杀万物。张商英之生死，掌握在陛下手中，草茅之言，不足以信！依臣看来，人生如白驹过隙，甚为短暂，若不及时寻乐，到老来就只能徒叹悲伤了。唐尧居住简陋，茅茨不剪，夏禹躬耕稼穑，周公吐哺待贤，如今都成了一抔黄土，岂不饮恨终生！倒是周幽王宠褒姒之色，楚王建章台之宫，陈后主听玉树后庭花之曲，隋炀帝有锦缆长江之游，朝朝歌舞，日日管弦，也不枉了一世受用。

宋徽宗本非发奋图强之人，听了高俅这一番话，更加沉浸于声色犬马之中了。

宋徽宗时代的奸佞宵小，远不止以上几个人，以上所述不过是臭名昭著、罪大恶极的典型而已。君聩于上，臣嬉于下，贤良忠贞之士受到迫害打击，黄钟毁弃，瓦釜雷鸣，北宋王朝气数已尽，无人能挽狂澜于既倒了。

第三篇

游牧文明与农耕文明的碰撞

中华古代文明最主要有两大支柱：中原地区汉族的农耕文明；北方大草原的游牧文明。农耕文明与游牧文明的交流，主要有两种方式：一是经济文化交流；二是战争。

经济文化的交流表现：农耕世界的农产品和先进的生产技术不断输往游牧世界，使游牧民族的生产力水平得以提高。与此同时，游牧世界的牲畜、皮革、毛类、乳肉制品以及战马、乐舞等输入农耕世界，促进南方农耕文明的发展。

战争分为两种：游牧民族对于南方农耕民族的侵略；农耕民族对于北方游牧民族的征服。

北宋的经济文化虽然繁荣发达，但在军事博弈中输得精光。个中缘由，耐人寻味。

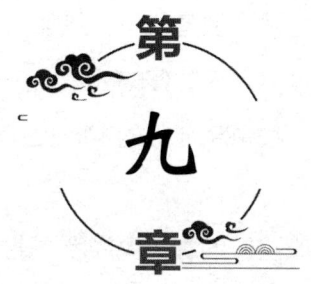

北方游牧区：衰落与新兴

两种文明的历史交流

中华古代文明最主要有两大支柱，一是中原地区汉族的农耕文明，二是北方大草原的游牧文明。中国的二十四史基本上是由定居在中原的农耕文明所编纂，作者持以农耕文明的视角，忽视了来自北方大草原的游牧文明。这样的历史只能算是半部中国历史，或为不完整的中国历史，中国的另外半部历史，是来自北方大草原上的游牧文明，游牧民族的文明是没有被记载下来、无字的历史，然而，北方大草原上的那半部历史，不能被忽视。

中国五千年历史，可以说是北方游牧文明与中原农耕文明不断冲突和融合的历史。农耕文明与游牧文明的交流，大致为两种方式，一种是和平时期的经济文化交流，另一种就是战争。

在和平时期，经济文化的交流主要表现为农耕世界的农产品和先进的生产技术不断输往游牧世界，不仅使整个游牧民族的生产力水平得以提高，而且使游牧文明全方位上升发展，与此同时，游牧世界的牲畜、皮革、毛类、乳肉制品以及战马、乐舞等也输入农耕世界，极大地丰富了农耕民族的物质、文化生活，促进南方农业文明的发展。

靖康耻

两种文明的另一种交流方式，就是战争。战争也分为两种，一种是游牧民族力量较强的时候，对于南方世界发动的侵略战争，一种是农耕文明力量较强时对于北方游牧民族的征服战争。战争和征服的不断相互渗透，两个世界在血与火中不断融合着。

从夏商周时期开始，中原汉族的农耕民族就与北方游牧民族发生了持续的冲突，兵戈不息，世代沿袭，从来就没有停止过。

春秋时期，北方游牧民族继续肆无忌惮冲击着南方的农耕文明，初期，齐桓公在管仲的辅佐下，出兵征服北方夷、戎等游牧民族，完成春秋首霸大业。

战国时期，随着整个东亚气候的变冷，游牧民族的南侵越来越频繁，北方的燕、赵、秦三国都修建了长城，用以抵御北方游牧民族的骚扰，开启了用长城防备游牧民族的先河。秦始皇统一六国后，把燕、赵、秦三国修建的长城连接起来，形成了今天看到的万里长城的基础，这里采取的是被动防御措施，辅以强大的经济、文化渗透。

汉初由于国力不足，对北方游牧民族的侵扰毫无办法，只得采取屈辱的和亲政策以换取和平。经过六七十年的休养生息，到汉武帝即位之后，开始了对匈奴的反击，汉武帝集举国之力，击败匈奴，暂时取得了汉族对北方游牧民族的军事优势。

晋朝建立后，国力衰败，又经历"八王之乱"，中原实力大跌，北方少数民族伺机南下，匈奴、鲜卑、羯、羌、氐等民族先后建立政权，史称五胡乱华。在五胡乱华期间，北方游牧民族建立了大大小小的许多王朝，随着北方汉族人在乱世中被迫向南迁移，北方各少数民族基本占据了整个北方地区。

最成功的盟约

五代时期，后唐河东节度使石敬瑭起兵叛乱，他向辽国求援的同时，将长城以南"燕云十六州"作为报酬割让给辽国，时辽帝耶律德光听之喜出望外，立

北方游牧区：衰落与新兴 第九章

即出兵帮助石敬瑭击败后唐，并扶持石敬瑭为中原皇帝，改国号为后晋。石敬瑭在即位后，应约将许诺给辽国的燕云十六州大约十二万平方公里的土地割让给辽国，并恬不知耻地尊称耶律德光为"父"，这就是臭名昭著的"儿皇帝"的由来。

燕云十六州所辖的土地东西约六百公里，南北约二百公里，全部面积约十二万平方公里，包括：幽州（即今之北京、当时称为燕京），又是辽帝国的南京；蓟州（今之天津蓟州区）；瀛州（今之河北河间）；莫州（今之河北任丘）；涿州（今之河北涿县）；檀州（今之北京密云）；顺州（今之北京顺义）；新州（今之河北涿鹿）；妫州（今之河北怀来）；儒州（今之北京延庆）；武州（今之河北宣化）；云州（今之山西大同）；应州（今之山西应县）；寰州（今之山西朔州东马邑镇）；朔州（今之山西朔州）；蔚州（今之河北蔚县）。这一地区包括了北京、天津、河北西北部和山西大同周围的大部分地区。

翻开历史地图就会发现，燕云十六州实际上囊括了当时中国东北部与西北地区最重要的险关要塞与天然屏障。这一地区的丧失，使本地区的长城及其要塞完全失去作用，整理个中原地带门户大开，华北大平原全部裸露在北方游牧民族的铁蹄之下。重新划定的边防第一线，到当时的宋朝都城汴梁，即今天的河南开封，八百公里区域，一马平川，没有任何一个关隘和险要之地可以阻挡骑兵大兵团的冲击。此后四百年，中国北方大门完全失守，千年以来抵御游牧民族的长城则沦入游牧民族之手，辽国边境深入到内地，中原地区完全失去了军事上的战略主动权。

契丹和后晋最初各自遵守了约定，但当石敬瑭的养子石重贵决定抛弃父辈的约定时，契丹大举入侵，后晋灭亡。

契丹灭了后晋之后，由于无法管理如此庞大的疆域，在各地的反抗声中不得不退回北方的十六州界内。

与此同时，中国北方经过了后汉，进入了后周时期。

雄心勃勃的周世宗柴荣是一位颇有作为的皇帝，亲自度军北伐，欲收复燕、云十六州，可惜壮志未酬身先死，历史也进入北宋时期。

宋太祖赵匡胤是一位伟大的战略家，为了有朝一日能收复燕云十六州，他专

133

门设立了一个机构叫"封桩库",其职能就是将每年国家财政盈余集聚起来,全部存储于封桩库,作为收复燕云十六州的专项基金,由皇帝本人掌握。

赵匡胤设想了两套方案:一是积蓄足够的资金,然后与辽国交涉,赎回燕云十六州;二是用这笔钱扩大军事力量,武力收复燕云十六州。

开宝八年(975年),宋朝基本统一了中原地区,全国人口达到一千多万,军队总数将近四十万,有足够能力与辽国掰手腕了。这一年,赵匡胤四十九岁,正值英年,以他的才略,收复燕云十六州不是没有可能。可惜天公不作美,赵匡胤带着未竟的事业,猝然而逝,未能收复燕云十六州,赵匡胤死不瞑目。

宋朝第二代皇帝太宗皇帝,消灭了五代十国的最后一个政权北汉之后,便想完成太祖赵匡胤的遗愿,率师北伐,不料第一次出征,兵败高粱河(今北京外城一带),第二次出征,再败岐沟(今河北涿县西南),从此以后,太宗皇帝偃旗息鼓,不再作进攻之举。

宋朝的第三代皇帝真宗登基以后,辽国萧太后与辽圣宗更是亲率大军南下攻宋。当时,朝中不少大臣劝真宗弃城南逃,唯有宰相寇准慷慨陈词,力劝真宗出兵抗敌。真宗采纳寇准的建议,御驾亲征,澶州督战。当时的战况是宋朝占优,如果坚持抗战到底,非常有可能把契丹军打回辽国。然而,真宗却接受了辽国的停战请求,并派出大臣曹利用前去议和,双方签订了"澶渊之盟",达成四条协议:

1. 宋辽从此结为兄弟之国,宋真宗年长为兄,辽圣宗年幼为弟。
2. 宋辽以白沟河为界,各自撤兵停战。
3. 宋朝每年向辽国提供银十万两,绢二十万匹。
4. 宋辽在边境设置榷场,开放互市贸易。

澶渊之盟是中国历史上最成功的盟约之一,最直接的结果是结束了持续二十五年的宋辽之战,开启了长达百年的和平时代。

北宋虽然是出钱买和平,但是岁币不到每年收入的百分之一,与打仗相比,仍然是最划算的做法。

契丹也是一个好邻居,由于地处北方,土地贫瘠,物资匮乏,必须依靠北宋北方游牧区：衰落与新兴 第九章

的岁币才能支撑起更强大的中央政府。契丹也很珍惜来之不易的岁币和燕云十六州，在百年的时间内，除了仁宗时代宋夏战争时试图趁火打劫之外，没有给北宋制造更多的麻烦。即便是那次趁火打劫，也被北宋名臣富弼化解了，只是增加了十万两银和十万匹绢的岁币罢了。

正是因为双方长期和平相处，北宋才得以安全地发展经济，保持了长久的繁荣。与此同时，契丹也有了长足的发展。

宋辽之间的关系，可以说构建了一种新的国际秩序，之前，中原王朝对外打交道，必须以一方臣服为代价，而宋辽之间却是兄弟国家，双方地位是平等的，在平等地位的基础之上，和平共处，友好往来。

然而，和平的环境，却给契丹带来了一个致命的危害：随着汉文化的侵袭，契丹贵族逐渐南方化，辽国的军队变得越来越不会打仗了。

就在这时，一个更加强悍的民族却在更遥远的东北地区崛起。

女真族的崛起

这个新兴民族起源于辽国疆域的东北部。

在五代之前，契丹是一个典型的北方国家，占据了位于燕山和阴山以北的土地，那里是成片的大草原，只有在如今的辽宁沈阳一带，有部分耕地的存在。

在五代的后唐时期，契丹人越过了松岭和黑山，进入了燕山以南，占据了营州、平州、滦州，这是他们第一次来到山前地区。

后晋时期，契丹人又从石敬瑭手中得到燕云十六州，疆域推到了燕山以南的幽州地区，越过了阴山，推进到雁门关以北，与南方宋王朝隔着雁门关对峙。

这时，游牧的契丹变成了定居的辽国。在它的疆域内也有了几大粮食产区，分别是最早的辽阳，后来获得的营州、平州、滦州，以及最富裕的幽州和云州。辽国之所以必须把持燕云十六州，就是因为失去了这些土地，就失去了国家两个

135

最大的粮仓。

从地形上看，辽国疆域呈碎片性的态势，国土被几条山脉分隔成几个部分，并未连成一片，很难形成一个整体。

这些山脉包括：东西走向的燕山、阴山，南北走向的太行山、大兴安岭、努鲁尔虎山、松岭、黑山。由于这些山脉的存在，一旦发生战争，各部分之间很难协防。为了管理这些破碎的领土，辽国不得不采取五京制，在不同的碎片上一共设置了五个都城，分别是：上京临潢府（内蒙古巴林左旗）、中京大定府（内蒙古宁城）、东京辽阳府（辽宁辽阳）、西京云中府（山西大同）、燕京析津府（今北京）。五个都城各自负责自己片区的防御。

五京制度在大部分时间里是没有问题，共同组成辽国的防御体系，但是，当一个新兴民族崛起时，人们就会发现，辽国的防御体系有一个巨大的漏洞，那就是东北边境。

中国的东北有一个巨大的平原——东北平原。辽国的东京辽阳位于东北平原的南部，往北上千公里，有一支叫作女真的部族生活在那里。

女真人是我国一个古老的民族，世居在黑龙江下游、松花江、乌苏里江流域和长白山地区，三国时称挹娄，魏时称勿吉，隋唐时称黑水靺鞨。黑水靺鞨有七十二部落，没有统辖各部的大君长，由各个部落首率本部散居各地。

隋朝开皇年间，女真人首领曾遣使进贡，隋文帝杨坚设宴慰劳，使者在大殿上翩翩起舞。唐朝贞观年间，李世民率兵攻打高丽，黑水靺鞨曾出兵相助。开元年间黑水靺鞨酋长来朝，拜勃利州刺史，并以此高置黑水府，以黑水靺鞨酋长为都督、刺史，讫唐朝之世，岁岁来朝。唐末五代，黑水靺鞨才被称为女真。辽国灭渤海国，在北方兴起的时候，女真分裂成南北两部，辽将女真一部分强宗大族迁至辽河流域，编入辽籍，称为熟女真，直接受辽的统治，北部称生女真。

生女真各部，小的千余户，大的数千户，如克展部、阿典部、完颜部等，他们自己推选酋长，各自为政，互不相属，过着渔猎、畜牧、采集的原始生活，没有纳入辽国的统治范围。

完颜部是其中一个较大的部落，酋长名叫乌古乃，此人英武过人，辽主欲

北方游牧区：衰落与新兴 第九章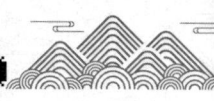

笼络他，封他为生女真节度使。从此以后，他自己设置衙门，任命官吏，打造武器，训练军队，生女真逐渐强盛起来。到了辽天祚皇帝时期，完颜盈歌做了女真首领，在侄子完颜阿骨打的辅佐下，女真部的声势更加强大。

崇宁元年（1102年），辽将萧海里背叛辽国，逃亡到女真阿典部，派族人斡达剌拜见完颜盈哥，约请完颜盈哥起兵反辽，完颜盈哥认为自己的势力不足以与辽抗衡，拒绝了萧海里的请求，并将斡达剌囚禁起来，派人将情况转报辽主。

辽主耶律延禧立即命完颜盈哥出兵夹攻萧里海。完颜盈哥招集兵丁千余人，同完颜阿骨打一起率兵攻打萧里海，兵马行到阿典部，正逢萧海里率叛军与辽兵大战。

完颜盈哥站在高处观察，见叛军明显占据优势，辽兵有些招架不住，败迹已显，吃惊不小，对完颜阿骨打说：“辽国自称大国，打仗怎么这般无用？”

完颜阿骨打不屑地说：“在我眼里，萧海里如同小儿一般，叫辽兵退，让我们收拾萧海里。”

完颜盈哥于是命令兵士登高疾呼：“辽兵退后！辽兵退后！”

辽兵苦苦支撑，眼看就要败退，蓦闻有人呼退，正是求之不得，立即后军转前军，前军变后队，向后退去。

完颜阿骨打一马当先扑向叛军，其部下也像一群饿狼一样，紧随其后。叛军突然遭到女真人的猛烈攻击，立即溃不成军。萧海里见部众已溃，自己独力难支，只得勒转马头，落荒而逃。完颜阿骨打早就瞄准了萧海里，立即挂刀取出弓箭，转展猿臂，嗖一声，射向萧海里。萧海里听到呼啸的箭声，要躲闪已是不及，箭中后颈，坠落马下。完颜阿骨打拍马上前，一跃下马，割下萧海里的首级，然后纵身上马，飞驰而去。

叛军见首领已经做了刀下鬼，能逃的都逃了，来不及逃走的，纷纷缴械投降。

完颜盈哥将萧海里的首级献给辽主。辽主大喜，赏给他们三百匹马，五百只羊。

阿典部一战，女真人看到了一个秘密：辽兵号称威猛，实际上是外强内虚，

137

战斗力并没有想象的那么强，假以时日，击败辽国不是一件难事。时隔不久，完颜盈哥死了，兄子乌雅束继立，乌雅束东和高丽，北收各部，势力越来越强大，渐渐有了与辽抗衡的实力与野心。

政和二年（1112年）正月，辽国天祚皇帝耶律延禧到北方的春州游猎，之后继续东行，到混同江钓鱼。这里已经接近女真的地界，按规矩，皇帝到来，方圆千里的部落首领都要前去朝见。

完颜阿骨打奉兄长之命，也去觐见辽国皇帝。垂钓结束，辽帝设头鱼宴招待各部落酋长，酒至半酣，辽帝命各部落酋长轮流表演节目助兴，各部落首领纷纷上台献技，轮到女真人完颜阿骨打时，他说自己身体不舒服，拒绝表演，只是笔直地站在那里。辽帝当时脸色虽然很难看，终究还是没有发作。

天祚皇帝虽然在宴会上没有发作，但却对完颜阿骨打动了杀心，事后吩咐北院枢密使萧奉先找机会除掉完颜阿骨打，以绝后患。幸亏萧奉先极力劝阻，完颜阿骨打才逃过了一劫。

完颜阿骨打回去后，担心辽国出兵讨伐，便大量招兵买马，修建城堡，打造武器，吞并周围各族以拓展控制区域，把守险要，准备同辽人一战。

政和三年（1113年），女真首领、完颜阿骨打的兄长完颜乌雅束病死，阿骨打继位，他不向辽国报丧，自称勃都极烈。

辽天祚皇帝派人前来责问，阿骨打拒绝接见来使，同辽国扯破了脸。

辽天祚皇帝耶律延禧喜欢打猎，打猎需要猎鹰，女真部落盛产一种名叫"海冬青"的猎鹰，这就成了辽国敲诈的对象，每年都要派使者到女真部索要海冬青，猎鹰是天上飞的鸟，并不是说要就能抓到的，这些派往女真的使者，不管你抓到抓不到，不给他就不走，这些使臣在女真部停留之际，需要特别服务，就是要女真的女人陪着睡觉，不论是平民家的女人，还是部族首领的家人，只要是年轻漂亮的，都要尽这个义务。多少年来，女真人都是这样逆来顺受，不敢反抗。

阿骨打是一个天才的将领，也是一个铮铮铁汉，他不堪忍受族人受到辽国的

北方游牧区：衰落与新兴 第九章

欺凌，继位之后，率领族人，向辽国举起了复仇的钢刀。

政和四年（1114年）九月，阿骨打在松花江畔，召开誓师大会，与会者达二千五百余人，祷告天地之后，起兵攻辽。

阿骨打的军队势如破竹，射杀辽将耶律谢十，攻克了宁江州。辽国都统萧嗣先率兵万人前来增援，被阿骨打杀得大败而归。

虽然这只是女真的一次小胜利，由于其是金辽战争的第一战役，因此具有特殊的意义。

阿骨打的弟弟吴乞买等人，乘机劝阿骨打称帝。

政和五年（1115年）正月，阿骨打正式称帝，建国号大金，更名为旻。完颜阿骨打，亦即完颜旻，就是金太祖。

阿骨打为何要取国名为金呢？据他对僚属说，辽以宾铁为号，取其坚硬之意，但铁虽坚，终归有烂掉的那一天，惟金子不变也不坏，金子的颜色是白色，而完颜部崇尚白色，故取国名为金。看来，完颜阿骨打说的金，实际指的是白银。

金国建立，直接威胁到辽国的统治，辽天祚皇帝曾派家奴传书给金主完颜阿骨打，要求金国作为辽国的附属国，遭到了完颜阿骨打的拒绝。

接下来，辽与金两国国主以书信来往，打了一场外交战，辽主在书信中直呼完颜阿骨打之名，劝他投降。

完颜阿骨打毫不示弱，也在书信中直呼天祚帝耶律延禧之名，声称要辽答应金国开出的条件。

几番书信往来，谁也不服谁。

完颜阿骨打是一个敢作敢当的人，来文的不行，干脆就来武的，既然扯破了脸，索性就大干一场，于是率领凶悍的女真人，向辽国发起了猛烈的攻击，进兵益州，直捣黄龙府，辽兵节节败退，黄龙府陷落金人之手。

完颜阿骨打攻克黄龙府，这就意味着整个东北平原的北部都已经掌握在女真

人手中，辽国失去了东京辖区的一半土地。

辽天祚皇帝得报，起兵七十万，御驾亲征，欲夺回黄龙府。

别看完颜阿骨打是北方的少数民族，远离中华文明，对兵法并不陌生，当他得知辽天祚皇帝率七十万大军御驾亲征，知道敌军来势汹汹，此一战凶多吉少，为了激励士气，他来了一招激将法。将众将士召集在一起，当着大家的面，假装要自杀，当身边的人夺下他手中刀的时候，他哭着对大家说，我带你们起兵，是无法忍受辽邦对我女真族民的残暴欺凌，故此自立为国，让我们女真人自己管理自己的事，不受外人欺负，今天，辽主天祚皇帝耶律延禧率七十万大军御驾亲征，声势浩大，金国是挡不住辽兵这次进攻的，为了免除族人的灾难，看来只有杀了我，你们拿着我的人头，去迎接辽主吧！

女真族是一个很有血性的群体，他们怎么会杀了自己的国主去投降敌人呢？于是，群情鼎沸，都愿在国主的带领下，同辽兵决一死战。

遣将不如激将，完颜阿骨打不愧为帅才，女真人的士气，一下子就被他鼓动起来了。

在女真人的支持下，完颜阿骨打调集倾国之兵，与辽国展开决战，大军到达黄龙府东时，遥见辽兵满山遍野、铺天盖地而来，完颜阿骨打对左右说，辽兵远道而来，利在速战，我军如坚守不出，借以消磨辽兵的锐气，待辽兵疲乏之时再出战，必能击败辽兵。于是下令各军择险地扎下营寨，挖壕筑垒，按兵不动，静观敌变。

辽兵扎下营寨之后，竟然也按兵不动，完颜阿骨打觉得奇怪，忽听探子来报，说辽兵的后队已在撤退。完颜阿骨打登高远望，果见辽军在退兵。

完颜阿骨打虽然不知发生了什么事，仍然亲率精兵乘势追击，辽兵显然无心应战，被金兵杀得人仰马翻，丢失粮草辎重兵械不计其数，大败而逃。

辽主耶律延禧率兵亲征，为何不战而退呢？原来是后院起火了。辽国副都统

北方游牧区：衰落与新兴　第九章

章奴趁天祚帝出兵之机，欲立天祚帝的叔父耶律淳为帝。章奴一谋反，在前线的辽主耶律延禧立即偷偷回师，去解决内部问题。

完颜阿骨打赢了这次金国与辽国皇帝的对决。

到这时，金国的后方基地基本成型，阿骨打占领了东北平原的北部，向南可以进军辽国的东京辽阳府，向西可以进军辽国的上京和中京。

在北方金、辽对峙中，南边的北宋采取什么样的态度呢？这是一个事关大局的重大决策。

第十章

最危险的合约

主战的宦官

对于北宋来说，可以有两种选择：要么选辽国做邻居，要么选女真做邻居，二者不可兼容。

辽国与北宋交好了上百年，军事实力减弱，更希望维持这种和平的局面，从形势上看，是一个更好的邻居。

女真作为一个新兴的民族，性格不可控，一旦成为邻居，具有很大的风险。

以辽国的力量，很难与女真人抗衡，如果要让辽国挺住，北宋就必须给予支持，这种支持，不仅是物资的，还包括军事上的。

北宋朝野都有一个情结，即燕云十六州之耻。其实，燕云十六州是五代时期的儿皇帝石敬瑭送给辽国的，从北宋建国那一天开始，燕云十六州就没有属于过北宋，但自认为继承了中国正统的北宋君臣，却一直将燕云十六州视为自己的疆域，憧憬着有一天能拿回来。要想拿回燕云十六州，现在确实是一个好机会，更何况，辽国已经衰落，即便帮助它，也不一定能抵御得了女真人。

此时，北宋主管军事的最高长官知枢密院事是童贯。

北宋与辽国长期和平相处，与西夏却总是战火不断，除了宋仁宗时期失败的

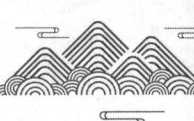

宋夏之战外，在宋英宗、宋神宗、宋哲宗时代，双方都发生过战争。

宋徽宗上台之后，在蔡京的鼓动下，发动了对西夏的战争，童贯也被派往西北区监军，帮助北宋在西北打了几个胜仗。宋徽宗一高兴，授给他实职：领枢密院事，掌管武信、武宁、护国、河东、山南东道、剑南、东川等九镇，一个宦官，成了北宋军队的最高长官。童贯志得意满，成了北宋朝野最大的主战派。

政和元年（1111年），宋徽宗派童贯、郑允中为正副使臣出使辽国，此时女真虽未崛起，但辽国之没落已初露端倪。

童贯到了辽国，辽天祚帝其时正沉溺于声色犬马，见宋朝派一个没胡须的宦官为使，接待不怎么热情，甚至还有轻蔑之意。童贯使辽，不但没有达到炫耀自己在西北战功的目的，反而连起码的人格尊严也没有保住，更不用说得到任何有价值的情报。

童贯空手而归，懊丧不已，但从回国途中之见闻，还是看出一些端倪。辽国天祚皇耶律延禧是一个庸君，贪图享受，不修朝政，成天不是到山中打猎，就是到湖边钓鱼，大臣们上奏章，却找不到皇上，君王不理朝政，官僚们也搞腐败，结果是朝政腐败，阶级矛盾和民族矛盾激化。

童贯行走到卢沟的时候，有一个名叫马植的辽国汉人投书拜访，书中自陈："本是汉人，素居燕京，自远祖以来便在辽国为官，虽披裘食禄，不绝如缕，但未尝少忘尧风，每每想脱掉左衽之服，奈何没有机会。近来天祚排斥忠良，引用群小，女真侵凌，盗贼蜂起，百姓涂炭，宗社倾危。我虽愚憨无知，但预见辽国必亡。古人云：危邦不入，乱邦不居。我欲举家南归，得复汉家衣裳，以酬素志。"

马植一家是燕云大族，世代在辽国做官，到马植这一代，已官至光禄卿。此人品行恶劣，是个大淫棍。少年时便与婶母通奸，一次欲奸宿其嫂，被他的哥哥打了个半死。跑到京城去应试，竟然中了进士，做了官，在京城也成了家，回家乡已是朝中大臣，其时婶母寡居，风韵犹存，干柴遇上烈火，两人又行那苟且之事，这一次兄嫂不敢反抗，家中的丫环、仆妇也都成了他的猎物。后来，马植出使生女真，仍然淫性不改，强奸了生女真一个酋长的女儿，酋长找他评理，他竟

143

然连酋长也杀了，引起了外交上的纠纷，马植被贬为庶人。

童贯经过卢沟的时候，马植已经穷困潦倒，当他得知童贯出使辽国返程经过卢沟时，便来找童贯毛遂自荐，向童贯献消灭辽国，收复燕云十六州之计。

童贯得知马植的意图后，便问他有何计策。马植献计说："辽国天祚皇帝荒淫无道，女真人不堪辽国的欺压，假如宋朝派人取道莱州、登州渡海，同女真结成联盟，共同对付辽国，形成前后夹攻之势，辽国必败无疑。到时，燕云十六州就可全部收回。"

童贯听罢大喜，把马植带回京城，给他改名李良嗣，然后推荐给宋徽宗。

李良嗣向宋徽宗全面介绍了辽国的危机和金人的崛起，极力建议宋、金联合灭辽。在李良嗣看来，辽国肯定要灭亡，宋朝应该抓住这个千载难逢的机会，王师一出，辽人必箪食壶浆，以迎王师，既可拯救苦难中的辽国百姓，还可收复中原王朝丧失已久的燕云十六州。如果错过了这个机会，让女真得势，先消灭了辽国，宋朝若再想收复失地，恐怕就遥遥无期了。

宋徽宗虽然过着醉生梦死的生活，但却好大喜功，有极强的虚荣心，他在心里想，如果侥幸灭辽，那列祖列宗梦寐以求的燕云十六州就唾手而得，如此一来，自己就可成为彪炳千秋的一代明君。

这时，女真与辽国之间的战争还没有开始，北宋与金国之间也没有直接通路。李良嗣建议取道莱州、登州乘船渡海，再从辽东半岛登陆，前往女真。由于缺乏可操作性，联合女真的战略暂时搁浅。

然而，从此以后，宋朝开始了联金灭辽、光复燕云十六州之路。朝廷内外许多大臣和有识之士对宋徽宗的想法不以为然，但这并不能动摇宋徽宗联金灭辽的决心。宋徽宗将北宋王朝这艘巨轮，驶上了一条不归路。

政和六年（1116年），金主完颜阿骨打又有意外收获。

这一年，辽国发生内乱。东京留守萧保先虐待渤海居民，为暴民所杀，辽将大公鼎、高清明率兵剿捕，刚刚将乱民镇压下去。偏将高永昌收集残匪，进据辽阳，旬日间，竟纠集了八千余人，自行称帝，改元隆基。

最危险的合约 第十章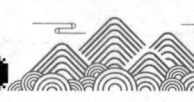

辽天祚帝派韩家奴、张林讨伐叛逆，高永昌自知不敌，向金国求救。

金主完颜阿骨打派胡沙补到辽阳告诉高永昌，说愿意协助高永昌攻辽，条件是高永昌必须削去国号，归顺金国，金国将封他一个王爵。

高永昌刚过了一把帝王之瘾，岂肯立刻放弃？没有答应完颜阿骨打开出的条件。

完颜阿骨打见高永昌不愿臣服于金国，便派大将斡鲁率军攻打高永昌，进军途中，恰巧与辽将张琳相遇，一场遭遇战，以辽将张琳败走而告终。斡鲁乘势取了沈州，直逼辽阳城下。

高永昌开城出战，不敌金军，向长松败退，辽阳人挞不野乘乱活捉高永昌，献给金主完颜阿骨打。高永昌被处死。辽国的东京州县以及南路熟女真部，陆续投降金国。

完颜阿骨打任命斡鲁为南路统领，斡伦知东京事。

辽天祚皇帝得知东京失陷，大惊失色，任命耶律淳为都元帅，在辽东募集一万二千多人组成一支部队，称作怨军，即报怨女真之意。任命渤海铁州人郭药师等为统领。耶律淳派耶律奴苛出使金国，建议两国修好，完颜阿骨打提出辽国以兄礼事金的条件。天祚皇帝当然不干，和谈以失败而告终。

女真人胜利的消息传到北宋，朝廷的主战派开始跃跃欲试了。恰在此时，边将不断上报，说宋辽边境的易州出现频繁的军事调动，主战派认为辽国有对北宋出兵的意图。

童贯也从西北调回，负责北方事务。一些人为了讨好童贯，不断将辽国的消息传到朝廷，有人透漏燕山以南的易州和霸州都有军事调动。

童贯主张起兵北伐，不仅通知了河北地区的将帅做好准备，还动用了中央禁军，政和六年二月中旬，先头部队已经出发北上。大军确定三月上旬出发。

临出发的时候，宋徽宗却犹豫了。在几个月前，北宋派出一个外交使团去往辽国，正使是太常少卿陶悦。按行程计算，使团近日快要回来了，宋徽宗于是下令，暂缓出兵，待使团回来之后，再根据情况做最后决定。

二月下旬，使团回来了，刚踏入城门，便碰上了童贯，童贯让陶悦第二天先到自己府上一叙，然后再去见皇上。

第二天，陶悦准时去了童贯的府上。童贯问道："听说辽国已准备南侵，有这回事吗？"

陶悦很吃惊，表示并没有发现辽国出兵的迹象，一路走来，辽国对使者的行走路线没有任何干预。

童贯不死心，说使者行走的路上没有军事调动，其他地方也许已经调动了。

陶悦似乎不识趣，坚持说，虽然听说女真与辽国在边境上有冲突，但燕山以南的内地一切都很正常，沿途百姓的生活、耕作没有任何变化，也没有看到有军事调动的蛛丝马迹。

按照陶悦的说法，辽国并没有异常的军事调动，童贯没有理由出兵。童贯不死心，以威逼利诱的方式试图让陶悦改口，甚至侮蔑陶悦得了辽国的好处。

陶悦正色回答："我是一个读书人，怎么会因为对方的厚礼而隐匿敌情呢？"

童贯碰了一鼻子灰，只好作罢。正是因为陶悦的据实相报，北伐之事暂时搁置了。

这一搁置就是好几年，但北宋与女真，在这段时间内建立了联系。

宋辽金三国外交博弈

宋徽宗不仅花天酒地，骄奢淫逸，而且还好大喜功，一心想收回燕云十六州，使自己成为彪炳千秋的一代明君。于是派武义大夫马政自登州渡过渤海湾出使金国，策划联合攻辽之事。宋、金展开了秘密外交。

在马政出使金国的时候，另一场外交也在平行地进行。事实上，除了北宋与女真取得秘密联系之外，辽国也在谋求与女真议和，金主完颜阿骨打接待北宋使

最危险的合约 第十章

臣马政时,与辽国的谈判也处于紧锣密鼓之中。

最初,辽国派遣耶律奴苛出使金国,建议两国修好。阿骨打提出以辽国皇帝称阿骨打为兄长,同时,将辽国的上京、中京和兴中府交给金国为条件。

且不提其他的要求,只看看金国对土地的要求。如果辽国真的把上京、中京和兴中府割让给金国,就意味着辽国失去了东北全境、北方草原地带,仅剩下燕云十六州和西北方的沙漠地区,变成一个夹在宋、金之间的小国家,随时有被歼灭的危险。这样的条件等同于辽国彻底向金投降。

耶律奴苛往返于辽、金两地,不料阿骨打又提出新条件:辽国皇帝必须称呼阿骨打为兄长,并用汉人的礼仪册封金国皇帝。

天祚皇帝认为金国的条件太苛刻,因此双方处于僵持之中。

马政出使金国的首要目的是建立联系,并没有具体的目标,他见到金主完颜阿骨打后,陈述说:"自宋太祖开国时起,宋、金两国便有贸易往来,我朝天子听说贵国攻陷契丹五十余城,欲与贵国重修旧好。辽国君昏臣庸,天怒人怨,我朝欲行吊伐,救生灵于水火之中,愿与贵国共伐辽国,特遣我等来军前商议,如蒙允准,以后必有国使前来。"

金主完颜阿骨打与粘罕等商量后,同意联合攻辽。使团的目的就达到了。接下来便是双方互派使者,制订具体的合作条件。

阿骨打于同年底派李善庆等人持奉国书,带上渤海的珍珠、生金、貂皮、人参、松子等贵重物品为贽见之礼,随马政等人渡海至登州,前往宋朝京师。

宣和元年(1119年)正月,李善庆一行来到京师,入住定相院馆驿。

宋徽宗命蔡京、童贯等接待金国使者,具体商量联合攻辽之事。金国使者李善庆说要回去秉报金主后再作答复,在汴京住了十余天后,便打道回府了。

李善庆作为使臣,为何不对联合抗辽之事表态呢?原来,李善庆出使宋朝之前,完颜阿骨打就吩咐他,这次出使宋朝,主要任务是探听虚实,只看、只听,不说。

宋徽宗见和谈没有结果,便命马政和金国使臣李善庆一同再赴金国,同去的还有副使赵有开。赵有开建议，女真的体量只相当于中国的节度使，所以给阿骨打的书信用诏书。

宋徽宗征询李善庆的意见，由于不懂礼仪，李善庆表示尊重宋徽宗的意思。于是，在给阿骨打的信中，宋徽宗用的是诏书的格式。

使团出发后，赵有开走到登州时得病死了。恰好这时传来金国与辽国议和的消息。这一年，辽国封金国国王阿骨打为东怀国皇帝。

宋徽宗知道这件事后，派人追上使团，让马政不要去金国，另派平海军校尉呼延庆护送李善庆归国。

北宋得到的消息并不准确，辽国虽然愿意封赏，阿骨打未必愿意接受，一来他感觉封号太低，二来他认为与北宋合作显然更有利。

正当北宋使臣前往登州时，恰逢辽国出现大饥，盗贼四起，国内形势一片混乱。在无可奈何的情况下，宣和元年（1119年），辽国枢密使萧奉先劝辽帝暂时答应金人提出的条件，册封完颜阿骨打为东怀国皇帝。

完颜阿骨打是一代人杰，雄才伟略，绝不会屈于人下，他认为东怀国这个名称不可理解，自己是金国，直接称为大金国即可，为何要称东怀国呢？而且在册书中，并没有提辽称金为兄的事情。他将册书弃之于地，不接受辽主的册封。

辽、金的和谈再一次破裂，北方的局势更加不稳定。

呼延庆经过长途跋涉之后，才到达女真军前，旋即便被扣押，直至十二月二十五日才被放回，过了半年的牢狱生活。

临行前，完颜阿骨打对呼延庆说：跨海求好，并非我的本意，商议联合夹攻辽国，不是我求你们宋朝，是你们再三央求我国。我大金建国以来，已经攻占辽国数郡之地，其他州郡也唾手可得。我朝之所以遣使赴宋，是为了交结邻国。但使臣回还，贵国不用国书，却用诏书，很不妥啊！大金是一个独立的国家，不是你宋朝的附属国，你们无权对金国指手画脚，诏书对我们不起作用。如果贵国皇帝真的打算结好，共同灭辽，请出示国书，下次如果再使用诏书什么的，就别怪我将宋朝的使臣拒之门外。

完颜阿骨打的态度如此强硬，是有他的道理的。李善庆出使宋朝，给他带一

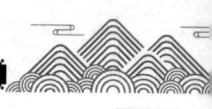

个惊人的秘密,李善庆在汴京呆了十多天,已经窥出了宋朝的虚实,堂堂宋朝,不过尔尔,金国完全有能力与宋朝平起平坐,争一时之短长,没有必要再对宋朝俯首帖耳。完颜阿骨打摸清了宋朝的底细,对宋朝使者说话的语气就没有以前那样客气了。

本钱就是实力,没有本钱,就没有实力,这是生意场的规则。国与国之间打交道,也是这样,国力强,说话的声音就大,没有那个实力,就只能装孙子。

完颜阿骨打是一代雄主,他不是装孙子的人。

海上之盟

蔡京、童贯建议,再派人出使金国。

对于宋徽宗这种投机取巧的愚蠢行为,朝中的有识之士都不以为然,由于奸臣当道,谁也不敢乱开口。中书舍人吴时忍无可忍,上书谏阻,宋徽宗看了吴时的奏疏,有些犹豫不决。恰好布衣安尧臣又上疏,力谏宋徽宗放弃联金攻辽的动机。

安尧臣在奏疏中说:宦官交结权臣,共同倡议北伐,自宰臣以下,没有人敢说一句话。他认为,燕、云之役兴,则边衅大开,宦官之权重,则朝纲不振。当年先祖真宗皇帝澶渊一战,取得了绝对优势,但却与辽国签订了"澶渊之盟",究其原因,不是打不过辽国,而是为固国本,息民力。今童贯深结蔡京,采纳李良嗣之谋,重提平燕之议,引来的后果,恐怕是唇亡齿寒,边衅大开。他恳求宋徽宗鉴历代君臣之得失,遵守旧约,不要使外夷对中国有可乘之机。这样才能上安宗庙,下慰生灵。此则国家之幸,生民之幸。

宋徽宗连接两疏,正在犹豫,有两个御医从高丽归来,转告了高丽国君的意思。

原来,高丽与中国通好,高丽国主生了一种怪病,本国的医生束手无策,只好向宋朝求医,宋徽宗派遣两名御医前往诊治。两名御医治好了高丽国君的病,高丽

靖康耻

国主送两名御医归国的时候，对他们说："听说天子将与女真联合，图谋契丹，恐非良策。因为契丹夹在宋朝与女真中间，契丹的存在，可以成为中国捍边的屏障。女真如狼似虎，不宜与其建交，可向天子传达我的建议，要提防女真。"

两名御医归来之后，将高丽国主的话原原本本地转告宋徽宗。宋徽宗本来以为吴时、安尧臣的奏言有道理，加之高丽国主的传话，拟将联金攻辽的计议暂时搁置，并拟提拔安尧臣为承务郎，借以开通言路。

蔡京、童贯仍然坚持要联金伐辽，说辽、金交战，这是天赐良机，如果错失良机，将会反受其害。

还有学士王黼，此时已升任少宰，他与蔡京、童贯沆瀣一气，斥责吴时腐儒，并说安尧臣只是一个布衣，根本就没有上书言国事的资格，这种目无王法之人，怎么能够再给他一个官阶呢？

宋徽宗架不住三人力请，于宣和二年（1120年）二月，再派右文殿修撰李良嗣以买马为名，出使金国，再次同金国展开秘密外交。

李良嗣到达金国的时候，适逢辽国使臣萧习泥烈到金国商议册礼。宋、辽两国的使者碰在一起。完颜阿骨打谁也没有答复，带上宋、辽两国的使臣，出兵攻打辽国的上京。

辽天祚皇帝耶律延禧正在胡土白山围猎，得知金主领兵来犯，命大将耶律白斯率精兵三千驰援上京。

金主领兵至上京城下，指着上京城对宋、辽两国使臣说，你们看我用兵，此一战若胜，辽使就滚蛋，若败，宋使就走人。说罢，指挥金兵向上京城发起了猛烈攻击，仅半天时间，金兵便搭云梯攀上城墙，拿下上京。

耶律白斯率援军还没有到达上京，上京就已经失守，只得中途撤回。

完颜阿骨打进入上京之后，排宴庆祝，酒宴间，只有宋使李良嗣，不见辽使萧习泥烈。

李良嗣举杯向完颜阿骨打祝贺，口中大呼万岁。完颜阿骨打大悦。李良嗣乘机说道："燕云本是汉家土地，被辽国侵占多年，而今该由敝国取还了。现在敝国愿与贵国协力攻辽，贵国取中京大定府，敝国取燕京析津府，南北夹攻，两国

最危险的合约 第十章

都有利益,不是很好吗?"

"好是好。"完颜阿骨打话锋一转,"但是,宋朝每年给辽国的岁币,破辽之后,必须照数给金国,这样才能如约。不然,大金兵强马壮,宁可独力自取中京与燕京两处土地,也不与宋朝联合。"

李良嗣答应将他的意见转告朝廷。

完颜阿骨打修书一封交给李良嗣,并命近臣勃堇随李良嗣出使宋朝,与宋朝皇帝当面约定:

宋、金夹攻辽国,金国负责攻取长城以北的中京大定府,然后经平地松林南下趋长城边上密云北部的古北口;宋军负责攻长城以南的燕京地区,然后北上古北口,双方以古北口关隘为界。宋收回燕云十六州的土地,但要将原来进贡辽国的五十万岁币改为进贡金国。

对于金国来说,大宋帝国是一个富足、强盛、文明、可望而不可及的大国。此次结盟,将自己的死敌辽国置于腹背受敌境地,金国完全不必再担心辽国寻求宋朝的支持了。而且,宋朝收回的土地,本来也不是金国的,还能够凭空得到五十万岁币,这是天上掉下来的馅饼,其喜悦之情可想而知。

对于大宋帝国来说,虽然背信弃义,干了一件不太光彩的事情,但是,国与国之间,只有永恒的利益,哪有什么情义可言?如今,天要灭辽,倘若真的趁机收回燕云十六州,信义不信义,不谈也罢。

接下来便是双方互换由各自的皇帝亲笔书写的国书。

完颜阿骨打在国书中写道:

大金皇帝谨致书于大宋皇帝阙下:盖缘素昧,未致礼容;酌以权宜,交驰使传。李良嗣言:"燕京本是汉地,若许复旧,将自来与辽国银绢转交。"虽无国信,谅不妄言。若将来贵国不为夹攻,即不依得,已许为定,具修寸幅,冀谅鄙悰!

另外,阿骨打还特意约定,虽然转交燕地,但如果是因为最近打仗从其他地区跑到燕地避难的人民,不能归属北宋,必须送还给金国。

靖康耻

女真由于人口稀少，一直对人口问题给予最高级别的重视，打仗的目的除了掠夺财物之外，就是掠夺人口。他们很明白，只有人口迅速增加，才能带来更加强大的国力。

宋徽宗后来的回信大略是：

大宋皇帝谨致书于大金皇帝：远承信介，特示函书。致罚辽国，邈闻为慰。确示同心之好，共图得罪之师，诚意不渝，义当如约。已差童贯勒兵相应，彼此兵不得过关。岁币依辽旧数，仍约毋听辽讲和。

两国约定，次年实施联合攻辽的计划。这就是历史上极其著名的宋、金"海上之盟"。

宋徽宗在和约中也确认了女真拥有索回逃亡人民的权力。

李良嗣这次的任务完成得相当圆满，但随着时间的推移，许多形势已经发生了巨大的变化，这个和约也成了北宋的紧箍咒和女真人不断指责北宋违约的依据。

双方违约的关注点是不相同的。

阿骨打关注的焦点有两个：一是北宋给的岁币必须移交给金国，二是双方约定夹攻辽国，但如果北宋没有按约定完成夹攻，所有的协议都作废。

北宋关注的焦点却是另外两个：一是金国不得与辽国讲和，二是金国在夹攻辽国燕京时，不得越界，以免抢了北宋的果实。

两者关注的焦点又是有矛盾的。比如，如果在攻打燕京时，金兵先到，必须等候在边界外，不能单独进攻，可按照女真的观点，一旦宋军没有赶到，就是违约，所有条约作废，女真可以单独进攻，战果也不必交给北宋。

李良嗣离开的时候，金人还专门叮嘱他，不要耍花招，不要搞小动作，双方必须遵守约定，回去请皇帝早日批准和约。

但在这时，情况突然发生了变化，这不是一方出了问题，而是双方都感觉到无法守约了……

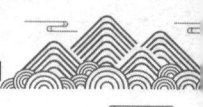

猴子称大王

丧失主动权

宣和二年十月,在东南方的睦州,一个名叫方腊的人起兵对抗北宋政府。

睦州坐落于山谷之中,物华天宝,是个富富饶的地方。方腊是当地一个家境不错的商人,拥有自己的漆园,这样的人本来就是北宋纳税大户,却由于朱勔的花石纲受到了骚扰。

由于宋徽宗将搜刮东南财物权授予了朱勔,他打着给皇上搜集奇花异石的名义,巧取豪夺,搜集到的东西,只有少量运到了汴京,其余大部分都落入了朱勔父子的腰包,人们送朱勔一个称号:东南小朝廷。

方腊发现,除了自己受到骚扰外,周围的受害者也越来越多,百姓对花石纲怨声载道,于是决定联合民众一同举兵造反。他自号圣公,建元永乐,带有很强的道教色彩。

一个多月之后,起义军便占领了杭州,第二年春天,又攻陷了婺州、衢州、处州,骚扰了秀州。

北宋为了镇压方腊起义,已经无力进行北伐,于是,联金攻辽的事情退居二线了。宋徽宗原本派童贯准备北伐事宜,从西北与西夏接壤的环庆路等地调来了更多善战的士兵。但这些士兵来到中原，并没有北上，而是突然被调到了南方，在童贯的率领下去镇压方腊起义了。

方腊起义，一共攻破了六个州，五十二个县，平民死亡达二百万以上。

宣和三年（1121年）四月，方腊起义终于平息。活捉方腊的就是后来的名将韩世忠。他当时只是参与镇压的将军王渊手下的一员裨将。但方腊事件获益最多的是却是宦官童贯，他的名声更加响亮了。

在宣和三年二月，北方的宋江起兵反对朝廷，在海州（今江苏连云港）被张叔夜击败。

这两次起义的时间虽然不长，却由于发生的时间太敏感，直接打乱了北宋政府的经济计划。本来北宋的财政就捉襟见肘，不断靠加税筹集北伐资金。当农民起义爆发后，宋徽宗不得不把有限的钱用到镇压起义上，影响了北伐。

同样是宣和三年二月，金国使臣锡剌曷鲁与大迪乌高随，随着北宋出使金国的马政等人在登州登陆，准备前往汴京去完成出使。

由于掌管与金人和议的童贯已经调往南方，如果此时送金使前往京城，只会让他看到朝廷一片混乱景象。所以，登州守将自作主张，将金使扣留在登州。

金使不知道北宋的情况有了变化，对他们来说，滞留使臣就意味着对和约的背叛，他们非常愤怒，甚至想不经过守将的安排，徒步前往汴京。

宋徽宗迫于无奈，只得让马政带金使到京师等待。

金使抵达汴京后，由于朝廷忙于镇压国内暴乱，北伐与谈判已经不是最重要的事了，加之负责这件事的童贯在前线还没有回来，于是将金使住进驿馆后，就没有了下文，这一等就是三个月。

八月份，童贯终于回来了。但童贯的意见又和当时的宰相王黼不合。经过一番争论，宋徽宗最终采纳了宰相的意见，用一种模棱两可的语言给阿骨打回了一封信。信中几乎什么也没有说，但也没有否定和约，等于将皮球踢回女真一方。

这看似是一步不错的棋，却留下一个死穴。宋徽宗含糊其辞地应承说同意最初的讨论，而没有指出双方的矛盾之处。在女真人看来，就是大宋皇帝同意了阿骨打的意见，即北宋只谋求燕京和山前数州。如果和约从此失效，宋金再也不联

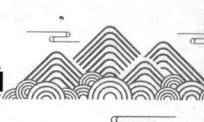

系了，倒也无所谓。可一旦和约重启，北宋有求于金国，就意味着自己已经理亏了八分，再想争取利益就难了。

北宋也没有派使臣前往金国，只是将宋徽宗的书信交给金使，就把金使打发走了，这让女真感觉北宋悠忽不定，不像是诚实的人该做的事。

宋徽宗打发走金使，大大地松了一口气，但他却不知道，就是北宋这拖延的几个月时间，战争的天平已经向阿骨打倾斜。

盗入邻家

宣和三年（1121年），出使北宋的使臣终于回来了，他们带回了宋徽宗的信件，却没有带来新的使臣。阿骨打一看就明白：北宋爽约了。

金主完颜阿骨打立即下令对辽国的中京发起进攻。在耶律余睹的向导下，由阿骨打的弟弟吴乞买（后来的金太宗），以及大将粘罕、斜也带兵攻打辽国的中京大定府，辽兵弃城而逃，金兵乘胜追击，再取泽州。

至此，金国已经占领了辽国的上京、东京和中京，接下来，就是向辽国仅剩的两京，也是燕云十六州的核心区——南京和西京，前进了。

辽主天祚皇帝耶律延禧同北宋的皇帝宋徽宗一样，也是一个昏庸之主，当金人入侵他的家园的时候，他却在鸳鸯泺打猎，得知金人端了他的老窝，吓得胆战心惊，带着五千卫士，狼狈地逃往西京云中府，慌乱之中，竟然连传国玉玺都落到桑乾河中去了。

金将斜也兵分两路，他亲率一路越过青岭，命副将宗翰从瓢岭出击，两路会合，袭击辽主天祚帝的行宫。

对于金国来说，辽国的天祚帝并不是一个雄才大略的皇帝，就在失去中京的时候，他就觉得燕京不安全了，想到的第一个问题就是跑，燕京可以不要，命不能不留。于是，南京事务并给了燕王耶律淳，宰相张琳、李处温，自己乘轻骑逃

到大山里去了。

金兵乘胜追击，攻克西京云中府。至此，金国获得了辽国的西部地区。

按宋、金海上之盟的约定，金军负责攻打燕云十六州以外的三个都城上京临潢府（内蒙古巴林左旗）、中京大定府（内蒙古宁城）、东京辽阳府（辽宁辽阳）；宋军负责攻打西京云中府（山西大同）、燕京析津府（北京）。

开战以后，金军势如破竹，很快就把那三座都城攻下了，最后顺手牵羊，连西京也占领了。金军打到燕山后就停下来了，因为按照约定，燕京应该由宋军攻打。金主完颜阿骨打派人出使宋廷，催促北宋政府按约出兵攻打燕京。

金国攻打辽国时，宋徽宗正忙于创作《艮岳记》。随着艮岳接近完工，需要一篇特别的文章作纪念。就在辽中京即将陷落时，即宣和四年正月初一，《艮岳记》也告完成，文中将这片皇家园林吹嘘得天花乱坠。

十三天后，传来金兵攻占辽中京的消息，宋徽宗这才想起，必须尽快出兵燕京，才能避免落在金国后面。一旦金国首先攻克了燕京，北宋想要拿回来就困难了。

三月十七日，金国又从西北方给北宋代州的守军发来军牒，声称金国已经占领山后地区，由于辽国居民纷纷从金国占领区逃往北宋境内，金军要求北宋边境守军不得收留难民，否则后果自负。

军牒传到宋徽宗手里，更增加了出兵的紧迫感。

宋徽宗虽然不怎么喜欢打仗，但看到辽国节节败退，契丹铁骑并没有想象中的那么所向无敌，又动了收复燕云十六州的念头，于是命童贯为河北、河东路宣抚使，屯兵于边，时刻准备出兵。此时蔡京已经奉诏退休，王黼升任少宰。

当时有许多大臣反对出兵，江南方腊起义刚刚平定，士兵需要休整，宋徽宗也显得有些犹豫。

王黼是主战派，他认为，辽国已经成了强弩之末，正是收复燕云十六州的最佳时机，如果此时不收复燕云十六州，恐怕燕云十六州就没有归期了。宋徽宗经不住蛊惑，当即决定出兵。

猴子称大王 第十一章

王黼乘机专权用事，在三省设置经抚房，专门处理边疆事务。他又给童贯写信说："太师如果要北伐，我愿尽死力帮助。"

童贯等人更是摩拳擦掌，跃跃欲试，已经做起了建功立业的美梦了。

负责起草诏书的中书舍人宇文虚中看出了问题的严重性，上疏说："用兵之道，必须先考虑强弱虚实，知己知彼，以防万一。如果说起军备经费与贮备，主战的统兵大帅会说绰绰有余，边防州县财政军粮空虚匮乏则被忽略不计；如果说起兵士的强弱，统兵大帅会说兵甲精锐，而边防州县的兵备废弛则置之不问。边境上没有攻守器具，军府里只够几天的军粮，就是孙武再世，这个仗也没法打。"宇文虚中进一步分析说，"今边防部队可用者不过数千人，而契丹耶律淳智勇双全，颇得人心，如果据城自守，也未必能阻敌于城下。何况契丹与中国讲和，已逾百年，彼虽有贪婪之举，不过欲得关南十县之地，虽然很傲慢，不过是待我朝使者礼数不周而已，这些都是枝节问题，不必太过认真。自女真侵辽以来，辽朝向慕本朝，一切恭顺，如今舍恭顺之辽朝，而欲以强悍之金国为邻，臣恐中国之边境，未有宁期了。"

宇文虚中确实厉害，他所预言的一切，后来一一应验，而且比他说的更加惨烈。

在策略上，宇文虚中也反对这样做，他举了一个形象的例子来说明：譬如一个大富翁与一个穷人毗邻而居，他想吞并那个穷人，扩大自家的地盘。于是找来一个强盗，对他说：干掉这个穷鬼，他的财产一半归你。就算都做到了，邻居从一个本分的穷人换成了一个成天惦记着你家财产的强盗，从此以后，你睡觉还能安宁吗？因此，他恳请宋徽宗降旨，罢将帅还朝，不要在边境滋事，只有这样，中国才可永世太平。从后来的结果看，宇文虚中把这个强盗估计得太老实了。

在道义上，反对的声音也不少，澶渊之盟，两国结成兄弟之邦，不管怎样，毕竟和平相处了一百多年，双方有来有往，总体上还算友好。如今，人家家里失火，不但不帮忙救火，反而趁火打劫，这怎么说？

宋徽宗将宇文虚中的奏疏交给三省讨论。宰相王黼大怒，将宇文虚中降职为集英殿修撰，不让他起草诏书了。与此同时，王黼又加紧督促童贯进兵。

从此，北方的战事便一发而不可收拾，而此时的北宋帝国得了一种怪病——软骨病。

宦官掌兵

中国有句俗语，叫作"山中无老虎，猴子称大王"，北宋当时的情况就是这样。当南方的农耕文明与北方的游牧文明再次发生冲突时，竟然派不知兵的宦官童贯出任统兵主帅。

宣和四年四月十日，童贯率兵十五万大军巡边，以陕西名将种师道为都统制（前敌总指挥），正式出师北伐。这一仗，是北宋能否收复燕云十六州的关键。

徽宗似乎已经预见到了胜利，下诏给燕京辖区内的官吏军民，说什么耶律淳如果纳土来朝，宋方会待之以礼，世享王爵。所收复州县城寨的文武百官，仍然以旧职相任，军兵戍守之士并加优赏，愿归农者，免税三年。燕京收复之后，蕃汉百姓同等待遇。

童贯出师之日，徽宗亲自为他壮行，以御笔三策交给童贯：如燕京人欢迎宋师，我朝顺此收复旧疆，是为上策；耶律淳纳土归降，是为中策；燕人不肯归附，导致战争，宋师须全师而还，是为下策。

辽国是宋朝的友好邻邦，金人攻打辽国，相对于宋朝，等于是强盗进了邻家，宋朝不但没有帮邻居捉强盗的意思，反而要乘人之危，前去与强盗分一杯羹。

四月二十三日，童贯率北伐之师，浩浩荡荡地到了高阳关。

童贯出兵途中遇到辽国使臣，辽国使臣对童贯说，他是奉辽国天锡皇帝之命，前来与中朝继续修订盟约，请求宋朝不要乘人之危，落井下石，出兵攻打辽国，作为交换条件，辽国情愿放弃宋朝每年给辽国的岁币。

童贯不屑地说，灭了辽国，还有人向我们要岁币吗？辽使见童贯不但不答应

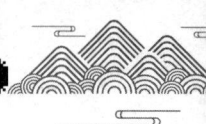

重修盟约，而且还将自己羞辱了一顿，含恨而去。

辽国为何冒出了一个天锡皇帝呢？原来，辽天祚帝出走云中府，宰相张琳，参政李处温，与都元帅耶律淳一同镇守燕京。天祚帝逃进夹山，号令不通，而且，金军撒下了天罗地网要抓他。参政李处温与族弟李处能，儿子李奭，外联怨军，内结都统萧干，与众大臣集番汉诸军，拥立耶律淳为帝，称作天锡皇帝。遥降天祚皇帝为湘阴王。当他得知宋朝趁火打劫、出兵来攻的时候，派使臣到童贯军前议和。使者在童贯那里受了一顿羞辱之后，回来如实向耶律淳做了汇报。

天锡皇帝听后，大骂童贯不是东西，说辽国与金人打仗虽处下风，但对付宋朝却是绰绰有余。于是命耶律大石为统军，以萧干为佐将，准备迎战宋军。

童贯到达前线，才知道军情不容乐观，表现为：河朔驻军骄惰，平时很少训练，战斗力极差；军粮虽说并不缺乏，但粗不堪食，去掉皮壳，仅有一半，且储存之地较远，运输相当困难；兵器非常缺乏；筑城工具与守城器械十分缺乏。原来，河朔之地百余年未受兵戈之苦，地方官头脑里根本就没有战备这根弦，仓促之间筹备军需器械，自然是措手不及。在将骄兵疲，军粮与兵器短缺的情况下，欲击败辽兵，已是非常困难，更谈不上收复燕云十六州了。

童贯出兵不久，徽宗任命蔡京的儿子蔡攸为河北、河东宣抚副使，出任童贯的监军。

老奸巨猾的蔡京首建平燕之议，又惧怕将来兵败，殃及自身，便写了一首诗送给儿子蔡攸：

老懒身心不自由，封书寄与泪横流。
百年信誓当深念，三伏征涂盍少休。
目送旌旗如昨梦，心存关塞起新愁。
缁衣堂下清风满，早早归来醉一瓯。

靖康耻

诗句传入宫中，徽宗把"三伏征涂"改为"六月王师"，其他一概未动。诗中"百年信誓当深念"一句，指的是宋、辽之间盟誓已有百年之久，不可轻易撕毁，明显与他首建平燕之议有矛盾，徽宗也未加责备。

五月中旬，蔡攸率兵北上，与童贯会合，蔡京又写诗送行说：

百年信誓宜坚守，六月行师合早归。

表明他不赞成出兵。蔡京的如意算盘是，如果将来宋兵获胜，他首建平燕之策，自然是功不可没，如果兵败，他早有诗句谏诤不可贸然北伐，这样就左右逢源，立于不败之地，可谓是老谋深算。

童贯率五万大军经高阳关到达雄州，种师道率十万西北军已先期到达，在城外建立元帅府，童贯也派先行人员在城内组建了宣抚使衙门。

童贯到达雄州，立即召开军事会议，西北军的大部分将领都服种师道，不知有童贯、蔡攸。因此，在会上出现了一个小插曲。

童贯、蔡攸先到达会场，童贯居中坐，蔡攸坐在童贯右边的座位上，左边之位留给都统制种师道。众将陆续到达会场，众将各自依次排班站好，等候种师道上座，好行参见元帅大礼。

种师道进入会场，朝上面看了一眼，停住了脚步，叫人搬来一张椅子放在大门正中，与童贯相对而坐。

众将看在眼里，心里雪亮，他这是在抗议。

原来，古代文武百官上朝，左班为上，右班次之；左班是在皇帝的右手，所以左相在右相之上。现在，蔡攸坐在童贯右边，显然是把种师道这位全军统帅摆在了蔡攸之下，成了第三号人物。

童贯并不是不知道这个规矩，他是有意压低种师道的地位。如果是上朝，蔡攸是少保，官位在种师道之上，这样排位次，也是顺理成章。然而，这不是在朝堂，而是在前线的军事会议上，这种排法，就值得商榷了。种师道是一个边关老

将，他根本就不把完全不懂军事的蔡攸放在眼里，看到座次如此排法，当然不服气，不就座，就是抗议。

童贯见种师道坐得远远的，请他到前面就座。种师道冷着脸问："这是军事会议，谁主持？"

"当然是宣抚使与将军主持。"

"上面不是已经坐着了两个主持人吗？"种师道说，"我这个将军，就坐在下面当听众好了。"

"啊！"童贯装着笑脸说，"本使失言了，请元帅上坐。"

"你身边只有下坐了，本帅还是坐在这里好。"种师道仍然不肯到前面去就座。

"种元帅。"童贯解释说，"蔡副使官居少保，上座也不为错。"

"那就上朝堂去吧！这个军事会议就别开了。"种师道站起来说，"要不，就请副使大人统率全军，指挥作战吧！老朽情愿听从调遣。"

童贯被顶得两眼直翻，半天说不出话来。

童贯这一次是宣抚使，是此次北伐军的统帅，副使蔡攸，顺理成章地就是副统帅。但在宋朝，都统制也是统帅，都，就是统的意思，全军的总统制官，不是元帅又是什么？可是，在童贯心中，这一次他不是有名无实的监军，而是有指挥权的统帅，他要把种师道的指挥权夺过来，真正地过一把统帅的瘾。

种师道本来就不赞成北伐，但一旦被任命为都统制，他还是要争这个指挥权，在他的眼里，监军也好，宣抚使也罢，都是不知兵的文人，真正打起仗来，还是要靠他们这些久经沙场的将军来指挥。种师道尽管心里这样想，还算沉得住气。

童贯脸上却有些挂不住了，质问道："种元帅到底想怎么样？"

种师道见童贯逼着他摊牌，指着蔡攸说："让这个混世魔王让座。"

蔡攸一听，气得暴跳如雷，而众将军听罢，却哄堂大笑。

童贯虽然从心底里也瞧不起蔡攸，但他是皇上的宠佞，不能得罪，然而，这是在战场上，如果真的与种师道弄僵，这个仗就没法打了。权衡利弊，只得让蔡攸退一步了。

种师道在争座次上占了上风，在军事指挥上仍然没有决定权，童贯是宣抚使，是当然的统帅，种师道必须要受他的节制，否则就是抗旨不遵。他虽然敢与蔡攸顶撞，也敢与童贯分庭抗礼，但却不敢抗旨。

童贯在会上根本就没有给种师道说话的机会，直接布置了他的作战计划。

会后，童贯命雄州知州和诜赶做一批黄榜和招降旗，并在招降旗上写着"吊民伐罪，降者有功，尽加封赐"的字，分发给各军。声称谁献上燕京，就授他一个节度使之职。

种师道虽然心里不服，君命却不敢违抗。但对于这场战争，他还是要提出自己的看法。他说："今日之事，有如盗入人家，既不能救，又从而分其宝也，毋乃不可乎？"

意思是说，这件事情就如同有强盗闯进了邻居家，我们本应该救助邻居，现在不救也就罢了，还要和强盗分邻居家的财宝，这事不能干。咱们应该念及宋、辽百年的和好，与辽一起抗金才是正理。

童贯怒斥种师道，说这是君命，违抗就是抗旨不遵，如果再敢妄言惑众，就要办他个抗旨不遵之罪，按军法从事。

种师道再有天大的胆子，也不敢抗旨不遵。只好叹了一口气，不敢再说。

能征惯战的将军没有话语权，不知兵的宦官却霸占着军事指挥权，战争的结果如何，实在让人担忧。

买来的胜利

北伐惨败

童贯将前线大军分成东西两路，东路军的中心在雄州，由名将种师道指挥，率领熙河、兰会、泾原三路兵，驻扎在前线附近的白河；命辛兴宗为总指挥，率领鄜延、环庆、秦凤三路为西路，驻扎在范村。

种师道无奈，只得督兵前进。前军统制杨可世兵至白沟，遇上了辽军，宋军见辽兵蜂拥鼓噪而来，吓得未战先逃，东路军大溃，幸巧种师道后军赶到，击退辽军，才不致全军覆没，东路军败退回雄州。

辛兴宗率领的西路军也好不到哪里去，刚到范村，就同辽兵打了一场遭遇战，被辽军杀得十死七八，跟跄遁归。

两路大军，十五万兵马，刚一交战便铩羽而归，这是很难向朝廷交待的，童贯搜罗残兵，准备同辽兵再战。

辽兵打了两场胜仗，让他们看清了北宋的真面目——外强中干的纸老虎。

辽国担心受到宋、金两面夹击，再次派使臣来见童贯，说咱们就别打了，上次贵国出兵十五万，辽兵只出兵一万人，就杀得大败而归，这还是辽国给你们留面子。女真原来就是我们的臣子，他们现在叛乱，叛乱搁在哪国，都是要镇压的。听说你们西北军，前段时间不是到江南去镇压叛乱去了吗？怎么反过来援助辽国的叛军呢？所以，最好咱们联手攻打金国，或者你们保持中立，谁也不帮。

童贯不听，把辽国使臣轰了出去。

辽国使臣站在院子里大哭，因为他知道，辽国经不住两线作战，一旦遭到宋、金两国夹击，辽国必亡无疑。他冲着童贯的住处大叫：宋辽两国，百年和好，盟约誓书犹在，宋朝怎么能够背信毁约，结虎狼之邦？金人现在的目标是辽国，辽国灭亡之后，下一个目标就是你们宋朝了。有一天，你们终归要后悔的。

童贯只想眼前，没有想到以后。他叫人轰走了辽国使臣。

辽人气不过了，心想，我打不过金人，那是我们没本事，但打宋朝却是绰绰有余，当天夜里，七千辽兵袭击了宋营，宋军听说辽兵来了，撒腿就跑，宋朝的军队，留给辽军士兵的永远是后脊梁，仅自相践踏就踩死了几万人。

两次大败而归，童贯不好向朝廷交待，为了推卸责任，向朝廷上报，说契丹人太强大，所以才吃了败仗。

童贯吃败仗的替罪羊也找好了，就是种师道。根据童贯的命令，种师道于六月初退守雄州。种师道虽然吃了败仗，却仍然保持着军队的完整，不至于大败，而所谓的败仗，也是因为受到童贯的干扰，无法按照自己的意图作战导致的。

童贯向朝廷上了一本，说种师道有意通辽，此次兵败，是种师道从中捣鬼。

王黼主持北伐，两路兵败，他也想推卸责任，立即密奏宋徽宗，将责任推在种师道身上，很快，圣旨下来了，贬种师道为右卫将军，并勒令他退休，用河阳三城节度使刘延庆代替种师道的职务。

童贯一举两得，既找到了替罪羊，又拔掉了眼中钉。

此后不久，宋徽宗下诏，暂令班师，童贯与蔡攸一同回朝。

宋军第一次收复燕京之战，在一片乱糟糟中落幕。这场战争没有达到收复燕云十六州的目的，反而产生了两个后果。

第一，北宋的财政更加艰难，只好增加酒税和买卖田宅的契税，北宋人民的负担更加沉重。

第二，更加危险。当宋军出征的消息传到女真那里时，阿骨打已经攻占了西京。在燕京的问题上，阿骨打有些犹豫不决。由于宋徽宗送回了他的使者，并没有约定夹攻的时间，那么，金军是否要进攻燕京呢？

如果不进攻燕京，就有可能燕京是他们自己打下来的，金军没有提供帮助的借口，不再去付岁币。如果金军抢先攻下了燕京，把宋军排除在外，就占领了整个辽国。阿骨打眼里看到的是北宋的岁币，他更愿意用燕京去换取更多的东西。

阿骨打决定再派一个使团到北宋询问情况。他在给北宋皇帝的书信中专门强调了大金的军事力量，并说明耶律淳派人与大金讲和，大金只是碍于与北宋有约在先，才没有同意，他希望北宋告诉夹攻燕京的日期。

事有凑巧，就在童贯等班师不久，耶律淳暴病而亡。大臣萧干等立耶律淳之妻萧皇后为皇太后，主持国政；奉迎天祚皇帝的儿子秦王耶律定为皇帝，由萧干专权，辽国上下人心涣散。

宋朝见辽主新丧，认为有机可乘，宋徽宗命童贯、蔡攸重新治兵，由于种师道已经辞职，这次带兵的是河阳三城节度使刘延庆。

虽然天锡帝之死给北宋带来了机会，可是，北宋内部却弥漫着浓厚的机会主义色彩。比如，刘延庆虽然接受了带兵的任务，但他私下里却认为，最好是慎重一点，不要出兵，干脆让女真的兵马进入居庸关，攻克燕京，然后，北宋再用岁币买回来。这样不费一兵一卒，就可以收复失地。

在这种论调的笼罩下，宋徽宗和大臣们与金使臣周旋，双方达成了不追究以前失约的共识，决定将和约继续推行下去。宋徽宗与朝臣们对金使大献殷勤，允许他们在皇帝的宫殿里享受宴席。

经过与女真的几轮交流，宋徽宗在进军程序上让了一步，以前是让金军必须在关外等待宋军收复燕京，不准入关，但现在表示只要是双方夹攻，谁先进攻燕京都可以，不论谁攻克燕京，北宋都照样会向金国缴纳岁币，隐藏的意思，哪怕金国收复了燕京，也必须卖给北宋。

然而，随后发生了一件事，促使北宋加速了北征的步伐。

辽国常胜军统帅、涿州留守郭药师因萧后新立，萧干专政，认为辽朝已处于风雨飘摇、朝不保夕的境地，他认为归附宋朝才有出路，于是率所部八千余人和涿、易两州版图投降童贯。

童贯上表朝廷，授郭药师为恩州节度使，郭药师的部下归刘延庆统领。而一时间，宋军军威大震。萧后欲降宋，又恐金人兴师问罪，为两全之计，便同时向宋、金奉表称臣，但却被童贯拒绝。

宋朝不费一矢一镞，便得到两座城池，宋徽宗君臣大喜过望。拿过御笔改燕京为燕山府，涿、易等八州也都赐名，似乎这八州都已被宋控制。其实，除涿、易两州外，其余各州都在辽人手中。萧太后奉表降宋，不过是想曲线救国，怎肯将好端端的土地送人？

童贯似乎也清楚这一点，为了真正得到这些城池，于是派刘延庆率十万大军出雄州，以胜捷军大将范琼为前驱，郭药师为向导，渡白沟北上，杀向燕京。

刘延庆治军毫无章法，军纪涣散，行军前无侦骑，中无队形，后无防备，范琼的长枪让亲随替他扛，自己下马与步兵混在一起，嘻嘻哈哈，仿佛游山玩水一般，丝毫看不出是上前线去打仗。

郭药师实在看不过去了，几次劝说刘延庆，说行军打仗，如此毫无防备，倘若遇到敌人的伏击，不说打仗，恐怕连逃跑都来不及。刘延庆居然将郭药师的话当成了耳边风。

不听老人言，吃亏在眼前，此后形势的发展，似乎要应验这句话。

大军走到良乡，猝遇辽将率一万辽军杀到，范琼混在队伍中，突见辽兵杀来，一时慌了手脚，欲拿兵器迎敌，扛枪的亲随不知跑到哪里去了，心里发慌，干脆脱下衣甲逃命去了。幸巧杨世可、高世宣率军前来接应，才未至惨败。

刘延庆吓破了胆，干脆扎下营寨，坚守不出。杨世可、高世宣尽管认为不妥，但也毫无办法。郭药师献计，说耶律大石被罢免，辽国惟萧干可战，现萧干在正面战场上阻挡我军，燕京必定空虚。自请愿带五千精兵袭击燕京。

买来的胜利 第十二章

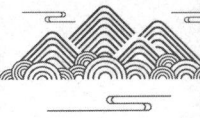

刘延庆采纳了郭药师的建议，并派他的儿子刘光世带兵接应。

郭药师率军突然袭击燕京，果然打了辽军一个措手不及，一举夺下迎春门，宋军进入燕京，列阵于悯忠寺，派人劝说掌管军国大权的萧皇后投降。

萧皇后把耶律大石从牢中放出来，又派人火速通知萧干。萧干带兵杀回燕京，辽军内外夹攻，两军在城中展开了巷战。

刘延庆恼恨高世宣、杨世可一向与种师道关系密切，不把他放在眼里，暗里嘱咐儿子刘光世领兵观望，不要出兵。

五千宋军在城中展开巷战，从早上杀到下午，终不见援军到来，郭药师和杨世可等人只得弃马缒城而逃，高世宣为掩护宋军突围，惨死城中。

萧干稳定了燕京的局势，又领兵断了宋军的粮道，生擒活捉了宋运粮将王渊和两个士兵，萧干将两名宋军俘虏捆得较松，用布条蒙住他们的眼睛，羁押在军帐里。

随后，萧干玩了一招"蒋干盗书"的计策，故意对部将说，我军三倍于宋军，明天早上，分兵三路，袭击宋军，三路兵马举火为号，必能大获全胜，全歼宋军。故意让一名宋军俘虏逃跑向刘延庆报信。

刘延庆已经被辽兵吓破了胆，对这一眼就能识破的鬼把戏，竟然信以为真。次日三更，他看见周围火起，以为辽军来袭，自己放了一把火，烧掉军营里的粮草辎重，领兵逃之夭夭，慌乱之中，宋军自相践踏，死者数千余人，尸体枕藉百余里。

被金军杀得狼狈不堪的残兵败将，居然以几句假话就吓跑了十万宋军。萧干领着万余名辽兵，将十万宋军赶得像鸭子一样四散奔逃，一直追到涿水才收兵。查遍中国战争史，这恐怕是一个绝无仅有的战例。刘延庆带领残兵败将，退回雄州。

从宋神宗以来，北宋就在边境上储存了大量的军用物资，以为战备之需，这一次丢失殆尽，即使宋军想再组织一次进攻，都没有能力了。

在这次战争中，唯一问心无愧的是郭药师，他的一腔热情被宋军内部复杂的

关系牵制，最终变成了泡影。

萧干击败宋军后，随之攻陷了安次、固安两个县，几天之后，郭药师率师击败了萧干，重新收复安次、固安。如果没有郭药师，宋军将崩溃得更加彻底。

童贯得知郭药师率军攻进迎春门，迫不及待地发出捷报，飞骑送往东京。在郭药师、杨世可率残兵逃回、刘延庆又惨败雄州的时候，东京城却在欢庆前言主的胜利。童贯给宋徽宗开了一个大玩笑。

攻克燕京，漫天要价

女真还没有得到宋军吃败仗的消息，他们还在给北宋写国书。按照金军的规划，由于之前宋朝屡屡违约，西京和山后诸州都不准备还给宋朝。营、平、滦三州是五代更早时期刘仁恭父子交给契丹的，也不会交还。北宋为了山前六州，必须每年付给金国岁币五十万。金军从山西回北方时，北宋必须提供方便，给金军借道。山前六州的汉人归属于北宋，其余各族人民及所有物资属于金国。

这些条件被写进国书里，并给金国使者与北宋使臣一同送回。

两次出兵，两次战败，眼看指望宋军收回燕云十六州无望，又怕朝廷怪罪，童贯几乎快要绝望了。万般无奈，只得秘密派遣王瑰出使金国，请求金国出兵攻打燕京。

金国人从与宋朝的合作中看明白了一件事，宋朝虽是泱泱大国，却只会练嘴皮子，第一次十五万大军被辽国一万人打得落花流水，第二次十万大军，被辽人的几句谎言、一把火吓跑了。宋军闻之丧胆的对手，却是自己的手下败将。宋朝的军队，只是一群酒囊饭袋。

实力就是硬道理，金国人看出宋朝不过是一只纸老虎，态度来了一百八十度的大转弯，他们派蒲家奴随王瑰来见童贯，责备宋朝不讲信用，没有按时出兵攻辽。

童贯装笑脸、赔不是,解释说,当初没有如约出兵,实在是国内发生了暴乱,朝廷要出兵平乱,所以才耽误了北伐的时间。请求金使回去后多说几句好话,当然,金使回去的时候,免不了给一份丰厚的礼品。

李良嗣再次出使金国,央求金国帮忙拿下燕京。

金主完颜阿骨打态度非常傲慢。说当初约定,燕京归宋朝攻打,而如今,堂堂的大宋王朝,竟然连一个小小的燕京也攻不下来,如此没本事,凭什么想要得到十余州?要金国出兵可以,攻克燕京之后,只分燕京及蓟、景、檀、顺、涿、易六州给宋朝。

李良嗣大声抗议说:"当初约定,灭辽之后,山前山后十七州归宋朝,现在只给燕京六州,试问信义何在?"

完颜阿骨打说,当初是有约定,上京、东京、中京归金国攻打,西京和燕京归宋国攻打,如果十七州是你们打下来的,给你们没有话说,可是,除了涿、易投降你们外,你们什么也没有做,按约定,燕京本来归你国攻打,你国拿不下,求我们帮忙。有什么资格向我要土地?并强硬地说:"六州之外,寸土不让。"

完颜阿骨打派李靖随李良嗣使宋,当面向童贯说明,灭辽之后,宋朝只能得到山前六州,其余的地盘不要妄想。

童贯见事情重大,不敢作出决定,上本奏请宋徽宗定夺。

宋徽宗命李良嗣再到金国去一趟,说六州之外,要求增加营、平、滦三州。李良嗣一行出发不久,完颜阿骨打已指挥金军由古北口、南暗口、居庸关三路出兵。

辽军不能抵抗,节节败退,萧太后恐慌至极,连续五次上表金国,请求立秦王为帝,愿意接受金国提出的条件,做金国的附庸国。但却遭到金主完颜阿骨打的拒绝。求降不成,萧太后只得派强兵把守居庸关,欲作最后一搏。

金兵抵达居庸关下,尚未开战,居庸关内一处崖石无故坍塌,山坡下正好有一座辽兵军营,由于事发突然,军营里的士兵来不及撤离,被坍塌的崖石压死了很多人。其实，这只是一次普通的山体滑坡，但辽军将士却不这样想，他们认为这是天要灭辽，一片哗然，纷纷丢下兵器，逃之夭夭。

金兵兵不血刃，顺利越过居庸关，向南进军直逼燕京，尚未抵达燕京，辽统军都监高六等人便到中途迎接金军。

萧太后知大势已去，三十六计，走为上策，携萧干等人连夜自古北口向天德逃窜。十二月底，燕京不战而克，至此，金军攻占辽国五京。

金主完颜阿骨打亲临燕京，御驾从南门进城。辽国丞相左企弓，参政虞仲文、萧公弼，枢密使曹勇义、张彦忠、刘彦义等，奉表请罪，完颜阿骨打一概宽免，命他们各守旧职，并出榜安抚燕京各州县。

宋军忙乎了几个月，损兵折将，一无所获。宋徽宗居然厚着脸皮派李良嗣去金国谈判，要求金国将燕京十六州、外加营州、平州、滦州共十九州之地交还宋朝。其实，营州、平州、滦州，并不是石敬瑭贿赂辽国的土地，宋徽宗、王黼也想收回。北宋朝廷的腐败和军事上的怯弱，给了金人可乘之机。

完颜阿骨打态度强硬，只同意将石敬瑭割让给辽国的燕京地区归宋，至于营州、平州、滦州三州，他说这是后唐刘仁恭献给契丹的，并非后晋割让。宋朝没资格索要这三州。并责问李良嗣，当初宋金两国约定联合攻辽，为什么"到燕京城下，不见宋军一人一骑？"

负责谈判的宗翰更是说，燕京是他们打下来的，今后，燕京地区的租税收入归金国所有。李良嗣当然不会同意，说有土地就有租税，土地归宋朝，租税归金国，哪有这样的道理？

宗翰见李良嗣口风很紧，知道有些要求超越了李良嗣的权限，便派李靖为使，直接到东京去与宋朝皇帝面谈。

宋徽宗也拿不定主意，便与王黼商量。

王黼认为，将过去给辽国的岁币转给金国不是问题，反正已经给了一百多年，但金人提出要燕京的租税一事，不能答应。

两国的使臣往返数次，金国态度强硬，经李良嗣据理力争，最后降到每年给金国代税钱一百万贯。宗翰也只让给涿、易两州。

辽国的降臣左企弓见宋、金两国为瓜分辽国的土地争论不休，讨好地作了两句诗献给金主："君王莫听捐燕议，一寸山河一寸金。"

经过多次交涉，金国总算还是顾及"海上之盟"的协议，答应将后晋割让给辽国的燕京及其附近六州之地归还宋朝，条件是宋朝除每年把给辽国的岁币四十五万如数转给金国外，另加每年一百万贯"代税钱"。所谓"代税钱"，是指宋朝每年向金人交纳燕京地区的租税，实际是一种赔款。

弱国无外交，金人的条件虽然苛刻，宋朝也只能硬着头皮答应。

按说，和约签订后，事情就有了结局，可是，金人突然又提出，说辽国的天祚皇帝及萧太后、萧干等人还没有擒获，如果不讨伐，终究是宋朝的祸患。金兵愿为宋朝剪除这一隐患，只可惜粮草不足，需向宋朝借军粮二十万石，搬运到檀州、归化州两地交割。名义上是借，实际就是敲竹杠。

负责谈判的李良嗣虽然一百个不愿意，但也只能硬着头皮答应了。

买回一座空城

宣和五年（1123年）四月，宋徽宗派童贯、蔡攸代表朝廷前去接收燕京地区。金兵撤退时，将燕京一带的人口、财富一并掠走，留给宋朝的只是一座空城。其余澶州、顺州、景州、蓟州等地的情况都一样，金军掠走了那里的财富和人口，留给宋朝的只是一片废墟。

说是委曲求全也好，说是曲线救国也罢，宋朝毕竟收回了燕京。童贯、蔡攸等人接收燕京之后，上了一道奏章，称燕京地区的百姓箪食壶浆，夹道欢迎王师，焚香以颂圣德。

宋徽宗得报大喜，命人刻了一座"复燕云碑"，树立在延寿寺中，以纪念复燕这一丰功伟绩。特下赦诏，布告燕云。命王安中为庆远军节度使兼河北、河

东、燕山路宣抚使,知燕山府;郭药师为检校少保,同知府事。并特召郭药师入朝面圣。

郭药师进京后,宋徽宗赐给他府第、美女、金银珠宝,命朝中大臣轮流宴请。在后园延春殿召见,解下身上的御珠袍并拿出两个金盆,一并赏给他,郭药师感激涕零。

宋徽宗之所以如此器重郭药师,有他的目的,因为郭药师是辽军常胜军的统领,是一个能带兵打仗的帅才,他要对此人委以重任,将镇守燕京的任务交给他,使燕京成为宋朝的一道坚实的屏障。次日,宋徽宗又加封郭药师为太傅。

可惜,宋徽宗枉费了心机,郭药师能反辽,照样能反宋,这是后话。

童贯、蔡攸回京之后,宋徽宗封赏收复燕京的有功之臣,封童贯为徐豫国公;蔡攸进位少师,赏府邸一座;李良嗣封为延康殿学士;王黼由少师进位太傅,赐玉带一条。郑居中晋升为太保,郑居中觉得燕京六州得来并不光彩,便以自己在收复燕京中未建大功,坚决不接受封赏。

金兵分明就是蹲在身边的一头猛兽,随时都会跳起来伤人,可宋朝的君臣竟然视而不见,好像天下真的太平了。

宋朝与金人联合之初,曾有一位大臣说过:"今女真刚悍善战,茹毛饮血,殆非人类。北虏与夷狄相攻,尚不能胜。倘与之邻,又将何求以御之乎?"

意思是说,女真人尚未开化,茹毛饮血,且又骁勇善战,形同虎狼,同是少数民族的契丹人都打不过金人,如果辽国被灭,宋朝的战斗力连辽国都不及,又拿什么来抵抗金国呢?同金人结盟,无异于与虎谋皮,自寻死路。

可惜,这位大臣的话,被昏庸的宋徽宗当成了耳边风。

还有一个人对宋、金盟约,私下说了一句很经典的话:"和金人的盟约,只能维持三年而已!"这个人就是李良嗣。

李良嗣从小生活在辽国,在宋与金谈判的时候,他是全权代表,经过与金人的接触,他对金人的性格非常了解,故有了这番感慨。他说这番话的时候,是宣和五年四月,后来的事实印证了他的论断。

第四篇

军事与经济文化的冲突

有人测算，北宋时期的国民生产总值占当时世界的百分之八十，虽然说这是估算，不足为凭，但有一点可以肯定，北宋确实很有钱。

在军事上，大宋帝国却是软骨头，至北宋末年，朝廷上下几无可用之将，举国内外几无可战之兵。为何宋朝经济科技文化十分发达，军事却十分疲弱呢？虽然养了百万大军，外不足以抗击辽夏，内不足以镇压农民反抗，军事上如此积弱，问题在哪里？值得深思。

第十三章

玩火自焚

张觉事件

北宋同金人联盟是很不明智的,在辽国遭到金军攻击,北宋同金人结盟的时候,守边大将种师道就曾说过,辽国是咱们的邻居,强盗进了邻居家,咱们不但不去帮忙抓强盗,反而还要同强盗瓜分邻居家的财宝,这样做很不地道。宋、辽有百年和好的历史,帮助邻居抓捕强盗,联辽抗金才是正理。

种师道的观点很正确。辽虽然是夷狄,但已经逐渐汉化,也很懂礼貌,辽国皇帝铸造佛像时,还特地命人在佛像后面刻上"愿世世代代生中国"的字样,可见他对汉文化的欣赏,自从签订澶渊之盟以来,辽国谨守盟约,宋、辽两国百余年间枪炮没有走火,两国边境的老百姓安居乐业,友好往来。

宋与辽之所以能维持百年和好,一个很重要的原因,就是宋、辽两国的力量趋于平衡,辽的军事力量强,宋的经济、文化发达,以前,辽兵之所以经常骚扰宋朝边境,目的是为了抢点钱财物,辽也知道自己没有能力灭宋,双方议和后,宋每年给辽一大笔岁币,有了白花花的银子、亮闪闪的绸缎,辽国当然就不用打仗了。

金国强势崛起,风头正劲,打破了这种平衡,但是,金人也没有强到同时对

靖康耻

付宋、辽两国的地步，完颜阿骨打也明白这个道理，他心里虽然想拳打辽国，脚踢宋朝，但饭还是要一口一口地吃。因此，当宋朝使臣漂洋过海到金国示好的时候，他虽然态度傲慢，但还是同意同宋联盟，共同瓜分辽国国土。但他最终的梦想，还是先吃掉辽国，再来收拾宋朝。

完颜阿骨打不愧是一个天才，他口里吃着辽国这顿大餐，心里却在筹谋着如何烹制宋朝这道菜。他虽生在北国荒蛮之地，但对汉文化并不缺少研究，既想吃掉宋朝这道菜，又不想背上背信弃约这个不好的名声，因此，他要找一些调料，让宋朝这道菜变得更加有味。这里的调料，就是机会和借口。

谁也没有想到，对宋、金和议的考验竟然来得这么快。

宣和五年（1123年）四月，北宋刚刚从金国手中获得了燕京，五月底，一件难以决策的事情出现了。这和一位名叫张觉的将领有关。

张觉是辽国时期的平州人，辽国进士出身，在耶律淳当政时期，曾任辽国的辽兴军（即平州）节度使。有一年，平州一带乡民叛乱，杀死节度使萧谛里。张觉率兵平定了叛乱，州人便推举张觉代理州事，当然，这个知州还没有得到朝廷的认可。不久，辽天锡皇帝耶律淳病死，萧后掌权，张觉预感到辽国气数已尽，便开始在辖区内招兵买马，扩充势力。萧后执政后，委任太子少保时立爱为平州知州。新知州上任，代理知州张觉当然要让位。谁知时立爱到平州上任时，张觉拒绝交权，时立爱只得灰溜溜地返回燕京。萧后此时也是焦头烂额，自顾不暇，没有精力管张觉这档子事了。自那以后，平州境内的大小事情，都由张觉说了算，他俨然成为一方天子。

金国拿下了燕京。由于燕京要交给北宋，只有张觉所在的平州，以及附近的营州和滦州是金人一直不肯放弃的。这三州还在辽国将领手中，而平州又是三州中最重要的一个州，金国人决定招降张觉。

完颜阿骨打召辽国旧臣萧公弼询问张觉的情况，萧公弼说张觉狂妄自大，有勇无谋，虽然有数万兵马，但都是新招的百姓，缺乏训练，没有什么战斗力，且兵器甲胄不整，粮草不足，不足为虑。因此，他建议阿骨打招降张觉，然后再慢

慢收拾他。

阿骨打采纳了萧公弼的建议，授张觉为临海军节度使，依旧知平州事。

金军退出燕京东归，掠走了燕京的财富和居民。完颜阿骨打命辽国降官左企弓、虞仲文、萧公弼等带领燕京一带的百姓取道平州、榆州，入榆关回上京。打算派兵出其不意地攻下平州，擒获张觉。

萧公弼认为如果兵戎相见，只能使张觉叛金投宋，不如派人前往察看其态度如何，然后再作定夺。

完颜阿骨打从其议，授萧公弼金牌，前往试探。

张觉自然不敢与金兵争锋，谦恭委婉地表示："辽国之地，尽入金国版图，独一平州尚存，我怎敢有非分之想？之所以未解甲者，是为了防止北边的萧干侵掠。"同时，他又厚贿萧公弼，请他在完颜阿骨打面前替自己美言。

在辽国尚存时，燕京是国家的南京。但后来燕京还给了北宋，所以，金国就将平州改为南京。张觉作为南京主官，被授予象征宰相的同中书门下平章事的职衔。

其实，完颜阿骨打也知道张觉是在观察形势，并非真心降金，但军务倥偬，没有时间处理这件事情，而且张觉反状未明，只能先稳住他，以后再看事态的发展再行定夺。

不久，完颜阿骨打率兵从燕京北出居庸关追捕辽朝天祚帝，辽朝大臣降金者如左企弓、萧公弼等及燕京豪绅富民，一起东迁。经过平州时，一些不愿离乡背井的燕京人找到张觉，请求他起兵反抗，救百姓于水火之中。

张觉本来就对金人恨之入骨，听到百姓几句好话，更是热血沸腾，只是他感觉到金军势力太大，自己独木难支。有人建议杀了左企弓几个奸贼，投奔南朝。如果金军来攻，内有平州之兵，外借宋兵强援，军民同仇敌忾，一定能赶走金军。

张觉对金人怀有戒备之心，觉得这话说得有理，经与翰林李石商量，决定叛金投宋。经过策划，他赶到滦河西岸，事先埋下伏兵，然后召见左企弓、虞仲文、曹勇义、萧公弼等人，几个人到达后，刀斧手齐出，一举擒拿了这几个卖国

的奸贼。历数他们背弃辽主、诋毁天祚皇帝、弃燕投敌、认贼作父等十大罪行之后，将他们全都吊死在山坡的大树上。

张觉恐金军前来找麻烦，立即派部属张钧、张敦固持书燕山府，游说宋朝守臣王安中说："平州乃兵家必争之地，张觉是足智多谋的干练之才，其能力足以抵御金人，完抚燕境，希望宋朝能接纳他。否则，他将西迎天祚，北合萧干，宋朝便后患无穷了。"

玩火自焚

张觉叛金投宋，给刚刚生效的宋金和约带来了两大麻烦。

第一个麻烦是，当初金国将许多燕京地区的老百姓带走，重新安置在平州地区，张觉下令这些老百姓可以根据个人意愿回到他们自己的家乡，百姓于是拖家带口重新踏上了归家之路，回到燕京的家后却发现，他们的土地都已经分配给了郭药师的常胜军，成了军屯土地。没有了土地，老百姓有的就近安家，有了跑到更远的地方，脱离了官方的户籍。

老百姓不知道，宋金和约有关于追踪因战争逃散的难民的协议，不管是哪一方的人民逃到对方的领地，对方都有义务将其送还。按照协议，这些从平州逃回的百姓，宋朝都必须送还给金国。可是困难是，由于缺乏必要的统计方法，北宋并不知道到底有多少回来了，也不知道这些人去了什么地方。

第二个麻烦是关于张觉本人。

如果北宋接纳张觉，就意味着彻底背离了宋金和约。和约中约定，双方疆界不得变更，也不得接纳对方的叛将。

如果不接纳张觉，问题也很严重。因为他有近十万兵马，处于山南的腹心之地，如果和北方的萧干联合，就成了北宋的心腹大患。即便金国最终击败张，平州依然是插在北宋腹地的一把尖刀，金国可能随时从这里出发进攻北宋。当初李

玩火自焚 第十三章

良嗣苦苦哀求阿骨打，就是为了获得营、平、滦三州之地，现在三州竟然摆在了眼前，可算是天赐良机。

王安中不敢擅自作主，立即飞章奏报朝廷。

宰相王黼认为这是天上掉下来的大馅饼，怂恿宋徽宗接纳张觉，多数朝臣不置可否，只有李良嗣认为不妥，劝谏说："我朝新与金国结盟，如果接纳金人的叛臣，必为金人落下制造毁约的口实，若因此而引发战祸，到时将后悔莫及。"

宋徽宗贪图小利，置与金朝的和约而不顾，不但没有采纳李良嗣的建议，反且还将他训斥一顿，给予降五级官阶的处罚。下诏接受张觉投降，并命燕山府对归附的燕民多方抚恤，有官职者，尽量官复原职，命民众各安其业，免去三年赋税。

张觉献平、营、滦三州归宋。这件事的正确与否，评论不一，当时有人打了个比方：咱们大宋王朝就像一个孱弱的小孩，人小胆子大，虽然势单力薄，却又专爱惹是生非。

为何说接纳张觉投降是惹是生非呢？因为宋、金结盟，有一个特别的约定，就是双方不得招降纳叛。这个约定是完颜阿骨打提出来的。完颜阿骨打知道，辽国有很多汉人，而宋朝又是汉人的王朝，金人攻占了辽国，这些辽国的汉人必定会投奔宋朝。他提出设这一条约定，就是要限制宋朝。可见完颜阿骨打确有过人之处。宋徽宗接纳张觉，无异于玩火自焚。

宋朝招降纳叛的举动，完颜阿骨打非常愤怒，本想严惩张觉，然而，他此时已经没有横刀立马、驰骋疆场的机会了。因为他病了，而且还病得不轻。他似乎预感到了什么，不准备立即惩罚张觉，而是决定回上京。回京之前，他命宗翰为都统，驻扎在云中，负责军事防务，接着召皇弟吴乞买赴行在安排一些事情。回京前，他留下了一句话："必致张觉，以雪耻辱"。他把收拾张觉的任务交给了宗翰。

童贯、蔡攸自燕京归来之后，又是加官，又是晋爵，倍受恩宠，二人得意忘形，不把任何人放在眼里，渐渐地，群臣便有些议论了。

王黼、梁师成见童贯、蔡攸夺了他们的彩头，心里不服，共同举存内侍谭稹，说他熟知文功武略，是个人才，足可能取代童贯出任边帅。

宋徽宗本来就是一个反复无常的人，就是他最宠幸的蔡京，使用起来也是三进三出；奉如神仙的妖道林灵素，也因藐视太子而于宣和二年放归故里。宋徽宗听了王黼、梁师成的嘀咕，居然觉得说得有理，便命童贯以太师的身份退休。

童贯致仕后，命谭稹出任两河、燕山路宣抚使，接替童贯的职位。

谭稹到了太原，作威作福，更甚于童贯，惹出了宋、金失和的大麻烦，进而撼动了宋室江山，这是后话。

宗翰送走了完颜阿骨打，便着手处理张觉的事情，命大将拣摩率二千兵马去攻打平州。

张觉得知金军来犯，率兵在营州严阵以待。拣摩率兵抵达营州，见营州兵多势众，守备森严，知道张觉已有防备，自己所带人马太少，不足以与之抗衡，便不战自退。临走的时候，拣摩派人在醒目的地方写上"今冬复来"四个大字。

张觉好大喜功，见金军不战而走，派弟弟去东京报捷，说金军来犯，大败而归。这是童贯惯用的招数，张觉偷师学去了。

宋徽宗闻报大喜，便改平州为泰宁军，拜张觉为节度使，犒赏银绢数万，并让张觉的弟弟捎去任命张觉及部下的敕书、诰命。

金帅宗望侦得了这个消息，在宋朝钦差到达平州的头一天晚上，率军埋伏在平州郊外的树林里。

次日，张觉率数十余人至郊外迎接天子诏书，突然，金军从树林里杀出，切断了张觉回城的道路。张觉猝不及防，身边又没有兵将，归路被断，回不了平州，只得带着几名亲信拼死杀出重围，逃往燕山府寻求保护。

金军捕获了张觉的弟弟，缴获了宋徽宗封张觉为节度使的御笔诏书。

平州都统张忠嗣得知张觉逃走，与副都统张敦固率众开城投降，宗望便派人

玩火自焚 第十三章

随张忠嗣进城，准备做一些安民的事情，金使刚进城，便被城中愤怒的人群给杀了。大家推举张敦固为统领，闭门坚守。

宗望虽率兵攻打，但却久攻不下，因为城中的军民奋力抵抗，誓死要保卫自己的家园。金人终于知道了什么叫抵抗。

宗望在无奈之下，移文燕山府，索要金国的逃犯张觉。

燕山知府王安中把张觉藏在城里，对金人说没有这个人，后来被逼急了，便找了一个酷似张觉的人做替死鬼，将首级交给金人，企图蒙混过关。

金国使臣离去不久又回来了，将那个假张觉的头颅丢在地上，威胁说，若不交出张觉，将会移兵攻打燕山府。

王安中见事情闹大了，只得请示朝廷，并建议交出张觉，免得宋、金两国开战。

宋徽宗后悔当初没有听李良嗣的劝谏，招纳了张觉这个烫手山芋，他实在很害怕打仗，迫于金人的淫威，无奈之下，只得下了一道密诏，命王安中秘密处死张觉，将首级连同他的两个儿子，一并交给金人。

可怜张觉，身为辽国大将，为了不受金人的欺凌和摆布，误投了昏庸无能、仰人鼻息的大宋朝廷，到头来落得个身首异处，而且还搭上了全家人性命。

张觉屈死，兔死狐悲，宋朝这一举动，在辽国降将中引起了不小震动和波澜，人人伤心，个个胆寒，恨宋朝君臣寡恩薄义。

张觉事件影响最大的是郭药师和他的常胜军的士气。

郭药师认为，今天金人要张觉，便杀了张觉送给金人，如果有一天金人要我郭药师，我的人头岂不是也要割了交给金人吗？

郭药师因此而心灰意冷，萌生异志，对部下的管束也就松弛了。这支被大宋朝廷倚为干城的常胜军，顿成一盘散沙。经常有士兵走出军营，干一些抢掠百姓、偷鸡摸狗的勾当。

王安中见军心已乱，自己无法控制，又觉得杀害张觉，于心不安，便辞官不做，挂印而去。

181

从此，辽朝的降将心灰意冷，不愿再为宋朝驰驱效命了。

唇亡齿寒

宋朝费了九牛二虎之力，只收复了几座空城，宋徽宗对童贯极为不满，加之王黼、梁师成在一旁敲边鼓，宋徽宗便让童贯以太师的身份退休。

王黼、梁师成共同举存宦官谭稹为两河、燕山路宣抚使，接替童贯的职位。

谭稹到了太原，适逢宗翰回朝。朔州、应州、蔚州三州守将乘机与宋方暗通款曲，说要献城投降。谭稹立功心切，乘机招降了这三个州，并申奏朝廷，成立朔宁军，派河东守将李嗣本前往镇守。山后共有九州，谭稹不费吹灰之力就收回了三州，更加激发了宋徽宗收回燕云全部失地的愿望。于是，接二连三地派人出使金国，要他们履行协议，归还山后几个州。

宣和五年（1123年）八月，完颜阿骨打病死，弟弟吴乞买继位，改名完颜晟，尊完颜阿骨打（完颜旻）为金太祖。完颜晟就是后来的金太宗。

完颜晟仍按兄终弟及的规矩，立完颜宗翰（粘罕）为大太子、完颜宗望（斡离不）为二太子、完颜宗辅（讹里朵）为三太子，完颜宗弼（兀术）为四太子。

宋朝与金国结为睦邻友邦，金国大丧，新皇帝即位，自然要派使臣前往吊唁，向新皇帝表示祝贺，除吊唁、祝贺外，宋徽宗还给使臣交待了一个任务，就是向金国索要山后几个州。

金国此时正处大丧时期，新皇初立，百废待兴，加之辽国天祚皇帝还在山上打游击，他们也不敢过分地分兵旁骛，于是，同意将武州、朔州交还给北宋。这样一来，北宋实际控制了武州、朔州、应州、蔚州四州，不及山后九州一半，而这四州中的应州、蔚州，也没有得到金人的正式同意。

玩火自焚　第十三章

宣和六年（1124年）三月，一位金国使者突然来到燕京宣抚衙门，见了谭稹，既不问好，更不施礼，当即便向谭稹索要李良嗣许下的二十万石军粮，态度极为蛮横。

谭稹先是一愣，接着说，二十万石军粮不是一个小数字，怎么能说给就给呢？仅凭李良嗣的一句话，岂能为凭？于是，断然拒绝了金人的要求。

金使见谭稹来硬的，只好悻悻而去。

金帝完颜晟以此为借口，决意南侵。命大将拣摩率兵攻克平州，杀死宋平州都统张敦固。并怂恿刚刚依附于金国的西夏发兵攻打武州、朔州。而金军则乘胜攻占了应州和蔚州，接着直逼飞狐、灵丘两城。宋、金的关系顿时紧张起来。

宋朝好不容易才收复应州、蔚州，刚刚到手，便又失陷，且还殃及到飞狐、灵丘两地，消息传到京师，朝廷上下一片恐慌。宋徽宗认为是谭稹处理失当，才引起宋金争端。当年八月，下诏贬谭稹为顺昌军副节度使，勒令他回家休息。并重新起用在家休息的童贯领枢密院事，出任两河、燕山路宣抚使。

战争是一个无底洞，打起来花钱如流水。由于连年战争，国库空虚，巨额军费难以为继。宋徽宗听从宰相王黼的建议，下诏在全国范围内征收免役钱，北方每夫二十贯，南方每夫三十贯，总共到了二千万贯。天下百姓苦不堪言，怨声载道。

童贯出任宣抚使，就任太原，名义上是代替谭稹交割山后土地，实际上还有另一个秘密任务。

原来，辽主天祚皇帝自从吃了败仗逃进夹山以后，过上了流亡逃窜的生活，金军布下天罗地网，到处搜捕他，在走投无路的时候，他转奔讹莎勒，向西夏求援。

西夏主李乾顺倒也仗义，见昔日的老大哥前来求援，命统军李良辅率兵三万支援天祚皇帝，谁知夏军到达宜水，遭到金将斡鲁、娄室的夹击，大败而归。

西夏吃了败仗，尝到了金人的厉害，再也不敢轻举妄动了。

靖康耻

天祚皇帝失去了夏军的支援，更是恐慌，率兵继续逃窜。金国大将完颜宗望携辽国降将耶律余睹率兵紧追不放，在一个叫石辇驿的地方，追上了辽兵。

天祚皇帝见金兵不过千余人，而他却有二万五千人，从军力上看，辽军占绝对优势。他决定吃掉这股追兵。命令副统军萧特烈指挥辽军迎战，自己则带着妃嫔和身边的大臣登上一座小山观战。

耶律余睹略通兵法，用了一招擒贼先擒王的战术，避开正面的萧特烈，率兵直奔小山捉拿天祚皇帝。

天祚皇帝本想看一场猫捉老鼠的游戏，不想老鼠发威，冲自己杀来了，顿时吓得手足无措，拍马就跑，连身边的嫔妃都顾不上了。

辽军见皇上都被人赶跑了，哪有心思再战，顿时作鸟兽散，一场占绝对优势的战斗，就这样糊里糊涂地大败亏输。

天祚皇帝率领残兵逃到四部族，恰好碰上萧德妃也逃到了那里，两批人马不期而遇。萧德妃前来拜见天祚皇帝。

天祚皇帝虽然是个流亡皇帝，只要有机会，还是要发一发皇帝的淫威。他恨这个抢班夺权的女人，当场杀了她。

跟随萧德妃的萧干见不是头，乘乱逃脱，逃往卢龙镇，在那里招集旧部，自立为奚国皇帝，改元天复。

奚原来是契丹的旧部，与辽国皇室世代通婚，本姓舒噜氏，后改为萧氏，所以，契丹初兴的时候，史官或称其为奚契丹。所以，萧干称帝，自称奚帝。

天祚皇帝以为他还是天祚皇帝，有人另立朝廷，就是谋逆之罪，于是命都统耶律马哥率兵讨伐萧干。谁知耶律马哥还没有出发，金国的斡鲁、完颜宗望率兵追了上来。

天祚皇帝已经成了惊弓之鸟，顾不上讨伐萧干，率众逃往应州。

斡鲁抓住了辽将耶律大石，用绳子牵着他，逼迫他当向导，一路穷追不舍。途中追上天祚皇帝的后队，活捉了天祚皇帝的儿子秦王定、许王宁、赵王习泥烈，以及嫔妃、公主及随行官员。天祚皇帝在前队，得知后队遭劫，抱头鼠窜，三儿子梁王雅里、长女特里在前队，由太保特母哥保护，乘乱逃脱。

玩火自焚 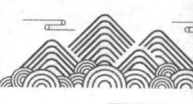 第十三章

天祚皇帝见儿女、嫔妃都成了金人俘虏，倍感悲伤，派人带着兔纽金印，向金军乞降，并要求赐给子孙土地，让他们有一个安身立命的地方。完颜宗望拒不答应。

天祚皇帝请降不成，只得继续他的逃亡之路，投奔西夏。

萧干自立为奚帝后，率众出卢龙岭，先后攻占了景州、蓟州，前锋直逼燕城。

郭药师得知萧干来犯，率兵迎战，击败萧干，乘胜追出卢龙岭，萧干在败逃途中，被属将耶律阿古哲杀了，并将首级献给宋朝的郭药师。

郭药师派人将萧干的首级送往京师，宋徽宗下诏加封郭药师为太尉。

天祚皇帝成了一个亡命天涯的流亡皇帝，满以为西夏是过去的属国，投奔西夏可以求得一个安身的地方。然而，金国先他一步就与西夏通好，天祚皇帝的愿望落空了。

李乾顺拒绝了天祚皇帝，立即向金上表邀功，表示忠诚金国。

金太宗也不食言，命宗翰将下寨以北、阴山以南，及乙室邪剌部，吐禄、泺西地区割让给西夏。夏与金从此通好，信使来往不绝。

金太宗要捉拿天祚皇帝，北宋皇帝宋徽宗也很惦记他。因为他的存在，终究还是北宋的心头之患。宋徽宗采纳童贯的建议，花重金找来一名番僧，让他给天祚皇帝送一封亲笔信，他在信中说："若来中国，当以皇兄之礼相待，位燕、越二王之上，赐第千间，女乐三百人，极所以奉养。"

意思是说，你如果来宋，朕会像对待皇兄一样对待你，你比朕的两个兄弟燕王和越王的地位还高，朕给你一千间房子，三百名戏子，朕养着你。

童贯此次到太原上任，是要密约天祚皇帝来降。

天祚皇帝正如丧家之犬，接到宋徽宗的御笔亲书，大喜过望，正想率残部南下投奔北宋，找一个遮风避雨的地方。后来又觉得南朝靠不住，便仍然在内蒙一带转悠。

靖康耻

宋人与天祚皇帝书信往来，要经过云中，金帅完颜宗望早就掌握了这一情况，但他故装不知，几次围剿天祚皇帝没有成功，便派人找童贯要人，说海上之约规定，金、宋无论谁捉到天祚皇帝，都要杀掉他，而中国违约招徕，一定是童贯将他藏起来了。

童贯当然满足不了金人的要求，因为他也在找这个人。

后来，在宣和七年二月，金军终于抓住了天祚皇帝，当时，金太宗并没有难为他，还封他为海滨王，让他带着老婆到东海边一个小镇上去居住。后来再一想，又觉得留下天祚皇帝终归是一个隐患，担心他死灰复燃，于是又下令杀死了天祚皇帝，并万马踏尸。

辽国覆亡，其残部在耶律大石的率领下向西北沙漠逃窜，金国接收了辽国的国土，不再有后顾之忧，而宋朝又是如此孱弱，不堪一击，金国的下一个目标就是宋朝。

黑云压城，阴霾满天，宋、金最后的决战已迫在眉睫。

第十四章

金兵南下

最后的享乐

天祚皇帝走上了不归路，宋徽宗依旧在荒淫，不是逛窑子，就是吟诗作画，或者到哪个宠臣家里串串门。

王黼对宋徽宗说，他家里的柱子上长了株灵芝，请宋徽宗到他家去观赏。因为宋徽宗偏爱稀奇古怪的事情。

有一天，宋徽宗突然带侍从来到王黼家，正碰上梁师成在与王黼密谈。梁师成回避不及，只得一同见驾，两人脸色都很尴尬。在宋徽宗的盘问下，王黼只得承认两家是隔壁邻居，有便门相通。

北宋立国之初，曾有过规定，内侍不得与权臣私相交往。这是防止权臣与内侍相勾结而扰乱朝纲。

宋徽宗进门的时候，问明只有王黼在家，并无外人造访。看到梁师成在王黼的家里，而且神色慌张，心里虽然明白是怎么回事，但却不露声色，看过灵芝之后，提出要到梁师成家午宴，梁师成见宋徽宗并无责怪之意，而且还要到自己家里喝酒，当然是受宠若惊。于是，在梁师成、王黼的陪同下，宋徽宗从便门进入梁府，君臣三人痛快地吃了一顿丰盛的午宴，晚上又转到王黼家吃晚宴。宋徽宗喝得酩酊大醉，不省人事，直到五更，才由十余名内侍带着兵器把他从艮岳山旁龙德宫的复道小门抬进宫去。

皇城使车吉看到几名带刀内侍抬着宋徽宗从侧门进宫，不知发生了什么事，立即将这件事报告给殿帅府，殿帅府也不知发生了什么事，立即将皇宫禁军齐集在教场，以备不虞。

第二天，宋徽宗不能升殿上朝，闹得人心惶惶。直到下午，才从宫里传出消息，说皇上已经醒过来了，齐集在朝堂一直不曾离开的文武百官这才松了一口气。

退朝之后，尚书右丞李邦彦进宫请安，宋徽宗对他说了在梁师成、王黼家喝酒的事情。

李邦彦惊讶地说："王黼、梁师成设家宴招待陛下，怎么能把陛下灌得酩酊大醉呢？他们是想让陛下成为酒仙吗？"

宋徽宗听后，默不作声。

李邦彦人称"浪子宰相"，听到这个绰号，不难看出这是一个什么样的人。他有一句名言，说自己要"赏尽天下花，踢尽天下球，做尽天下官"。他跟宋徽宗在一起的时候，满口污言秽词，市井俚语，跟倡优、侏儒杂坐，完全不顾君臣之礼。玩得兴起，甚至当着大臣、嫔妃的面脱光衣服，露出自己一身的刺青。大臣们忍俊不禁，宋徽宗拿着棍子追着打他，这位堂堂的宰相居然爬到树上躲起来。宋徽宗笑着叫他下来，他却学作女人腔娇滴滴地说："黄莺偷眼觑，不敢下枝来。"皇后看到此等情景，暗叹道："宰相如此，国焉得不亡？"

就是这样一个佞臣，却深得宋徽宗的喜欢。

李邦彦见宋徽宗不出声，问道："陛下知道他们密谋什么吗？"

"怎么？"宋徽宗吃惊地问，"你知道？"

李邦彦神秘地说："他们图谋夺嫡，欲立郓王楷为太子。"

"真的？"宋徽宗很吃惊。

"没有不透风的墙，外面早有风传。"

赵佶知道王黼欲废太子，前几天，他还奏说太子赵桓诋毁大臣，屡干国政，常与皇上意见相左，建议废赵桓而立郓王赵楷。他心里也正有犹疑，只是没有想到他与内侍私相往来，李邦彦说起这档子事，使他的态度立刻发生了变化。

次日，宋徽宗下诏，命王黼退休回家休息。提升白时中为太宰，李邦彦为少宰，张邦昌任中书侍郎。赵野、宇文粹中为尚书左右丞，并再次起用老太师蔡京，领三省事。

蔡京已是八十岁高龄、第四次执掌朝政，此时他已经是两眼昏花，视物模糊，不能写字，两腿颤抖，不能朝拜。宋徽宗便命他"听就私第裁处"，就是说，他可以在家里办公，实际上，大权落在他最疼爱的幼子蔡绦身上，而太宰白时中、少宰李邦彦惧怕蔡绦，一切都按蔡绦发出的文书办事。

蔡绦专权，为所欲为，朝臣敢怒而不敢言。就连蔡攸对他这个弟弟也很不满，多次在宋徽宗面前说他的坏话，甚至劝说宋徽宗杀掉他。

宋徽宗因之下诏，命蔡绦不得干预朝政。

蔡攸为何要对自己的弟弟下狠手呢？因为蔡京偏爱蔡绦，眼中没有他。蔡攸升任少师之后，与蔡京的权力相当，父子俩便分立为党，几乎成了仇人。蔡家父子的窝里斗，已经不是什么新闻。

蔡攸嫉妒蔡绦，白时中、李邦彦也很反感蔡绦，几个人合谋弹劾蔡绦，并牵连到蔡京。

宋徽宗因而发怒，撤了蔡绦的职，他不想让蔡京难堪，叫童贯、蔡攸两人一起去蔡京家，叫他自己上书辞职。

蔡京虽然已经是八十岁的高龄，但仍然不甘心就此退出政治舞台，他设宴款待童贯、蔡攸，酒席间，很伤心地说："皇上为何不让我再干几年呢？是谁在圣上面前进谗言？"

童贯面无表情地回答："不知道。"

"我虽然年纪大了，仍思皇恩未报，此心二公可知啊！"蔡京可怜巴巴

地说。

左右听到蔡京呼蔡攸为公,窃笑不已。

蔡攸实在看不下去了,冷着脸说:"皇上派我们来叫你写辞职书,是给你面子,一大把年纪了,还想把持朝政、为所欲为呀?不要给脸不要脸,敬酒不吃吃罚酒了!"

这一对父子的对话,丝毫没有一点父子的气息。

蔡京无奈,只得写了一份辞职书,将印信一并交给童贯。一代奸相四起四落,政治生命终于宣告结束。

宋徽宗又晋封童贯为广阳郡王,让他到燕山加强对金国的防范。这个时候,北宋政权已经是日薄西山了。

童贯临阵脱逃

金国消灭了辽国,没有了后顾之忧,那些好斗的将士们,都在摩拳擦掌,跃跃欲试。经过这几年与宋人打交道,他们摸清了大宋的虚实。君昏臣贪,将庸兵弱,宋朝已是一座朽烂的大厦,稍微加一点外力,便能彻底坍塌。

金太宗完颜晟的雄才大略,绝不亚于金太祖完颜阿骨打,擒获天祚帝后,是否立即南下,曾一度犹豫不决,因为宋朝毕竟是泱泱大国,能否在交战中稳操胜券,并没有十足把握。为了试探宋朝虚实,完颜晟派李孝和出使北宋,一是报谢通好,二是通告俘获了辽朝天祚帝,三是祝贺大宋天宁节(宋徽宗生日),以示友好。

李孝和发现,从河朔至宋朝京师,沿途一片萧条破坏景象,百姓流离失所,断定宋朝武力不竞,可以战而胜之。

完颜晟摸清宋朝底细后,决意南侵。适逢隆德府(今山西长治)义胜军三千人叛宋降金，细说宋朝虚实，同时又有易州常胜军五百人投奔完颜晟，诉说自张觉被杀后，燕京人心涣散，军无斗志。完颜晟终于举起了军刀，"诏诸将南伐"，大举南侵。

宋金边境从山西延伸到河北，大致以燕山为界，分别称为山前和山后地区。在河北地区，金军占领了营、平、滦三州，已经进入山前地界。

从山后进入中原，一般有东、西两条路线可走。

西线：从塞外经过山西大同（云州、云中）南下，从雁门关穿越句注山进入太原盆地，穿越太岳山南北关进入上党，直达黄河北岸的济源一带，渡过黄河，目标直指北宋京城汴京。

东线：从河北地区南下，经过华北平原，渡过黄河，向汴京进攻。这条线对于金人更加容易，因为一路都是一望无际的大平原。宋军的防线主要靠平原上一座座城市之间互相支援，缺乏地理上的防御屏障。不过，金人如果要从东线进军的话，必须首先翻越燕山山脉占领燕京，才能进入华北平原。

另外，营、平、滦三州也给金人提供了另一条路线。不管是占领燕京，还是从营州出兵，难度都比西线低得多。

金人的进军围绕东、西两条线路展开。

金军元帅宗翰为西路军都统帅，率兵从云州出发，直扑河东，目标是南攻太原，然后与东路军会师。

金太祖完颜阿骨打的次子宗望为东路军都统帅，率大将拣摩，汉军都统刘彦宗，夺燕京后，乘胜南下。

两路军相约在汴京会师，活捉宋徽宗，覆亡宋朝。

金军的频繁调动，引起宋朝有识之士的警觉。

九月间，清化县（今河北香河县）榷盐场上报燕山府，说金人前来劫掠居民，焚烧庐舍，有南侵之意。燕京守臣蔡靖一面修筑城墙，加强防御，一面急奏朝廷，请示如何处理。

当时朝中大臣正忙着筹备郊祀，并没有把这个重要情报奏禀宋徽宗，只是盼

咐蔡靖相机而行。

随后,不断又有谍报传来,完颜晟正在云中集结军队,伺机南侵。种种迹象表明,金军铁骑南侵,已是箭在弦上,一触即发。

直到这时,童贯才觉察事态严重,明知宗翰领兵南下,仍然在异想天开,派马扩、辛兴宗赴金军商谈移交山后的土地,并探听金人是否有南侵之意。

宗翰得知宋使求见,高坐在上,俨如金国皇帝一般,马扩等人被迫向他行参拜之礼。当马扩询问土地交割之事时,宗翰责问道:"先皇与赵宋皇帝交好,各立誓书,万世不毁。贵国却要违约,暗纳张觉,接收燕京逃去的官民,我国屡次移文追还,你们都是借口挡塞,这怎么解释?"

"这都是谭稹处事轻率,听信了张觉的鬼话。我朝皇帝深有悔意。宋、金两国要重修旧好,不要总是纠缠以前的事情。"马扩看了一眼宗翰说,"我们这次来,是请贵国如约交割蔚、应两州和飞狐、灵丘两县的土地。"

宗翰大笑道:"你们还想要两州、两县吗?山前、山后,都是金国的地盘,与宋朝无关,你们招降纳叛,暗结天祚皇帝,已经违背盟约,只有割地才可赎罪。你们滚吧!我会派人到你们那里通报的。"

马扩见宗翰如此蛮横,知道再说也是自取其辱,只得灰溜溜地告辞而归。

童贯见马扩垂头丧气的样子,问到底是怎么回事,马扩只说了一句话:"别抱幻想,刀已架到脖子上了,准备御敌吧!"

童贯根本就不相信金国有能力、有胆子向大宋宣战。

宣和七年(1125年)十二月初一,金军的东路军攻破檀州。檀州位于北京密云一带,已经到了北京,越过了燕山。

十二月初一,金军的东路军攻克蓟州。

十二月初五,金国使臣拣摩到了太原,拣摩此来的目的——送战书。童贯以为金人是来商谈土地交割之事,高兴地开中门迎接,拣摩并不领情,脸色也不怎么友善,进来就座后,傲慢地递给童贯一封信函。

童贯接过一看，惊呆了。

"怎么？"拣摩讽刺地说，"害怕了？"

"我们可是兄弟之邦呀！"童贯结结巴巴地说，"贵国说我们纳叛弃盟，为何不早告诉我们呢？"

"我们已经向你们宣战了，用得着告诉吗？"

童贯问道："没有商量的余地吗？"

"有！"

"怎么讲？"童贯迫不及待地问。

拣摩看了童贯一眼，傲慢地说："若要我朝退兵，速割河东、河北之地，宋、金以黄河为界，宋朝尚有生存的机会。否则的话，数月之内，金国大军将饮马长江，席卷中原，辽国的今天，就是宋朝的明天。"

童贯坐在那里，吓得魂飞胆丧，连金使何时走的都不知道。宋、金马上就要开战，太原城首当其冲。他认为汴京才是最安全的地方，三十六计，走为上策，童贯脑海里第一个念头，就是逃离太原。

童贯是宋徽宗防御金国最依赖的人，之前所有的决策，几乎都与童贯有关，如果他留在山西或者河北指挥抵抗金兵，北宋的军心会很快稳定下来，但他决定离开前线，军心涣散就一发而不可收了。

童贯离开太原时，对太原知府张孝纯谎称，说他要回京向皇上汇报情况。

张孝纯正色说道："金国背盟，你不督促诸路兵马抵御外敌，反而要临阵脱逃，这不是自取败亡吗？万一河东失守，河北还能守得住吗？"

童贯怒叱道："我只受命宣抚，并未奉命守土，镇守边关，驰骋疆场，是你们守臣的责任，不关我的事，如说留我才能守住太原，要你们这些守臣何用？"

张孝纯见童贯不听劝阻，仰天长叹一声，伤心地说，朝廷执掌兵权的三军主帅居然如此贪生怕死，临危脱逃，国家离灭亡也就不远了。

童贯离去之后，张孝纯并未放弃，他号召太原城的军民拿起武器，抗击金军，誓与太原城共存亡。

复盘郭药师叛宋

宗翰率领西路军一路疾进，先后攻克朔州、代州，直逼太原城下。休兵一日后，便对太原城发起了猛烈进攻，张孝纯率领太原城军民顽强地进行抵抗，激战三天三夜，太原城仍固若金汤。宗翰见久攻不下，只得暂行退兵。

宗望率领的东路军自平州出发，一路上，所向披靡，顺利攻占了清化县、檀州、蓟州、松亭关、石门镇、野狐关、古北口，燕山府的门户大开。值得一提的是，金军占领这些要塞之地，大部分都是兵不血刃，士兵们排着整齐的队伍、说说笑笑地行进。这在中外战争史上，算得上是一个罕见的奇迹。

燕山知府蔡靖得知金军兵临城下，命郭药师带兵御敌。

郭药师屯兵燕东郊，十二月初二就准备出战，可宋军中有人对他不放心，让他不要单独进兵，等待张令徽、刘舜仁率军到达后，然后三军一同出击。

初六，三路军马集结完毕，并开到燕京东面的三河一带，三河附近有一条河叫白河，宋军在西岸，金兵在东岸。郭药师的军容整肃，连对岸的金军都感到有些发怵。

半夜，药师率军渡过白河，金军上前迎战，阻止郭军继续前进。

第二天一大早，宋军与金军摆开了战阵。宋军在西面，北翼是张令徽和刘舜仁的部队，南翼是郭药师。金兵在东面，北翼是二太子宗望，南翼是其他人的部队。

郭药师的军队不愧为常胜军，鏖战三十余里，击退当面的金军，直抵金军大营之后，却发现没有带火种，无法烧毁金军营垒。

正在这时，突然传来宋军北翼败退的消息，郭药师得知自己孤军深入，只得率军撤退，失去取得全胜的机会。

张令徽首先逃回燕京，不久，刘舜仁部也逃回燕京。直到晚上，郭药师才率部回到城内。三人互相诋毁、指责，争吵不休。据统计，郭药师最核心的所谓"硬军"三百人，只剩下一百二十人活着回来。

金兵南下 第十四章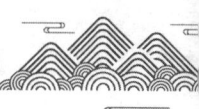

但不管怎么说，金军也损失惨重。这至少表明，宋军的战斗力并不比金军差，只要组织得当，燕京是可以守得住的，就看双方怎么部署了。

十二月初八，童贯按计划逃离太原，与他一同离开的还有参议宇文虚中，机宜范讷、宋彦通等人。

同一天，马扩也离开太原，前往真定参与防守。他从童贯处要来了一个命令，允许他在中山、真定一带招纳三万人，在真定参与防守。

直到此时，事情还在意料之中，突然，传来一个令人震惊的消息：郭药师投降了金人！

不过，回过头来复盘，就会发现在整个事件中，郭药师可以被人指责的地方并不多。反而是如果他不投降，就逃不脱死亡的命运，而且很可能不是死于敌人之手，而是死于己方叛徒之手。

就在战斗结束的当天夜里，驻守燕京城东门的守将决定投降。他想拿郭药师当成投降金人的见面礼，还专门询问："你们是要活的郭药师，还是要死的郭药师？"

这件事被郭药师察觉了，随后他还发现，事情并不是一个小小的城门官投降那么简单，背后还有更大的阴谋。实际上，当天吃败仗，是张令徽和刘舜仁故意为之。也就是说，当天的败仗是一个阴谋，不管常胜军死了多少人，花了多少力气，都不可能取得胜利。

宋军中复杂的关系，让这个只懂打仗的汉子感到很无助。他的性格的确有很多问题，比如纵容军队，与别人无法相处，虽然投降了北宋，却仍然保留着辽国的习俗，不肯被宋军同化等等。但他在投降之前，至少打仗从来没有懈怠，可是从北宋的皇帝到将军，却无一不对他充满了防范，还不断地预言他会惹麻烦，或者搞叛乱。即便是这样，他还在尽力与金人打仗。

当有人要将他的人头送给金人时，事情终于发生了质的变化。郭药师决定，与其让人将自己的人头送给金人，不如自己将个人和整支军队都送过去。

郭药师给金人写了一份降表，随后召集蔡靖、吕颐浩、李兴权、沈琯在家里

195

开会，人来后，他向大家宣布投降金人，然后将众人软禁起来。蔡靖要自杀，被人拦下了。郭药师说明投降实在是被逼无奈，不能和在座之人保全节操了，说完痛哭流涕。

当天晚上，燕京城四处起火，士兵们开始四处抢掠。这座北宋费了数代人的心血、以巨大代价换回的城池，在宋军手中只保留了两年，就再次易主了。

第三天，金兵直抵燕京城下，郭药师大开城门，投降了金人。

郭药师降金后，被宗望任命为燕京留守，赏给金牌，还赐以国姓完颜。

宗望在郭药师的帮助下，很快平定了燕山府的所属州县，除了土地之外，金军还收获了战马一万匹，甲胄五万副，无数的军需物资，还有降兵七万多人。

由于燕京失守，整个河北地区乱成了一锅粥。泾州守将郁中正被金人囚禁，景州守将吴震从海道逃走，蓟州守将高公干率领卫队南逃，檀州守将徐杰也在逃窜之中，顺州守将林良肱还在向燕京方向移动，涿州守将葛逢更是在这之前就逃跑了。易州守将黄烈在逃出城时，从城墙坠下摔断了左脚，后来人们就把他的右脚折断，弄死了。

河北地区乱成了一锅粥，山西地区形势也严峻起来。在童贯逃走前后，金军就已经开始针对北宋边境地区展开了行动。

北宋山西地区的中心是太原，金国的西部中心在云中（大同）。太原和云中之间部署着北宋的北方防线。整个防线以朔州、武州、代州和忻州四州为重点。朔州与大同在同一个盆地之中，是对云中最好的牵制，武州坐落于朔州的西南山区之中，地理位置居高临下，是朔州防线必不可少的高地。过了朔州，便是中国历史上著名的关口——雁门关。

雁门关之南的代州和忻州，是太原的北方门户，一旦金兵占领这两个州，便是石岭关，这是太原城最后一道防线，过了石岭关，便是太原城。

张孝纯知府命令各个城市各自为战，并增兵石岭关，企图守住太原城最后一道屏障。无奈金兵长驱直入，率先攻占了石岭关，直逼太原城下。

金兵南下 第十四章

早在燕京沦陷之前，蔡靖就向朝廷发送了一百七十多次告急文书，宋徽宗并没有将让大臣们讨论这件事情。他这样做有两个原因，一是对郭药师和他的常胜军有足够的信心，二是担心影响盛大的南郊祭祀大典。

郊祭结束之后，宋徽宗仍然没有采取措施，但金人入寇的消息，却在官场和民间悄悄传开了。

直到童贯从太原归来，事情终于捂不住了。可是，朝廷仍然没有拿出有效的对策。郭药师投降的消息传到京城，甚至没有人敢相信。

金军的军事行动并没有停止，宗望的军队最初的目标是收复燕京地区，并入侵河北地区。

郭药师投降后，为了证明自己的价值，将北宋的军事部署，全都告诉了宗望，从这时开始，金军就变得更加危险了。

郭药师不愧是一个将才，建议宗望实行斩首行动，放弃攻坚战，采用纵深穿插，直扑宋朝的心脏——东京汴梁，摧毁北宋的首都。

宗望虽然觉得有些冒险，但认为值得一试，采纳郭药师的建议，决定以汴京为目标，发动长途奔袭，郭药师率二千人马为先锋。同时规定，途中路过的州县，一律不得随意杀戮。

在前期，金军的攻击是一种面状形式，一路扫过所有州县，以夺取土地为原则。从这时开始，金军开始了线状攻击，长驱直入，直扑东京汴梁，所过州县，无法攻下的城池，则绕道而行，不顾身后留下许多宋军固守的据点，以最快的速度向宋朝纵深挺进。

第十五章

逃跑、逃跑

非正常禅位

金兵还没有到，北宋的京城便慌乱一片，面对凶猛而来的金军，宋徽宗一筹莫展，昔日围在他身边大献殷勤的蔡攸、白时中、李邦彦似乎一下子都沉默了，没有一个人能拿出一个有用的主意。宋徽宗经过冥思苦想，终于想出了一个好办法——逃跑。

十二月二十日，宋徽宗封二十六岁的太子赵桓为开封牧。

在宋代，开封牧是一个不常封的职位，早期的宋太宗、宋真宗都曾经担任过开封牧，之后就长期空缺。首都行政职能归于开封知府，即便是知府，也必须加一个"权"字，称为开封权知府，权是代理的意思。

宋徽宗这次重新启用开封牧的职位，实际上是想让儿子赵桓守卫汴京，为自己做好逃跑的准备。

如果皇帝逃走了，把守卫京城的重任扔给太子，肯定会引起巨大恐慌，这是向世人传递一个信息——朝廷没有信心守卫京城。

十二月二十一日，皇太子入朝时，宋徽宗将只有皇帝才能佩带的碾玉龙束带交给了太子。

逃跑、逃跑　第十五章

十二月二十二日，宋徽宗又发出了著名的罪己诏。

"罪己诏"，就是皇帝自己给自己降罪，公开向天下民众认错。罪己诏是宇文虚中起草的。

宇文虚中是"海上之盟"的强烈反对者，当初力推海上之盟的是宰相王黼和枢密使童贯，反对的人很多，宇文虚中是其中反对声音最大的人，因此而惹怒了王黼，从中书舍人被降为集英殿修撰。后来童贯选择宇文虚中当参议官，跟随他前往太原。童贯逃离太原时，又把宇文虚中带了回来。

此时，宋徽宗向宇文虚中道歉，后悔当初没有采纳他的谏言，并询问应该怎么办。宇文虚中认为，现在形势危急，建议宋徽宗下"罪己诏"，革除积弊，这样或可挽回人心，国人同心协力，共同抵抗外敌。

宋徽宗只爱听奉承之言，不受逆己之语，这一次听了宇文虚中的话，不但没有发火，居然还十分诚恳地接受了宇文虚中的建议，命宇文虚中起草诏书。

次日，罪己诏便发向全国各地。

所谓鸟之将亡，其鸣也哀；人之将死，其言也善。宋徽宗在罪己诏中坦诚地承认自己多年的过错，说得荡气回肠，委婉沉痛，几乎是用血和泪写成的。为了表示自己的诚意，罪己诏颁发之后，他还采取了一些措施：下诏撤销西城所，将钱物交给户部；将没收充公田的土地，全部归还原主；裁减宫廷用度以及侍从官以上官员的俸禄；彻底罢废道观，收回赐给道观的土地；撤销大晟府、教乐所、行幸局、彩石所等等，积累多年的弊政，几乎全部被革除了。

罪己诏中提出的整改措施，大多是减少奢侈的做法，并没有涉及具体如何抵抗金人。只是希望大家广开言路，献计献策，同时号召天下方镇赶往京师勤王拒敌，朝廷给大家准备了赏赐和职位。

可惜，宋徽宗醒悟得太晚了，一纸罪己诏，怎抵得金军的百万铁骑？

十二月二十三日，火上浇油的是，群臣此时才把金国的伐宋檄文给宋徽宗过目。

原来，檄文是金国使者交给童贯的，想到当初联金攻辽是自己力主促使，现在引狼入室，童贯心里忐忑不安，从太原逃回京城后，将檄文揣在怀里，一直不

199

敢给皇上看，直到今天，才由宰相李邦彦给皇上过目。

宋徽宗看了檄文，询问大家有什么好办法。通直郎李邺自告奋勇，请求给他三万两黄金出使金国，向金军求和。走投无路的宋徽宗及众臣像是抓到了一根救命稻草，明知希望不大，也要去试一试。只是国库空虚，一时凑不足那么多黄金，宋徽宗便叫人把内库里两个各重五千两的金瓮抬出来，让书艺局把金瓮销镕制成金牌，交给李邺带走。

宋徽宗已无力收拾这个烂摊子了。突然之间，他有了一种不祥的预感，心中便生出了三十六计，走为上策的欲念。

在此之前，宋徽宗曾打算向东南方向逃跑。蔡攸最先得知这一消息，马上告诉给事中吴敏，并将吴敏引到玉华阁下。

当时宋徽宗正召集大臣赴都堂议事，吴敏在玉华阁拦住宋徽宗说："请陛下稍作停留。"

宋徽宗见吴敏面色凝重，示意群臣止步。

吴敏问道："金人毁弃盟约，陛下作何处理？"

宋徽宗说："事已至此，朕方寸已乱，没有妥善之策。"

其实，宋徽宗东行之议已定，并下诏户部尚书李棁前往建康守御，吴敏也已得到这个消息。他跟随众人来到都堂，大声说："朝廷轻率放弃京师，将祖宗一百多年基业拱手送给金人，这是什么道理？如果朝廷真的这样做，我即使是死，也不奉诏。"

大臣中许多人都响应吴敏，认为朝廷不应当向东南逃跑。宋徽宗见群臣反对，只得作罢，并让李棁停止建康之行。

宋徽宗尽管在安排退路，但还是幻想奇迹出现，可惜，奇迹没有出现，金国的使者却闯进了京城。

金国使者到达京城后，气焰嚣张，说自己是来送国书的，声称金军兵分两路，是来"吊民伐罪"。

白时中、李邦彦、蔡攸等听了大惊失色，不敢作答。不知谁小声问了一句："怎样才能休兵呢？"

逃跑、逃跑 第十五章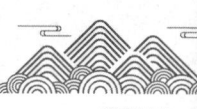

金使态度傲慢,说只有宋朝向金国割地称臣,金国才会休兵。这样的事情,蔡攸他们作不了主,只好将金使送来的国书转呈宋徽宗。

宋徽宗看后惊出了一身冷汗,只是唉声叹气,什么话也没有说。其实,宋徽宗此时已经有了主意:让太子监国,自己以行幸东南为名,逃离京师。

这时,一个叫李纲的人出现了。

李纲是政和二年的进士,曾做过御史,因进言朝廷要防外患,打扰了宋徽宗和那帮佞臣的兴头,被贬到地方上去了。金军发动进攻的时候,李纲回京出任太常少卿,掌管朝廷的礼乐郊庙事务,是一个纯文职官员,按理说,舞刀弄棒的事与他这个文弱书生扯不上关系。

在汴京保卫战之前,李纲并不出名,得知皇上要逃的消息,连夜拜访给事中吴敏,忧心忡忡地说:"如果皇上走了,就应传位于太子,否则,以太子的身份,不足以让天下安心。"

吴敏认为劝说宋徽宗禅位的风险太大,弄得不好,会给自己惹来杀身之祸,还是奏请太子监国比较稳妥。

李纲激动地说:"如今国家的形势,同当年唐玄宗在灵武禅位给太子没有两样,甚至比那更危急。国家已经危在旦夕,不另建年号,不足以复邦。我们是为江山社稷作想,又不是谋逆,何罪之有?即使获罪,为人臣者,在国家危难之时,也应万死不辞。皇上聪明仁恕,一定懂得这个道理的。吴大人还是去试试吧!"

李纲所说的唐玄宗故事,就是指安史之乱后,唐玄宗李隆基出逃四川,太子李亨走到半路不辞而别,到灵武即了皇帝位,就是唐肃宗。唐肃宗遥尊唐玄宗为上皇,然后命自己的儿子做天下兵马大元帅,召集四方志士勤王,用八年时间平定了安史之乱。但是,唐肃宗做皇帝不是唐玄宗传位,而是他自立的,唐玄宗无可奈何,只得默认。安史之乱平息后,李亨把唐玄宗迎回长安,父子失和,唐玄宗被软禁,最后凄凉地死去。

吴敏觉得李纲说得有理,欣然答应进宫劝说宋徽宗。

李纲担心宋徽宗不听劝谏,连夜刺臂写了一封血书,他在血书中说:

皇太子监国，礼之常也。今大敌入攻，安危存亡在呼吸间，犹守常礼，可乎？名分不正而当大权，何以号召天下，期成功于万一哉？若假皇太子以位号，使为陛下守宗社，收将士心，以死悍敌，则天下可保矣。臣李纲刺血上言。

次日，吴敏进宫，将李纲的话原原本本转奏给宋徽宗。

宋徽宗听奏后，当即召李纲进宫。李纲进宫后，什么也没有说，跪下呈上写好的血书。

宋徽宗对皇帝这把交椅已经没了兴趣，放出行幸东南的风声，实际上是要撂挑子走人，李纲的血书激发了他的灵感，撂挑子干脆就撂彻底。答应一定给一个说法。

第二天，宋徽宗突然病倒了，而且还数次昏死在龙床上，御医又是捶背，又是把脉，始终诊不出得的是什么病。几位宰臣围在旁边，急得团团转，都说朝廷不幸，怎么在如此紧要关头皇上突然得了如此怪病呢？

宋徽宗慢慢地苏醒了，只见他伸出手，断断续续地说："纸……纸……"

"快！"蔡攸急叫道，"陛下要纸。"

内侍连忙取来笔墨纸砚，送到御榻前。宋徽宗抓起笔，迅即写下一道诏书：

皇太子可即皇帝位，予以教主道君退居龙德宫。可呼吴敏来作诏。

笔走龙蛇，刚劲有力，丝毫看不出是一个病人写的字。蔡攸领旨，立即传吴敏草拟诏书。宋徽宗正式传位给皇太子赵桓。

被迫即位的皇帝

赵桓在皇太子的位子上苦苦等了十四年，就是想坐上金銮殿上那把交椅，可

逃跑、逃跑 第十五章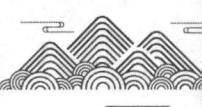

是，当机会来临的时候，他却哭了，坚决不当皇帝。因为他发现，父皇是在撂挑子，留给他的是一个百孔千疮的烂摊子，是一座即将爆发的火山，龙椅就放在火山口上。但是，这件事由不得他，前任皇帝的禅位诏书已经签字下达了，几位宰臣也都一致拥护，虽然他心里不愿意，还是被几位宰臣硬拽到金銮殿，强行按在那把至高无上的龙椅上，将龙袍披在他身上，极不情愿地做了皇帝。

赵桓，是一个被逼上皇位的皇帝，也是北宋王朝最后一位皇帝。

宣和七年（1125年）十二月二十三日，赵桓即位，他就是宋钦宗。这是北宋王朝最后一位皇帝。

宋钦宗即位之后，命少宰李邦彦为龙德宫使，进蔡攸为太保，吴敏为门下侍郎，都兼任龙德宫副使。授李纲兵部侍郎，耿南仲签书枢密院事。

正在此时，派往金国的使臣李邺回来了。大家问李邺求和的情况，李邺心有余悸地说："金军可不了得呀！人如龙，马如虎，上山如猿，入水如獭，其势如泰山。宋军与金军相比，简直如累卵一般。"说罢，当众大哭起来。

让一个刚上位的宋钦宗决定是战争还是和平，恐怕超出了他的能力。唯一的依赖，就是大臣班子了。

幸运的是，宋徽宗下台之前任命的几个官员都主张抵抗。宇文虚中当初虽然批评朝廷不该破坏与辽国的和约，但此刻却坚决主张抵抗。在他的坚持下，朝廷下令召集熙河路经略史姚古、秦凤经略使种师中领兵增援东京，保卫都城。

宋钦宗还任命吴敏为门下侍郎，让他和宇文虚中共同负责勤王军队。吴敏中立即行动，召被贬的老帅种师道前来勤王，并向皇上推荐李纲。

宋钦宗即位，当务之急便阻止金军南下，然而，这个被逼上皇位的皇帝，同父亲宋徽宗一样，也是一个昏庸之君，在大兵压境之际，仍然患得患失，多疑多变，缺乏主见。而且仍然和父亲做相同的梦：向金人乞和。

豺狼是不会同羊讲和的，因为羊天生是狼的口中食。赵家父子始终不明白这个简单的道理。金军快杀过黄河了，赵桓不思御敌，却派给事中李邺出使金营，对金人说，宋朝的皇帝已经换了人，新皇帝请他们停止前进，两国重修于好。

宗望知道自己孤军深入，风险实在很大，如果宋军抄了后路，他所率的部队

恐怕一个也回不去。接到李邺送来的乞和书,有了回军北撤之意。

郭药师原本是宋将,对宋朝的情况知根知底,他怂恿宗望继续南下,说宋朝的防务形同虚设,不足为虑。更不用担心宋军抄后路,因为宋朝还没有出这样的人,即使有这样的人,宋朝的皇帝也没这个胆量,总之一句话,宋朝是一只纸老虎。

宗望考虑再三,终于还是采纳了郭药师的建议,率军继续南下。二十五日,金军攻占了庆源府。

二十六日,宋钦宗见金军并没有停止前进,派河东制置副使何灌率领二万禁军增援浚州,协助梁方平守卫黄河大桥,借黄河天险,将金军阻止在黄河北岸。

何灌所率的二万兵士,都是一些刚离开土地的农民,根本就不会打仗,他认为带这样的兵去打仗,无异于送死,不想奉命,但君命难违,只好硬着头皮挂印出征。

宋军出师那天,京城的百姓杀牛宰羊,带着美酒和各种慰问品涌到街头相送,叮嘱这些子弟兵上前线要英勇杀敌,将敌虏阻挡在黄河北岸,保卫京师。但是,当他们看到这些禁军骑上马,两手紧紧地抓住马鞍不敢松手的熊样子,百姓们的心沉了,从脚底生出一股透骨的寒气,直冲头顶。连马都不会骑,这样的军队,怎么能去冲锋陷阵呢?朝廷禁军尚且如此,其他的部队也就可想而知了。

天下人都知道,宋徽宗昏庸误国,蔡京、童贯等人起到了推波助澜的作用。十二月二十七日,一位名叫陈东的太学生开始发难,带领一群学生联名上书,要求惩罚扰乱朝纲、贪赃误国的六大奸人斩首示众,以谢天下。他在书中将蔡京、梁师成、李彦、朱勔、王黼、童贯合称为"六贼",此后,北宋"六贼"就是指这六个人。

在陈东所列六人中,地位和作用各不相同。其中蔡京执政最长,曾经数次出任宰相,他最大的功劳是帮助朝廷解决财政问题。由于北宋财政花费很高,政府财政支出常常捉襟见肘,别人都没有办法帮助皇上找到足够的钱,只有蔡京能够做到。他在任上进行了很多财政和金融方面的改革,至今仍然适用。蔡京最令人

愤恨之处,在于他不择手段地迫害旧党的大臣,加之执政时间太长,党争不断,成了宋钦宗要处理的首要目标。

王黼和大宦官童贯被列入"六贼",主要是因为与金人结盟的政策失误。

朱勔是一个典型的宠臣,以运送和搜刮花石纲出名,从而导致整个东南方的疲敝,导致方腊起义,让北宋的财政更加捉襟见肘。

大宦官李彦以在西北地区搜刮田产出名。事实上,这也是宋徽宗的财政需要,要将更多的土地从民间搜刮起来,好收税。

另一个大宦官梁师成,并没有太多的恶,他自称是苏东坡的儿子,因为他的母亲曾经是苏东坡的侍婢,送给别人后生下了他。作为宋徽宗的宠臣,他的地位很高,蔡京尊重他,童贯与他互为攻守,王黼当初的提拔也多亏了他,他自然被列入了"六贼"之中。

陈东上书痛斥"六贼",实际上是要将宋徽宗所有的恶政归咎于这六个人。除掉他们,会起到大快人心的作用,从而把大家都团结在新皇帝周围。

陈东上书的时候,宋徽宗还在汴京,大家心里有数,虽然心里赞赏,但没有附和。

宋钦宗虽然也有意除掉六贼,但被李纲劝止了。

皇帝与守军赛跑

次年,宋钦宗将年号改为靖康元年(1126年),下诏文武百官、士子百姓,都可以上书直言国事。此时李邦彦总领政务,他刻意阻断言路,向宋钦宗报喜不报忧,除急事非上报不可外,一般奏疏他都是压而不报,故当时有"城门闭,言路开,城门开,言路闭"的传闻。

靖康元年春节,是一个叫人惶恐不安的春节。

正月初一,金军东路军由邯郸分两路南进,一路以郭药师为前锋,他率领

靖康耻

二千常胜军直扑浚州，另一路由宗弼（完颜兀术）率领，攻陷汤阴后与郭药师会师，攻打浚州。西路军则由宗翰率领攻打上党。

驻守黎阳的太监梁方平得知汤阴失陷的消息，吓得灵魂出窍，尽管金军距黎阳还有一百多里，他还扔下全部军需辎重，惶惶如惊弓之鸟，率军向南溃逃。

在黄河南岸陈军三万的何灌，见梁方平率军溃退，以为金军杀过来了，下令烧毁了黄河浮桥。他以为，烧掉了黄河大桥，就可以将金军挡在黄河北岸。

何灌下令烧桥的时候，桥上正在过兵，他担心金兵尾随过桥，竟然不等梁方平的溃军过完，就下令点火，千余名宋兵被自家人放的一把火烧落桥下，葬身于滚滚的黄河水。

梁方平一箭未发，率兵逃过黄河，何灌不战而退，放火烧掉了黄河大桥。

如果何灌烧掉黄河大桥之后，在黄河南岸布防，阻拦金兵过河，烧桥之举或许不失为良策，要命的是，何灌烧桥之后，率部随梁方平的兵马向汴京溃退。

宋朝寄予厚望的黄河防线，竟然无人防守，完全向金兵敞开。

金军将要杀过黄河的消息，旋风般刮遍中原大地，吹进了东京汴梁城，举国上下，朝廷内外，人心惶惶。那些嚣张一时的奸臣，都在捆扎行李，收拾私财，载运娇妻美妾，爱子宠孙，准备逃离京城。逃得最快的要算王黼，他收拾好金银细软之后，叫了十辆大车，载着多年搜刮来的金银财宝，带上妻儿老小，连夜逃出京城。

有人将王黼出逃的消息报进宫里，宋钦宗闻报大怒，前几天太学生们弹劾，他没有动手，这次王黼出逃，这可是他自找死路，这就怨不得他诛戮大臣了。宋钦宗下诏，命开封府尹聂昌派人秘密追杀王黼。尹昌派出的武士追到雍丘，杀死了王黼，取首级回京缴令。对外宣称，说王黼被拦路劫财的强盗杀了。王黼一生搜刮钱财无数，到头来落得个身首异处，人财两空。

宋钦宗知道人心涣散，为了唤起民心，他下诏赐死李彦，没收其全部家产；没收朱勔全部家产，削职为民。

朱勔本是个小吏，以花石纲取媚宋徽宗，为害州郡二十余年，官至宁远军节度使，他有苏州建造的私宅，模拟宫廷，所穿服饰、所用器物，乘坐的车轿，

逃跑、逃跑 第十五章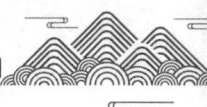

豪华至极，他又以押运花石纲之名，募兵数千人作为自己的卫军，势焰熏天，东南一带的刺史、郡守，多出于他的门下，时人谓称南小朝廷。宋徽宗末年，更加获宠，在朝犹如王侯，进宫见皇上不避宫嫔，一门尽为显官，天下人为之扼腕侧目。至此，朱勔的好运也算到头了。凡是由朱勔而得官者，一律罢免。朝政为之一清。

宋钦宗又诏中外臣庶，直言得失，朝政颇有刷新气象。这都是为金兵逼近所致，可惜，此时人心已散。临时抱佛脚，佛照样也没有回天之力。

正月初三，金军赶到黄河边，看到河对岸渐渐远去的宋军旗帜，先是觉得不理解，当明白是怎么回事的时候，发出了震天的狂笑。因为他们终于明白，闻风而逃是什么意思。

金军找来十几条小船，从容不迫地将兵马渡过黄河。

在此期间，如果南岸有宋军把守，完全可以击败渡河的金军。何灌的逃跑，让宋军丢失了最佳获胜的机会。这和宋徽宗长期不设防有关。他把燕京交给郭药师的常胜军，山西交给童贯之后，在首都地区找不到一个有作战经验的将领，贪生怕死的人占据了高位，导致黄河天险形同虚设。

金人也不明白，宋军这个仗是怎么打的，得天独厚的黄河天险，天然的屏障，居然说放弃就放弃了。金人得好卖乖，嘲笑地说："宋朝真的没有人啊！假如有一二千军队守在黄河南岸，我们插翅也飞不过来。这样的朝廷、这样的兵，不灭亡才是怪事。"

其实，无论是梁方平，还是何灌，只要有一人是有血性的将军，今后的历史会不会重写，还真的说不定。

金军在毫无阻挡的情况下过了黄河，直扑宋朝的首都。

宋徽宗虽然撂了挑子，但日子过得并不怎么舒心，一班醉生梦死的佞臣，如蔡攸、高俅等人，建议他到南方去避避风头。宋徽宗见了蔡攸，抱怨地说："都是你的父亲误朕，如今，朝廷上下都说朕失德，这都是蔡京奉迎谄佞造成的。"

靖康耻

蔡攸、高俅见宋徽宗动了真气，情知不妙，托词退了出来。

宋徽宗追究蔡京，又鉴于谏官说他失德，下诏将李明妃废为庶人。李师师含泪出宫，入庵当了女道士。

黄河失守的消息传到了京城，当天夜里，宋徽宗开始了他的逃亡之旅。连夜下诏，说要去亳州太清宫烧香，实际上是逃离京城，东下避敌，匆匆忙忙地收拾了东西，带着老婆孩子，冒着刺骨的寒风，匆匆出宫，身边只带着蔡攸和十几个侍从。

宋钦宗为此下诏说："恭奉道君皇帝，近来因操劳国事而生疾，遥向太清宫祷告，旋即康复。如今没有日理万机之繁，可以前往太清宫报谢，定于今春正月节前择日诣亳州太清宫烧香，有司应作好准备。"同时任命蔡攸为上皇行宫使，宇文粹中为副使。

宋徽宗一行人出了通津门，上了一条小船，沿汴河东下，连夜出发了。天亮以后，宋徽宗觉得船走得太慢，又下令弃船上岸，派人找到地方官弄来几乘小轿，继续向前行走。仍然觉速度太慢，于是在岸边寻找到一艘搬运砖瓦的船只乘载。由于出门时行色匆匆，无暇吃饭，此时已是饥肠辘辘，也顾不得身份，从撑船人那里讨得一块大饼，与皇后分吃。

不一会，蔡攸及数名内侍飞骑而至。宋徽宗问道："你们是来追逐，还是来随从？"

蔡攸奏道："臣等受陛下厚恩，死也不离开陛下。"

宋徽宗于是上岸，同蔡攸等人走向岸边的一座寺院，寺僧将一行人迎进寺中。他不知道眼前之人便是宋徽宗，自己便坐在了主位，然后问宋徽宗："你们这几位官员，是现任，还是罢任？"

宋徽宗笑着说："我们都是罢任。"

寺僧又问："莫非你们还有子弟在京城做官？"

宋徽宗仍然笑着说："我有二十七个儿子，长子是当今皇帝。"

寺僧这才知道眼前之人是太上皇，惊恐不已。宋徽宗此时顾不上责备寺僧，

逃跑、逃跑 **第十五章**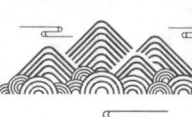

稍坐片刻后，与蔡攸等人上船继续东下。

小船行至雍丘（今河南杞县），宋徽宗命宦官邓善询召县令前来议事。邓善询传召县令，并未说是宋徽宗传召。县令骑马来到岸边。邓善询厉声呵斥县令，叫他下马。县令辩解说："我贵为当地父母官，应显示威仪，何况这里又是京畿之地，哪有徒步到老百姓那里去的道理？"

邓善询大声说："太上皇去亳州降香，想在此地驻跸。"

县令听说太上皇大驾光临，大惊失色，立即跳下马，来到宋徽宗乘坐的小船前谒拜，自劾请罪。

宋徽宗笑道："中官（宦官）与你戏谑之词，不必当真。"当即便把县令召上船。因时值冬季，水浅难以行船，宋徽宗弃船上岸，骑上一匹名叫"鹁鸪青"的马代步，一路跌跌撞撞向南睢阳（今河南商丘市睢阳区）方向飞奔，这时才听到鸡啼。靠近河岸有一个小村庄，村民都已经入睡，有一户人家灯光闪烁，竹扉半掩，宋徽宗下马，叩门而入，见只有一老妪纺纱。老妪见有人进来，询问道："请问客官贵姓？"

宋徽宗道："姓赵，居住东京，已经致仕，举长子自代。"

随行卫士都掩口而笑，宋徽宗看了卫士们一眼，也笑了。老妪不懂宋徽宗说的话，也不知他是天子，凭着庄稼人的醇厚朴实，向宋徽宗敬酒。宋徽宗接过老妪的酒，传给卫士。老妪又将宋徽宗揖让进卧室内拥炉烤火，又给他烘袜暖脚。宋徽宗非常感动，令卫士记下老妪家地名，以便回京补报。

当天夜里，宋徽宗离开老妪家，继续前行，一夜之间驰骋数百里，次日便抵达南都（今河南商丘），在驿馆中略事休息，补充一些生活用品，又骑马启程，直到符离（今安徽宿州北符离镇）才弃马上船。船行至泗上（今江苏盱眙西北），宋徽宗停船上岸，去集市买鱼，因鱼价高低，与商贩讨价还价，买鱼归来，宋徽宗兴致勃勃，赋诗咏买鱼之事，没有丝毫落魄逃难之态。

泗上是一个小镇，宋徽宗打算在此小憩，然后再定行止。突然听到人喊马嘶之声，一队兵马风驰电掣而至，宋徽宗大惊，以为金兵杀到，吓得浑身直打哆嗦，正在惊慌之际，追兵已近，跑在前头的一人滚鞍下马，给宋徽宗磕头请安，

细看原来是童贯。

童贯痛哭流涕地说:"上皇仓促出巡,连禁卫军也没有带,奴才得知这个消息,便带着两万胜捷军赶上来,给上皇护驾。"

宋徽宗听罢,很是感动,危急关头,还是童贯对自己忠心。

童贯此次出逃,只有为了自保,给宋徽宗护驾,只不过是一个幌子而已。原来,童贯在西征的时候,特意挑选了一批精锐之士,组成了一支两万人的军队,专门为自己看家护院,保卫童府的安全。战时虽也出征,也只是跟在童贯的身边,从不让他们上前线冲锋陷阵。这支特殊的军队,实际是大宋的军外之军,是真正的童家军。童贯为他们取名为胜捷军。

宋徽宗这次深夜出逃,并没有通知童贯。童贯得到宋徽宗出巡的消息,已经是第二天中午,他还听说,老奸巨猾的蔡京,已经在上皇出走的前一天,席卷了搜刮来的金银珠宝,带上妻小家眷,偷偷地溜出京城,逃回福建老家去了。童贯得到这些消息,极度恐慌,他知道自己留在京城非常危险,新皇上做太子的时候,就对他们这些宰辅看不顺眼,现在当了皇上,如果哪个冤家对头奏上一本,自己就吃不了兜着走。再说,如果金军真的兵临城下,自己手下的两万胜捷军肯定会被调去守城,到时连看家的本钱都没有了。他是越想越害怕,最后他想出了一个两全齐美的办法,就是打着为上皇保驾的幌子,带上胜捷军逃离京师。一来,待在上皇身边最安全,二来,他也可以借机保存自己的私家军。

童贯赶上宋徽宗后,合兵一处,急急如丧家之犬,向东南逃窜,当车驾要过淮河时,卫士们才明白真相,很多卫士跪在地上大哭,拦住车驾不放行。童贯惟恐耽误了行程,命令胜捷军放箭射杀了百余名卫士,护着宋徽宗及其随行人员,强行过了淮河,绝尘而去。

第十六章

外交大溃败

孤城守将

宋徽宗出逃之后，京城可以用一个乱字来概括，政局乱，人心乱，朝廷上下、京城内外，全都乱套了，乱成了一锅粥。

更为糟糕的是，大敌当前，中枢决策者竟然还在为何去何从而争论不休，有人主战，有人言和，多数人都在劝说宋钦宗赶快逃走，或逃往襄阳避难，或逃往长安组织反攻。

如果能进行有序组织，皇帝撤离首都，也不失为一种选择。在全局性的战争中，首先要保证皇帝的安全。因为皇帝是指挥系统的最高首脑。其次，等皇帝撤离后，还要对整个首都百姓进行有组织的疏散，然后是军队入驻，组织防守，伺机反攻。

但这样的策略只存在于人们的理想之中，现实却是，由于金兵来得太快，仓促之间，北宋朝廷根本没有应对之策，一旦皇帝出走，不仅无法组织有序的撤退和军事防御，反而会导致混乱和整个战线崩溃。可以想象，只要皇帝一离开，溃兵立即会逃跑，百姓也会形成逃难的人潮，到时，溃军与难民潮将会对其他区域产生巨大的冲击，北宋整个军事防线将彻底瘫痪。

因此，考虑到实际情况，要想组织有效的反击，皇帝必须留守京城，一来可以起到稳定人心的作用，二来可以鼓励士气。

就是这样一个问题，宋钦宗与中枢机构的几位宰执讨论来，讨论去，最后居然是逃走的意见占了上风。

皇上与宰执们开会，李纲级别太低，没资格参加这样的会议，情急之下，他也顾不了那么多了，直接闯进了会场。

"李纲，你要干什么？"白时中吃惊地问。

"听说宰相们要陛下放弃京城，外出躲避金兵，有这回事吗？"

宋钦宗与几位执政大臣面面相觑，没有人回答。

"道君皇帝将宗庙社稷托付给陛下，陛下怎么能弃之而去呢？"李纲愤怒地质问。

白时中见李纲气势咄咄逼人，心里发怵，嘀咕道："京城想守也守不住，不走又能怎么样？"

李纲手指白时中、李邦彦，怒斥道："你们身为宰相，不思御敌之策，先是欺蒙上皇，现在又怂恿陛下弃城而逃，京城失守，你们就是千古罪人。"

"白时中说得有理，京城守不住，京城不可呆！"宋钦宗似乎铁了心要逃，竟然脱口而出，说出了自己的想法。

"天下城池，惟京城最坚固，如京城不可守，还有哪座城池可守？宗庙、社稷、百官、万民都在这里，舍弃京城，能到哪里去？"李纲大声说，"如果能激励将士，安抚百姓，岂有不可守之理？"

全场又是一片静默。

"你们说呀！"宋钦宗气急败坏地说，"谁有什么好办法？"

李纲说："为今之计，莫如整顿兵马，号召全城军民，抵御外敌，保卫京城，以待勤王之师。"

宋钦宗焦急地问："谁可为将？"

李纲回答："朝廷平日以高爵厚禄富养大臣，是要这些大臣替朝廷办事，今白时中、李邦彦等，虽是书生，不一定懂军事，但以他们宰相的身份，应当承担

外交大溃败 第十六章

起安抚将士、调兵遣将、抵御入侵之敌的重任。"

白时中主张逃跑，压根就没有考虑坚守城池的事，见李纲一把火烧到自己身上，气急败坏地说："李纲，你有能耐，你就领兵出战，怎么扯到我头上来了？"

白时中出语粗俗，形同市井无赖。在他的眼里，李纲也是一个文人，自己一脚将皮球踢过去，李纲是无法接招的。

李纲无心研究白时中的用心，朗声说道："如果陛下不认为我无能，让我领军拒敌，我当以死报国。只是我位卑职微，恐难以驾驭将领，镇服士卒。"

白时中万万没有料到，平时文质彬彬的李纲，居然真的敢同金兵拼命，他睁大眼睛看着宋钦宗，等待他的答复。

宋钦宗见李纲不顾个人生死，愿意领兵保卫京城，当即便命李纲为尚书右丞，东京留守。以同知枢密使李梲为副，聂昌为随军转运使，领兵守城。并对李纲说，京城的安危就靠你了，并说他要和皇后一起找个地方避一避。言下之意，他还是要走。

李纲跪地哭谏，哀求宋钦宗不要走，折腾了半天，总算让宋钦宗回心转意，答应不走。

李纲临危受命，立即就忙活起来，又是部署兵力，又是安排人修筑毁坏了的城墙。

白时中，李邦彦两人也没有闲着，他们害怕留在京城，却又不敢私自逃走，因为他们舍不得头上那顶乌纱帽，要想保住乌纱帽，又能逃离京城，惟一的办法就是劝宋钦宗出逃，宋钦宗出京，做宰相的一同出行，也就顺理成章了。为了能达到目的，他们连夜找宋钦宗做太子时的老师耿南仲，让他去劝说宋钦宗，说京城是不能再呆下去了，否则，就有生命危险。

宋钦宗本来就不想呆在京城，听人一劝，又改变了主意，下旨命禁卫军次日护送后宫、宗室，准备随他南下邓州。

次日早朝，李纲来得非常早，见崇政殿外禁卫军全副武装，列队待发，后宫的嫔妃们都带着大包小包，准备升轿出行，觉得有些不对劲，一打听，才知道宋

213

钦宗又要离京出逃。李纲冲着禁卫军大声问道:"你们究竟是愿意守卫京城,还是愿意随皇上出走?"

禁卫军不约而同地说,他们的妻儿老小都在京城,情愿死守京城,也不愿意离开半步。正在这时,宋钦宗出来了,身后的几个太监,连太庙里的祖宗牌位也都带上了。李纲迅步上前跪下奏道:"陛下昨天说得好好的,为何一夜之间又改变了主意呢?"

宋钦宗叹了口气说:"如今人心离散,军无斗志,孤城如何能保,朕想了一夜,还是走的好。"

正在这时,一名禁卫军来报,说皇后已经起驾。宋钦宗一听,不顾跪在地上的李纲,拔腿就走,李纲见状,不顾一切地扑上去,抱住宋钦宗的脚哭叫道:"陛下,不能走呀!陛下这一走,大宋江山将处于万劫不复的地步。"

周围的禁卫军见此情景,一阵骚动。

李纲哭着说:"将士们的妻儿老小都在京城,他们都愿意死守京城,不愿离开京城。陛下强迫他们护驾出都,万一中途他们逃散而归,陛下的安全怎能得到保证?况且,金军已经逼近汴京,他们得知圣驾离得不远,一定会派精兵追赶,到时,谁能抵挡得住金军呢?"

李纲的话,似乎打动了禁军们的心,周围的禁军再一次骚动起来。李纲知道周围有很多禁军,灵机一动,从地上爬起来,冲着禁军大声问道:"你们都是七尺汉子,热血男儿,敌人杀到家门口,你们是愿意逃?还是愿意留?"

禁军们七嘴八舌地说开了,说他们的妻儿老小都在京城或京畿,谁愿意抛妻弃子,离乡背井呢?慢慢地,竟然形成了一句话:誓与京城共存亡。

李纲乘机劝谏道:"陛下,人心不可违呀!留下来吧!"

宋钦宗终于又被说动了,答应留下来,不走了。禁卫军得知皇上不走,高兴得齐刷刷地跪了一地,高呼万岁。

宋钦宗也被眼前的气氛所感染,当即下旨,设立京师守御行营司,李纲负责指挥,并给李纲充分的权力:"听便宜从事",即遇事无需请示,可自行决断。

接着,又调整了中枢机构的领导班子,免去白时中太宰之职,以李邦彦为太

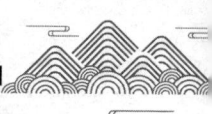

宰兼门下侍郎，张邦昌为少宰兼中书侍郎，赵野为门下侍郎，翰林学士承旨王孝迪为中书侍郎，同知枢密院事蔡懋为尚书左丞。

李纲利用大家的力量留住准备逃跑的宋钦宗后，立即着手部署京城的防御。

他在四面城墙上储备火炮、弓箭、砖石、檑木、火种、膏油等交战应用之物，号召京城军民人等进入战斗状态。

除部署镇守四门的守卫外，他将兵马编为六路，一路保护东门外的延丰仓。一路扼守朝阳门外的樊家冈。其余的兵马，待命听调。

延丰仓有存粮四十万石，所以必须派重兵把守。樊家冈是城外的一片高地，同时又是护城河最窄的地方，是战略要地，所以也必须派重兵把守。

李纲正在调配兵马，何灌带领一万残兵从黄河渡口逃回京城。梁方平、何灌临阵脱逃。何灌丢失黄河天险，杀一百次也不过分。李纲却建议宋钦宗给何灌一个机会，让他戴罪立功。被宋钦宗采纳，何灌得以保得一命。

正月初七，金兵的先头部队便到了汴京城外，尚未扎营，便直扑牟驼冈。

牟驼冈地处京城西北角，那里三面环水，之所以重要，是因为那里是皇家御用养马场，养有二万多匹战马。郭药师当年曾受邀在牟驼冈打过球，知道牟驼冈的重要性。一旦获得牟驼冈，不仅解决了马匹问题，还解决了饲料问题。正是在郭药师的带领下，金军才将北宋的皇家马场一网打尽。

宗望兴奋地对带路的宋降臣沈琯说：南朝真的没有人，如果有一两千人守卫黄河，金兵就不可能过河。

当天夜晚，金兵偷袭宣泽门，企图从水门乘船突入外城，幸亏李纲早有防备，率军顽强抵抗，士兵们将蔡京家的假山拆掉，当炮石用，激战一夜，击退了金兵的进攻。

宋军的顽强抵抗，让金军主帅宗望感到意外，同时也暗自庆幸，幸亏守卫黄河的不是眼前的部队，不然的话，金兵可能还在黄河对岸望河兴叹。眼见攻城无望，宗望只得命令士兵拖着百多具尸体，撤兵回营。

靖康耻

经过这次战斗，大大提高了守军的士气。金军号称三十万人，但根据宋军的估计，最多也就六万人，其中一半还是杂牌军，女真军队不超过三万。这样消耗下去，金军支撑不了多久，同时，各地勤王之师从四面八方向汴京赶，只要再坚持一两个月，金军就毫无胜算了。

但就在这时，战争却戛然而止，因为宋钦宗向守城部队下了一道命令——停止战斗。

原来，战争只是让金军遇到了困难，却让宋钦宗感到了恐惧。他决定不惜一切代价与金人议和。

于是，汴京的围城之战，变成了一场外交战。

狮子大开口

就在金兵刚到汴梁城下的那一天、李纲率领全城军民与金兵浴血奋战的时候，在宰相李邦彦和少宰张邦昌怂恿下，宋钦宗派郑望之、高世则到金营去求和，这时候，发生了一件戏剧性的事情。

原来，宗望也在等谈判的机会，自从在邯郸遇到宋使李邺后，北宋再也没有派出其他使节，由于军事经验不足，一路上还曾犹豫是否要回师。幸运的是他遇上了郭药师，在郭药师的劝说下，才继续率军南下，直逼汴梁城下。但到底能否拿下汴梁城，还是一个未知数，一旦打不下来，孤军深入可是犯了兵家之大忌。最好的办法是不战而屈人之兵，逼迫北宋皇帝签一个新的和约。

正是在这种形势下，宗望到达城外的第一天，就派出了吴孝民使团，不料在途中正好与北宋的郑望之使团相遇。郑望之立即返程，带金国使团回到京城，双方进行了首轮谈判。

吴孝民表示，宗望听说宋徽宗退位了，就已经做好了和平的准备，就像双方做一笔交易，交易完成后，各回各家。

外交大溃败 第十六章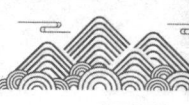

郑望之询问金人想得到什么。吴孝民似乎底气十足，一上来就亮了底牌：北宋割让河北和山西，以黄河为界，并支付一定的犒军费用。

金军又是割地，又是要钱，北宋却没有任何回报，这不叫谈判叫强取。

这样的条件，郑望之当然不敢答应，只能带金使去见皇上。

吴孝民见到宋钦宗，表达了金军的主张，请少帝与大金重立誓书修好，具体条款，请派一个亲王和宰相到金军营中去商谈。

宋钦宗立即召集大臣开会，商议出使的人选。几位宰臣都得了恐金症，谈金色变，没有人愿意到金营去谈判，会议冷场了。

李纲担心派去的人太软弱，立即表示他愿意到金营去走一趟。宋钦宗拒绝了，改派同知枢密院事李棁担任正使，郑望之和高世则担任副使，与吴孝民一道一道前往金军营地。

正月初九，谈判与战斗同时进行。

李纲亲冒矢石，上城督战，战斗进行得异常激烈。李纲决定组织一支二千人的敢死队，下城杀敌。何灌愿为统领，他说黄河大桥失守，是他今生的耻辱，他是朝廷的罪人，愿以死谢天下。李纲让人抬来烧酒，为敢死队壮行。何灌率军缒城而下，与金军展开殊死搏斗，用鲜血洗刷了他的耻辱，战死在城下。

宗望自南下以来，没有遇到这种不要命的打法，他害怕了，丢下数千具金兵的尸体，下令撤兵回营。

经过这次战斗，极大地增强了守城将士的信心。如果这样抵抗下去，金军坚持不了多久，同时，各地勤王的部队迟早也会赶来，也就是说，只要再坚持一两个月，金军不战自退。

李纲在战场上击退了金军，使团却在谈判桌上沦陷了。

宋钦宗不让李纲出使是有理由的，他认为李纲过于刚烈，担心出事。但李纲又担心李棁太软弱，会吃大亏。

事实证明，李纲的担心是正确的，李棁果然过于软弱了。

正月初九，金军参与谈判的是契丹人萧三宝奴，耶律忠和汉人张愿恭。双方

217

打了半天嘴仗。最后，萧三宝奴提出条件：金军士兵不像宋军，平时没有固定工资。游牧民族实行部落制管理，一个部落为一个群体，各自为政，互不相干。一旦发生战争，金国皇帝要打仗，就从部落里征兵，部落的兵都是义务兵，没工资可拿，但是，他们可以在战争中去抢，抢掠财物是合法的，抢多抢少，凭各人的本事。如果要休兵，必须让所有的士兵获得一份犒赏钱，才有可能。

需要多少犒赏钱呢？萧三宝奴说，金军有两路人马，国相宗翰的西路军三十万人，二太子宗望的东路军二十万人。每人按金一锭，银两锭计算，一共需要五十万锭金，一百万锭银。换算成两则是五百万两金，五千万两银。

五百万两金，五千万两银，是李棁参与谈判之前，宋钦宗给他的底线的二百五十倍。

作为副使的郑望之还敢与金人争辩几句，而作为正使的李棁，却唯唯诺诺，不敢说话，被金人嘲笑为女人。

正月初十，金军使节萧三宝奴随李棁进城，将一封书信交给宋钦宗。

宋钦宗展开书信一看，上面写的是金人列出的四个条件：

一、送金五百万两，银五千万两，牛马万头，表缎万匹，为犒赏费；

二、割让中山、太原、河间三镇地；

三、宋帝当以伯父礼事金；

四、须以宰相及亲王各一人为质。

宋钦宗看罢，看了一眼身边的吴敏，问道："如何？"

吴敏回答："事无可奈何，再商量吧！"

在除了李纲之外的宰执们的要求下，宋钦宗答应了金人开出的所有条件。但几乎所有的人都没有意识到，金人所要求的金银，是一个无法完成的数字。

由于交割需要时间，北宋道先要做的是将金人要求的人质送往金营。康王赵构自告奋勇，愿意去金营做人质，同时选派少宰张邦昌作为宰执级别的官员人质。

外交大溃败 第十六章

在北宋君臣一丝不苟地执行金人的要求时，只有一个人质疑是否有必要这样做。李纲反对说，金人索要的金银，就是竭尽天下之财，也无法凑齐，更重要的是，中山、太原、河间三镇是中原地区的门户，割让就意味着整个河北、山西地区不可守，一旦山西、河北失守，整个中原就不复存在。割让三镇，等于是灭国。

这一点，那些宰相们难道看不到吗？不是看不到，是不在乎了，他们只在乎眼前的危险，企图眼前的事应付过去，不论付出多大的代价都行，没有一个人有更远的想法。

李纲的建议是：不要急着凑钱，割让三镇的诏书也不要急着发，先和金人拖时间，不要给金人留下把柄。再拖十几天，等勤王大军一到，不管钱是否凑齐，三镇是否割让，金兵从自己的安危出发，都得滚蛋。

宋钦宗根本听不进李纲的意见，只想快点从眼前的困境中摆脱出来。他叫李纲只负责守城的事情，其他的事情就不用管了，更重要的和谈，则交给几位主和派的大臣。

宋钦宗命李邦彦起草誓书，称金太宗为伯大金皇帝，自称侄大宋皇帝，派李邺为使再赴金营磋商；第一条输款缺少甚多，请求分期缴纳；第二条割地，先将三镇地图呈送给金人；第三条称呼，完全照办，以后文书往来，称伯大金皇帝；第四条遣质，派康王赵构前往金营做人质。张邦昌为计议使，随同康王前往。

张邦昌是个卖国求荣的奸贼，当初，他和李邦彦竭力主张议和，是为了谄媚金主，不料这把火却烧到自己身上，听说要他和康王赵构一起到金营去做人质，吓晕了，推说自己口才不好，此去恐有辱君命，求宋钦宗另选他人。

宋钦宗当然不会答应他的要求，于是，他又要求宋钦宗御笔亲批，割地这一条不能变，因为割地这一条最不被国人接受，他担心自己做人质后，朝廷改变了主意。宋钦宗仍然不答应，说三镇的地图都送去了，怎么能不算数呢？张邦昌是哭着离开的。

正月十二，康王赵构与少宰张邦昌离开京城，前往金军大营。

接下来的任务就是筹钱。宋钦宗想尽一切办法，满城搜刮金银，大家小户，

靖康耻

搜刮一空，甚至连娼优妓院中的财产也不放过，加上库存，只弄金二十万两，银四百万两，不足金人索要的十分之一。

其实，正如李纲所说，金人索要的金银，是一个不可能完成的数字，即便是竭尽天下之财，也无法完成。

李纲急中生智，扣留了割让三镇的诏书不发，等待各地勤天下一家之师到来再作补救。

凑不齐的犒军钱

宋钦宗在答应金人要求的当天，就下了一道诏书，表示要卧薪尝胆，避正殿、减伙食，做出表率，接着又下了第二道诏书，表示为了凑够给金军的犒军钱，连宗庙里的器具都拿出来了，为此，要求各位王侯及官员们也要有所表示，将家里的金银器皿交出来，并号召民众将家里的金银器皿交出来，帮助朝廷渡过难关。

第二封诏书还只是号召性的，第三封诏书却是强制性的了，规定各位王爷、内官，都要将家中的金银交出来，如果有隐瞒或转移者，将要受到制裁。

此时，宋钦宗对普通百姓还算客气，宫廷机构、内官上缴金银是强迫性的，而对人民只是号召性的，并没有强迫性质。

随着官方金银的上缴，宋钦宗立即意识到自己犯了个天大的错误——金人索要的犒军钱，可能是一个无法凑齐的数字，几天之后，可能性变成残酷的现实。

正月十二，由于上缴的金银相差太多，宋钦宗开始定点征收，首先下令内官作为一个群体，承担额度为金一百万两，银五百万两，由专人负责征收。

其次是对贪官开刀，首当其冲的便是蔡京、童贯、高俅、何执中等一批佞臣，下令对这些贪官全部抄家，收缴各家储藏的全部金银。

除了内官和贪官之外，社会上的一些金银大户，也成了朝廷搜刮的对象。比

如汴京城的商家店铺、烟花柳巷的老鸨等，财产一并抄收，充当金人的犒军钱。

经过多日搜刮，到了正月二十，缴纳的金银终于有了一个数目。到这一天为止，北宋政府共征得金三十余万两，银一千二百余万两。金人要求金五百万两，银五千万两，相差悬殊。

由于心里没有数，当初确定目标时，金军对于北宋首都有多少金银，根本没有概念，宋钦宗也不知道到底能获得多少金银，双方达成的协议，已经完全脱离了实际，是一个不可能完成的任务。

宋钦宗和大臣们慌作一团，他们忘记了当初李纲的忠告，把这次失误怪罪于商谈和约的大臣，当初出使金营的是李梲和郑望之，两人便成了替罪羊，双双被罢了官。替罪羊可以找，犒军钱还得想办法。

宋钦宗又想出一招：派使节前往金营说明情况，由于金银数量难以凑齐，希望用其他宝物折纳，交给金军。但前面的使节已被罢官，没有人敢出任这个吃力不讨好的使节，无奈之下，宋钦宗只得重新找来李梲、郑望之，让他们出使金营协商。

宗望虽然没有接见宋使，但还是给了个回答，他并没有提是否可以用宝物折纳，但表示可以减少一定的犒军钱。

宋钦宗只能是一边搜刮民间金银，一边准备宫廷财宝。

正月二十八，几乎是将京城掘地三尺，终于搜刮到金五十一万两，银一千四百三十万两。

到这时，宋钦宗已经确定不可能凑齐金军索要的犒军钱，只有依靠其他的宝物充数。在李纲的劝说下，宋钦宗也将搜刮金银的诏书撤了下来。

正在这时，事情又发生了重大变故：宋军突然袭击了金军，这次袭击，表明宋营中的另一种力量正在做最后的努力。

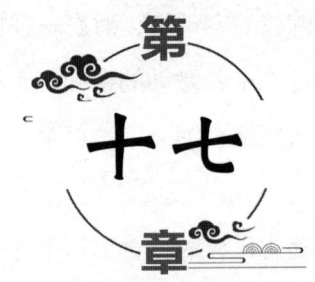

第十七章

金军撤离

李纲背黑锅

就在宋钦宗竭尽全力地搜刮金银，试图满足金人要求时，各地勤王兵马陆续赶来。正月十五，已有小股勤王的兵马陆续赶到了汴京。

正月十六，统判官马忠自京西募兵勤王，接近京城时，正逢金兵在顺天门外抢掠，马忠立即指挥部队截杀，金兵猝不及防，大败而归，马忠指挥部队乘胜追杀，杀退金兵，从西面打开一条进城的通道。

在援军到来之前，金军四处抢掠，肆无忌惮。自从吃了马忠的败仗，开始收敛了一些，不敢单独行动了。

正月二十一日，几位久经战阵的将军：主要有边帅种师道，武安军承宣使姚平仲，熙河路的姚古，秦凤路的种师中等，他们都先后率军赶到汴京附近。

各路勤王兵马合计达二十余万人。这时的军事形势发生了变化。金军主要驻扎在城西方向的牟驼冈，各地勤王兵马大都散驻在城外，各个方向都有，最近的就在金军营寨数里之外。

大批勤王兵马到来之后，宋军面对着一个军事指挥权的问题。

此前，京城内的防御指挥官是李纲，现在各地勤王兵马驻扎在城外，这些兵

金军撤离 第十七章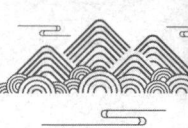

马由谁来指挥？

李纲的意思，仍由原来的指挥机构，即他指挥的行营使来统一调度城内城外的兵马，由老帅种师道为行营副使，掌管城外兵马，一旦战争发生，决策和传递信顺序是：皇上——李纲——种师道——城外各路勤王兵马。

宋钦宗对李纲没有足够的信任，听信几位宰臣的意见，另设一个宣抚司的指挥机构，由种师道担任宣抚使，姚平仲担任副宣抚使，统领各路勤王兵马，不仅新来的勤王之师归宣抚司领导，就连李纲在城外的部队，也都划归宣抚司指挥。李纲设立的前、后、左、右、中五军，其中，前军和后军驻扎在城外，归属宣抚司指挥之后，李纲的行营司只剩左、中、右三军而已。

这样的安排，好处是给了城外宣抚司以足够的灵活性，但坏处是指挥权不集中，在战争中容易出现混乱。

事实上，李纲已经被架空了，在未来的战争中所起的作用微不足道，但城外的宣抚司也并非铁板一块，各路将领各自为政，给指挥带来麻烦。

宋钦宗虽然祈求和平，但对金军的军事行动并没有停止。

正月二十三，种师道在板桥组织了一次战斗，将金军击败，并乘着夜色烧毁了马监的东廊，接近了金军的营地。

这次战斗让宗望更加忧心，西路军迟迟打不开通道，孤军深入的东路军如果坚持下去，会不会被北宋的勤王部队消灭掉？

显然，如果长期驻扎，一定会有新的军事冲突，到最后，金兵就有可能淹没在宋军的人海战术之中。最好的策略，就是见好就收，金军已经获得了大量的赔偿，又签订了新的和约，只要安全撤回北方，就是胜利。

从这时开始，金军对金银和宝物的移交越来越重视。

在北宋朝廷内，随着勤王军队的到来，那些求和的大臣也在加紧行动。如果金军被勤王之师击败，就意味着他们主张求和是错误的，这些求和的大臣很可能被愤怒的民众撕成碎片。只有让金军离开，才能证明他们的求和正确，不需要承担责任。因此，这些人非常配合金军的赔款移交工作。

于是产生了奇怪的一幕，一方面，军事将领们变得越来越高调，另一方面，北宋的搜刮工作也在加速，宋钦宗由于倾向于求和，甚至将祖宗传下来的宝物尽数献给金人，以换取金军赶快离开。

由于该给的钱没有到位，金军仍驻兵城下，除了不停地派人催讨欠款外，还派出多股金兵到处烧杀奸淫，肆意抢掠。

此时，发生了一件惨无人道的事情，激怒了宋钦宗：金军对于金银的渴求过于强烈，刨开了城外皇家墓葬，把殉葬品洗劫一空。宋钦宗终于发怒了。

正月二十七，宋钦宗召集李邦彦、吴敏、种师道、李纲等人开会。

李纲更是提出了完整的战略。他认为，敌兵只有六万人，宋朝兵力已达二十余万。金军孤军深入，应采取当年周亚夫平定七国之乱的办法，守住黄河渡口等要道，再断绝金军的粮道，用重兵把金军围起来。宋军甚至不用主动出击。金军如果出动少量游骑，就袭击一下，如果大军求战，咱就坚守不出。分兵收复河北失地，断绝金军归路，等金军粮尽力疲、不得不后退的时候，再沿途阻击，一定能大获全胜。

李纲的说法得到大家的认同。可就在这期间，发生了一件意想不到的事情，打乱了计划。

宣抚司副宣抚使姚平仲曾经跟随童贯参与了平定方腊起义，自认为功劳很大，遭到童贯的压制，此次进京，又提起当年的战功。宋钦宗对他刮目相看，多次召见他。姚平仲乘机提出偷袭金营的建议。

一个是性情怯懦、没有脑子的昏君，一个是不知天高地厚、狂妄自大的将军，竟然作出一个冒险的决定——夜袭金营。

姚平仲夜袭金营的军事行动，不仅瞒着李纲，就连城外的指挥官种师道也不知晓。城内城外的军事指挥官不知道，民间却早就传开了。

因为劫营的时间是由一位名叫楚天觉的江湖术士占卦决定的，占卦时消息就已经泄露。京城家家户户都知道二月初一要打仗了。

到了晚上，姚平仲和杨可胜率七千兵马，乘着夜色摸进敌营，却发现是一座空营，情知中计，急令退兵，但为时已晚，金军从四面八方围上来，于是，劫营

金军撤离 第十七章

变成了突围。姚平仲比较幸运,突围而去,杨可胜却成了俘虏。

当天晚上,镇守内城的李纲恰巧生病,请假在行营司休息。半夜时分,宋钦宗突然派人送来亲笔信,说姚平仲已经起事,大功即将告成,请李纲率兵到封丘门接应。

李纲吃惊的同时,写了个札子,表示自己生病了,况且大家都在按原定日期做准备,现在突然主动出击,措手不及,派不出兵。

宋钦宗可能有些后怕,连续三次派人催李纲出兵,一次比一次急,李纲意识到可能出了大事,连忙带兵出城。

此时,参与劫营的范琼、王师古等人正被围困在北门外,李纲连忙率兵投入战斗,在幕天坡击退金军。当金军再次发起进攻时,他又用神臂弓将金军击退。

第二天早上,宗望紧急召见人质康王赵构和张邦昌,怒斥宋军夜袭金营,违反了协议。赵构站立当场,泰然自若,毫无畏惧之色。

张邦昌吓得哭了起来,声明可能是某一支勤王的军队,为了向皇上邀功才私自这么干的,皇上可能不知情。

恰好,被俘的杨可胜在准备劫营时预先做了准备,写了一封给皇上的信揣在怀里,信上表示他瞒着皇上偷袭金营,是为了立大功,等胜利之后请求皇上给予封赏。如果战死或被俘,金人从他身上搜到信,会以为皇上不知情。这封信与张邦昌的说法正好吻合。

宗望挥手让他们退下,回头对王汭说,宋朝这个亲王是一个冒牌货,恐怕是个将门之后。并命令王汭马上去见宋朝皇帝,要他们换人质。

王汭奉命来到东京,要求李邦彦更换人质,并说宋兵夜袭金营,违约背盟,请给一个说法。

李邦彦告诉宋钦宗姚平仲全军覆没的消息,并乘机建议,只有一个办法可以向金人交待,就是说皇上不知情,劫营是李纲和种师道等人的擅自行动。他甚至提议将李纲和种师道等人绑了送给金军。

宋钦宗虽然否决了将李纲和种师道送给金人的提议,还是下诏罢免了李纲的一切职务,让李纲背了这个黑锅。

225

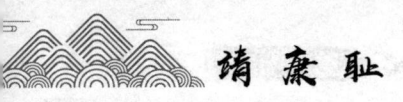

没有原则,没有正义,没有骨气,没有脊梁。这就是国难中的一群当政者。

太学生的爱国运动

实际上,姚平仲劫营并未全军覆没,士兵伤亡一共千余人,而李纲的救援部队损失更小,只有百余人。姚平仲本人并没有死,突围后担心种师道治他的罪,所以溜走了。

所谓全军覆没的消息,是不准确的,宋钦宗吓破了胆,没有核实就相信了,匆匆做出了免职李纲的决定。

宋钦宗得到真实消息后,觉得对不起李纲,毕竟自己对姚平仲劫营是知情、鼓励甚至参与的,李纲和种师道等人反而毫不知情。现在出了事,却由他们背黑锅。

于是,宋钦宗赏赐李纲白银五百两,钱五十贯。按照宋钦宗的意思,先让李纲下野一段时间避避风头,等金军走了以后再重新起用。

二月初五,汴京城内又发生了一场底层士大夫和民众的动乱,让宋钦宗更加手足无措。

这场动乱的原因是李纲被罢职,虽然种师道没有被罢免,但当时京城的传言大都是李纲和种师道一块被免职,主战派全部下台。

就在前几天,人们还盼望军队打胜仗,突然之间又变成这样的局势,加之此前对民间金银的搜刮,已经引起了民愤,而劝说皇上停止搜刮的正是李纲,这给他积累了足够的口碑。

动乱的导火索是太学生陈东的上书。当初,也是由他不断上书要求惩治"六贼",导致宋徽宗的亲近大臣下台。陈东的做法很有宋朝士大夫的特点,由于宋朝皇帝不杀谏官,于是士人们对多大的官都没有敬畏之心,该骂就骂。从政治谱系上说,他们属于经验不足的年轻左派,在当权者看来,是找麻烦的,但在某些

关键时刻，他们的理想主义又的确能够逼迫皇帝做出某种程度的改变，避免社会彻底板结。

二月初五，陈东联合数百名太学生到宣德门外，跪在地上递交请愿书，强烈要求恢复李纲的职务，让李纲和老将种师道带领军民保卫京城。同时还请求罢免李邦彦、张邦昌。

登闻鼓院是朝廷接受下级官员及老百姓诉状的地方。院外架了一面大鼓，叫登闻鼓。对于这面鼓，史书有很多记载，民间也有传说，趣事很多。北宋初，有个市民丢失了一头猪，竟也跑去击鼓，而院吏居然也将这件事上报给皇帝。赵匡胤听了不但没有怪罪，反而十分高兴，除了赏钱抚慰那个人外，还给赵普下了一道手诏："今日有人击登闻鼓问朕，寻觅亡猪。朕又何以见他的猪呀？但与卿共喜者，知道天下没有冤民。"

平常，登闻鼓院有专人值班，负责受理投诉案件，金军攻城后，这里的人也就没有心思上班了，登闻鼓院的官吏唱起了空城计。太学生们见朝廷没有人理睬，一怒之下，就敲响了登闻鼓。

宋钦宗是一个没有主张的皇帝，他询问吴敏该怎么办，吴敏说，宣德门已经集聚了上万人，而且越来越多，要想平息这件事，除了重新起用李纲，别无他法。

宋钦宗皱起了眉头，立即传召李邦彦。

李邦彦在入朝途中，被围观的民众看见了，不知是谁喊了一声："打死这个奸贼！"

顷刻之间，乱石如雨点般飞向李邦彦，幸亏禁军前来保护，才使得李邦彦没有被当场打死。李邦彦进见的时候，脸色惨白，浑身颤抖。

宋钦宗见李邦彦狼狈不堪的惨状，心里也着慌。正在这个时候，殿前都指挥王宗濋进来报告，说外面的人越聚越多，叫禁军驱赶，禁军们不但不驱赶，反而还站在那里议论起来。

"民心难违呀！"吴敏着急地说，"再拖下去，恐怕真要激起民变了。"

宋钦宗害怕了，外有金兵围城，求和还没有结果，内部如果再激起民变，宋朝真的要完蛋了。他急忙命太监朱拱之去宣召李纲进宫。

朱拱之原是王黼、梁师成的心腹，现在又是李邦彦的密友，李邦彦主和，李纲主战，他当然不想重新起用李纲，带着十几名太监出去溜了一圈，回来说找不到李纲。有个小黄门悄悄地把这件事捅了出来，愤怒的人群怒不可遏，一拥而上，将朱拱之和那十几个太监活活打死了。

朱拱之成了民变的第一个受害者。

这时，情况更乱了，有人大喊"杀死内臣无罪"。人们不知从哪里拉来十几个人，当场将他们杀了，砍下脑袋挂在竿子上。这时的民变，已经到了最危险的时候，一旦见血，人们就会失去理智，事情也很难再用和平的方法收场了。

宋钦宗知道众怒难犯，命户部尚书聂昌传旨，恢复李纲尚书右丞之职，还兼任京城四壁防御使。

聂昌是个聪明人，刚走出门，就将圣旨高高举起，大声说："皇上有旨，重新起用李大人！"

大众这才欢呼万岁。

宋钦宗又宣召城外的种师道进城。

种师道进城的时候，大家担心有假，拦住车子，非要掀开车帘子看看，确认是种师道之后，大家这才慢慢散去。

次日早朝，耿南仲、王孝迪等人提出，将带头闹事的太学生杀一批，关一批。吴敏坚决反对，他说太学生是出于正义，忠于朝廷，朱拱之逆命抗旨，阳奉阴违，激怒了众人，朱拱之之死是咎由自取，怨不得别人。如今是同仇敌忾，共同对付外敌的时候，不应该打击太学生们的爱国热情。

宋钦宗这一次总算没有糊涂，决定不追究这些学生们的责任。

陈东等太学生的这一次请愿，在历史上称为"伏阙上书"，这是中国古代少有的一次学生爱国运动。

李纲上任之后，对城防进行了整顿，一改蔡懋只守不战的规定，下令能杀敌者，朝廷给予重奖，军民一片欢腾。如此一来，金军几次攻城，都被守城的军民击退。金军知难而退。

金人撤离

李纲重新得势，宋钦宗的心情却是无可奈何。这是北宋建政以来，第一次民间将权力从皇帝和大臣手中抽走，由民众决定谁来做官。皇帝此时已经完全放弃了抵抗，只想表现得软一些，将金人哄走，却又不得不任命一批主战派的大臣上台工作。

金军虽然从气势上压垮了宋朝君臣，但主帅宗望心里其实很害怕，他也是经过金、辽十年战争洗礼的将军，深知孤军深入是兵家之大忌，尽管宋朝君昏臣庸，但中原大地是一个藏龙卧虎的地方，说不定有哪一位懂兵法的人站出来稍加点拨，自己和六万金兵就会死无葬身之地。一想到这些，他有时在睡梦中也被惊醒。为了能早日离开这个是非之地，他让宇文虚中回城，派王汭随同进城催讨金银，并要宋朝皇帝御笔亲书，将三镇割让给金国，同时要求改换人质。说办好了这些手续，他们就撤兵。

宋钦宗巴不得金军快点滚蛋，亲笔写下将三镇割让给金国的诏书，让宇文虚中送到金营，并命肃王赵枢随王汭去金营换回康王赵构。

宗望接见了肃王赵枢，将康王赵构和张邦昌放回。

至此，金军的所有战略目标都已达到，割让三镇的诏书和地图、大量的犒军钱，以及安全撤退的通道。

但也不能否认，主战派的威慑是金军退兵的必要条件。姚平仲劫营虽然以失败告终，但却加速了金军的撤离。之前的宗望总是慢条斯理地与北宋谈条件，但劫营之后，已经不再纠缠赔偿金了，北宋也没有给他更多的钱。

宗望得知宋朝重新起用了李纲，东京的守卫更加严密，而且宋朝的勤王之师陆续到达，再呆下去，不但很难再捞到油水，而且还危机四伏。他无心再等宋朝凑足欠下的金银，派韩光裔去向宋朝皇帝告辞，准备北归。

可笑的是，韩光裔向宋朝君臣告辞，给宋钦宗带去了人参、貂皮之类的礼

物，仿佛是客人辞行一般。

宗望带着宋朝献给的大量金银绢帛、牛马驼骡，带着割让三镇的诏书与人质肃王赵枢，浩浩荡荡北归。其实，他走得提心吊胆，胆战心惊，因为他心里有四怕：一怕宋军轻骑追杀，二怕半渡黄河袭击，三怕北岸有宋军堵截，四怕沿途宋军伏击。如果真的是这样，金军将面临灭顶之灾。

侥幸得很，种师道、李纲虽然派出部队跟在金军后面伺机杀敌，宋钦宗、张邦昌却下了一道死命令，不准追杀，谁要擅自出手，按抗旨不遵论处。宋军护送金军顺利渡过黄河后，也就不再跟了。

黄河北岸，宋军照样是不设防，金军过河间、中山的时候，曾想进去接收城池，但守城的宋军不让进，他们不愿将国土拱手送人。宗望知道这是宋朝的地盘，不敢再纠缠，命令部队绕城而走。

两镇也没有出城击敌，因为朝廷有令，谁要是拦截金军，就是抗旨不遵。故此，他们只能眼睁睁地看着金军通过自己的防地，大摇大摆地回家。

就这样，宋朝自己把击溃金兵的机会又一次放过了。

东京保卫战胜利了。陈东等人的伏阙上书胜利了。然而，大宋朝的威严荡然无存，割地、赔款，皇帝成了金国皇帝完颜晟的侄皇帝。

其实，宋朝还真的有人懂兵法，而且这个人就在京城，他就是老帅种师道。金军撤退之后，种师道主张沿途对金军进行阻击，金军黄河半渡时，再打一个歼灭战。

许翰、李纲也都极力赞同种师道的主张，因为这个时候，各路勤王之师都已陆续抵达京师，宋军在兵力上占绝对优势。

可惜，宋钦宗坚决不同意。这才出现了种师道率军尾追其后，却不能向金军放出一箭的情景。金军过黄河后，不见宋军的踪影，因为沿途的驻军都接到了一个相同的命令：放行。

一次绝好的反击机会，白白地丧失了。中国有句成语，叫放虎归山。

御史中丞吕好问对这句话颇有心得，他对宋钦宗说，金人此次得志，会更加轻视中国，到秋冬的时候，一定会再来，此时如果不追击金兵，但还是要早作准

第十七章 金军撤离

备，防止金军再来。

吕好问的良言，被宋钦宗当成了耳边风。北宋的边关照样不设防，大门仍然向敌人敞开。

金军通过这次战争，得到了太原以北的所有领土，以及河北地区的燕京地区。另外，二太子宗望通过协议，在名义上得到了太原、中山、河间三府。只是撤离时，这三个府还掌握在北宋手中。如果北宋愿意遵守协议，就必须派人把三镇交割给金军，这也意味着金国已经深入到河北平原和山西中部。

既然金军已经撤退了，宋钦宗真的愿意交割吗？到底是遵守和约，还是放弃和约准备战争，年轻的皇帝又一次面临着重大选择。

第五篇

靖康之耻

  宋都汴梁自五代后梁即建都于此，中原王朝经营了两个世纪，至北宋末年极臻繁华。北宋自太祖赵匡胤开国以来，经太宗、真宗、仁宗、英宗、神宗、哲宗，由徽宗传至钦宗，历九世，近一百七十年的基业，毁于一旦。

  一个曾经创造过辉煌文化的王朝，从此改朝换代。

  靖康耻，犹未雪，臣子恨，何时灭。

战火重燃

拒绝割让三镇

太上皇宋徽宗躲到南方后,立即切断了东南与汴京的联系,截留了送往京城的租税,并阻止了东南的勤王之师。宋徽宗的做派,并不像一个退位的皇帝,似有将北宋政权一分为二之势。

金军走了以后,按道理,太上皇应该从江南返回京城,徽宗一天不回汴京,宋朝的权力中枢就会紊乱一天。他身边还跟着童贯、蔡京等大臣,如果他不回来,宋钦宗甚至担心他会被这群人挟持在南方另立中央,北宋分裂成南北两部分。

太上皇本人也不想回东京汴京,而是想去西京洛阳,在那里他可以不受儿子的管制,可以继续自由自在,这也意味着北宋将分裂成东西两部分。哪怕太上皇回去,如果他不肯安分守己当一个无所事事的老头子,而是在背后对儿子的决策指指点点,那么北宋的朝廷同样是分裂的。

如何解决太上皇的问题,成了宋钦宗与大臣们关注的焦点。

李纲认为,给足太上皇面子,劝说他放弃权力,才是最好的选择。于是,在北宋最需要加强防卫以免金人再来之时,作为主战派的李纲,却被派去解决太上

皇的问题。

李纲在与太上皇的商议中，提出让太上皇搬出大内禁中，毕竟他已经不是皇帝，禁中是给现任皇帝居住的。但皇帝将皇家园林撷景园改为宁德殿，请太上皇居住。为了让太上皇感受到尊重，皇上还要经常请安，并允许太上皇和太后必要时可以进入大内。

太上皇在李纲的劝说下，终于回到了汴京，这让所有的人都松了一口气。这也意味着北宋朝政不会走向分裂，而是统一在年轻的宋钦宗的手中。人们有理由期望宋钦宗能励精图治，重振朝纲。

太上皇回京之后，对宠臣的处理也到了最后阶段。如果要让太上皇彻底交出权力，必须将蔡京、童贯等太上皇的身边人处理干净。只有太上皇脱离了这个圈子，才真正失去他对政治的干预能力。

此前，失势的官员都已经被清理了，比如王黼、梁师成等人，但跟随太上皇去南方的一些宠臣，包括蔡京、童贯、朱勔等人还没有清理，该轮到他们了。蔡京、童贯、朱勔等都是在这个时候被处理掉的，他们或者在流放时死亡，或者被杀。

接下来，一个更难办的事情摆在北宋君臣面前。

金人离开后，宋钦宗和大臣们终于意识到，他们为了和平，到底付出了多大代价？

首先是金钱上的代价，虽然金人没有拿走足额的赔偿金，但整车整车的金银珠宝，着实让金人大开眼界，更让金军另一路元帅宗翰眼红。就算宗望心满意足了，宗翰却不会善罢甘休，他要煽动一场战争，来满足自己对财富的追求。既然一场战争不可避免，那么决定胜负的关键，就要看北宋能否抵御金人的又一轮攻击。

不幸的是，宋钦宗突然发现，如果要抵御金人的下一次进攻，就必须坚守太原、中山、河间三镇。

太原是山西的门户，宗翰之所以占领了更靠南的隆德府和平阳府，却不得不退回北方，就是因为宋军还控制着太原，宋军可以随时袭击金军的后续部队。

河间是东路最重要的一个战略要地。

中山则是处于河北与山西之间的战略要地，中山一旦失守，金军东、西两路军连成一片，行军打仗便可相互策应，到时就不会出现前一次东路军孤军冒进的事情了。

宋钦宗虽然向金军许诺割让三镇，但金军前往三地时，三镇的守将并不配合。如中山、河间两镇，宗望回师经过这两个地方，被当着人质的肃王，以及割地使张邦昌等人亲自到城下，宣读宋钦宗割让三镇的诏书，城上的将士不但不配合，反而还向城下开弓射箭。

金军撤走之后，宋钦宗越想越觉得窝囊，送给金人那么多金银，还欠了一屁股账，而且还要认贼作父，称金主为伯大金皇帝，再加上一些大臣说，三镇是中原的屏障，割让三镇，就等于将宋朝的北大门拱手相让，无险可守。

其实大家心里都明白，如果说问题出在哪儿，只能说宋钦宗由于被金军吓破了胆，答应了根本无法执行的条件，事后只好反悔。

二月二十五，宋钦宗派工部尚书王云等人出使金军，希望金军允许北宋保留三镇，北宋增加一定的岁币给予补偿。

金人没有给回复。

于是，大家开始考虑另外的可能性：既然要违约，就要想办法找理由。

杨时认为，金军撤离时曾经在磁州、相州、大名一带掳掠，违反和平撤离的协议，就是违约。他建议以此为借口，不执行协议。

杨时还认为，金军最初答应（是否答应还不一定）到黄河就释放肃王，但肃王并没有归来，也是违约。

另外，金军东路军已经撤退，西路军还在南下占领隆德、平阳等地，这也违约。

仔细琢磨这些借口，不得不说有些牵强。

金军在河北的劫掠，是战争中无法避免的事情，且金兵在战争中的抢掠，在

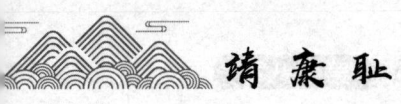

他们国家是一种合法行为，因为他们的士兵没有工资，允许士兵抢掠。抢得多，算你有本事，没抢着，也不要怨别人。

关于释放肃王，只是宋廷的一厢情愿，金人从来没有答应。

东路军撤退，西路军还在攻城略地，这只是协调问题。宗翰向南进军时，并不知道东路军已与北宋签署协议，没有立即停止进军，也在情理之中。

如果以此说金军违约，理由并不充分。

如果宋、金双方能相互谅解，这些都不是什么大事，可一旦不想谅解，而是寻找理由不执行协议，利用这些细节问题找茬，也就成了无奈之举。

三月十六，宋钦宗向三镇发出抵抗的诏书。他宣布金军违约在先，宋军不得不抵抗。

并接受主战派的建议，罢免了那些参与和谈的官员，李邦彦、李棁、李邺、郑望之等人同时丢官。

随之，又命种师道、姚古、种师中三员大将去支援三镇。

太原失陷非将士不用命

北宋皇帝前后不同的两种态度，首先给宗翰的西路军带来了混乱。宗翰攻克了隆德、平阳，但无法拿下太原，正在进退两难之际，突然收到宋金议和的消息，协议中包括割让太原，宋朝甚至派来了一个名叫路允迪的割地使。宗翰意识到不可能再进攻了，捞到太原也不错，于是下令退兵，北归去接收太原。

到了太原城下，路允迪帮助金军招降太原，但太原守军表示，他们收到了皇上的新诏书，与路允迪的说法完全相反，诏书不仅不是让他们交割太原，而是要求他们坚决抵抗。宗翰什么便宜也没有捞到，一面命人继续围攻太原，一面率军北上休整。

由于北宋拒不交割三镇，四月，金国派遣一个使团前往汴京，催促三镇交割事宜，使团正副使分别是萧仲恭和赵伦。

宋钦宗不想交割三镇，扣留了这个使团。萧仲恭和赵伦是辽国旧臣，为了达到回家的目的，两人谎称自己是不得已才投降金人，其实心里非常痛恨金人，时刻都想复国。如果宋朝能放他们回去，他们可以联络辽国旧将耶律余睹除去宗望、宗翰两人。

宋钦宗居然信以为真，写了一封信，蜡封后交给萧仲恭和赵伦，让他们回去策反耶律余睹，除掉宗望、宗翰。

宋钦宗万万没有想到的是，他犯了一个与父亲一样的错误。当年宋徽宗试图招降辽国天祚帝，被金军截获了他的圣旨，给了金人攻宋的借口。如今的宋钦宗又试图招降耶律余睹，同样给金人留下了文字把柄。

在此之前，宋钦宗一直在金人面前与父亲撇清关系，表示以前的错误都是老皇帝手上的事，老皇帝已经退位，新皇帝不应承担以前的责任。但从这件事之后，金人终于明白了，这父子俩的秉性多么的相似，就连做事的风格都一样。

萧仲恭、赵伦返回金军营，第一件事便是将宋廷的蜡书交给宗望。

从这时开始，金军基本上放弃了对北宋割地的希望，开始准备新的军事行动。

金兵撤兵，中原似乎平静了，但平静的背后，预示着更大风暴的来临，和平表象的背后，仍然弥漫着战争的硝烟。金军北撤时，还留下十几万大军围困太原城，边境上，宋、金之间的磨擦仍然不断发生。

靖康元年（1126年）五月，北宋再一次灾难的序幕悄然拉开。

金军退兵后，宋军在河北的防线，主要依靠种师道、种师中、姚古三个人负责。

五月初七，种师道因年迈多病，上书朝廷，请求退休。在三位战将中，种师道作战经验最为丰富，他的离职，让宋军的北方防线少了一员统帅级人物。

剩下的两员战将中，姚古负责山西地区的防务，种师中负责河北的防务。

宗翰退兵后，姚古乘机收复了太原以南的大部分地区，但却难解太原之围。

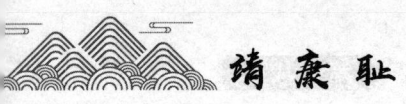

金军将太原城包围得水泄不通，太原城的军民在内无粮草、外无救兵的情况下孤军奋战，已经到了弹尽粮绝的地步，救援太原，迫在眉睫。

姚古率兵去解太原之围，无功而返，北宋朝廷不得不考虑增兵救援。

种师中率军护送金兵离境之后，大军停留在河北地区的大名府附近。朝廷于是给种师中下达命令：率军穿越太行山井陉关进入山西境内，从东南方进军，与姚古的部队形成钳形攻势，夹攻太原城外的金兵。

种师中率军穿越井陉关，到达山西榆次，离太原已是近在咫尺。

按计划，姚古应率兵前来会合，但是，姚古听信部将焦安国的建议，说金兵统帅宗翰已从北方归来，良机已失。听到这个消息，姚古选择了按兵不动。

种师中的部队孤军深入，陷入金军的包围之中，力战而死。姚古也在盘陀驿遭到金军袭击，败退到隆德。

种师中战死，姚古战败的消息传到京城，李纲大惊失色，查明原因后，立即上奏宋钦宗，谎报军情的焦安国被砍了头。山西一路统帅姚古，被免去军职，贬往广东安置。

最有作战经验的三员大将，都因为指挥系统的紊乱而去职，将防卫北方的重任留给了更加没有经验的人。

前方战火不断，后方仍然在争论不休。

朝中是主战派掌权，吴敏为宰相，李纲任尚书右丞兼知枢密院事，许翰同知枢密院事。三人日夜筹划调兵遣将，谨防金兵秋后入侵。

唐恪、耿南仲两人自从金兵围困东京、他们劝钦宗逃跑被李纲谏止之后，对李纲怀恨在心，一直想找机会把李纲挤出朝廷，两人一同便去找钦宗，说要解太原之围，非李纲莫属。

宋钦宗正在为没有人带兵作战犯愁，听了耿南仲的建议，于是下旨命李纲为大元帅，领兵驰援太原。

李纲其实是一个文官，只是在汴京保卫战中凭一腔热血临时担任了总指挥，他知道自己不善于带兵，一旦军人接手防务，自己就要退出。

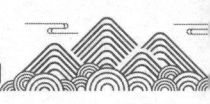

接到圣旨后他犯难了，自己并没有带兵的能力，不去又是抗旨不遵。吴敏、许翰也明白，这是主和派要挤走李纲，两人一同去找李纲，劝他留下来。李纲于是去找钦宗，说自己是一介书生，不懂兵法，难以带兵打仗，遭到宋钦宗的拒绝。

朝中大臣们知道这件事后，纷纷上书，要求将李纲留在朝中。

耿南仲乘机密奏钦宗，说李纲游说大臣，要挟朝廷，意在不测。

宋钦宗对大臣们建议留下李纲的奏疏无动于衷，对耿南仲的谗言却信以为真，直斥李纲专权凌上。

李纲在无奈之下，只得打点行装，离开东京汴梁，上了前线。

李纲上任之时，宋军越来越混乱。种师道时期，由于老将军久经战阵，有足够的威信保持军队的稳定。李纲作为文人，在首都有很高的威望，但在军队中却没有话语权。更重要的是，宋钦宗虽然说要用武力解决问题，但在种师道退休、种师中战死、主和派游说的情况下，信心发生了动摇。让李纲上前线，并不是信任李纲，而是想让李纲作最后的尝试，如果不行，就要彻底倒向主和派。

七月初，李纲到了河阳用了十余天时间训练士兵，修缮武器，然后进驻怀州，大造战车，誓师御敌。派解潜驻扎在威胜军，刘韐驻扎在辽州，幕官王以宁与都统制折可求、张思正等驻扎在汾州，范琼驻扎在南北关，相约三路并进，增援太原。

耿南仲、唐恪害怕李纲得势，又向钦宗提议同金人议和，并密令解潜、刘韐等武将直接听从朝廷指挥，不必受李纲的约束。这等于说，李纲是一个没有兵权的统帅，实际上被架空了。

由于李纲无法指挥作战，再次被免职，宋钦宗强迫种师道出山接替李纲的职务。种师道然是名将，但他上任的时候，北宋已经到了山穷水尽的地步。

太原之围从前一年十二月开始，持续了二百六十天。太原城的军民在知府张孝纯、副都统王禀的率领下，万众一心，同仇敌忾，以弹丸之地，无数次击退了金兵的进攻，金军死伤无数，保得太原城九个月城池不失。太原成了北宋抗金的一面旗帜。

宗翰向金兵下了死命令，一定要拿下太原，撕破大宋这面旗帜。

实际上，太原城的情况，可以用"惨烈"二字来概括，军民困守孤城九个月，内无粮草，外无救兵，已经到了弹尽粮绝的地步，金兵再次围城，城里几乎断粮，守城军民一天只能吃一顿饭，饿得连武器都拿不动，更不用说同敌人展开拼命搏杀了。

在金兵的猛烈攻击下，九月三日，太原城失陷，副都统王禀率疲惫不堪的士兵同金兵展开巷战，最后居然突出重围，金兵仍然穷追不舍，王禀等不愿做金兵的俘虏，纵身跳入滚滚的汾河，以身殉国。通判方笈、转运使韩揆等三十多人一并遇难。张孝纯被俘，在金人的利诱下，变节投敌。

太原作为北方屏障的意义不亚于燕京，它的失守，意味着山西一路已经向敌人开放，金军随时可以南下黄河，不管是西进洛阳，还是东袭汴京，都不会再有大的障碍。

更可怕的是，太原是在宋军的眼皮底下丢失的。宋军还有十几万大军在周围救援，却谁都不过去。如果说第一次汴京之围的失利是因为援军没有到，那么太原失守，则意味着宋朝的军事体制彻底落后于金军。

宋朝的军事体制落后不在于将领的军事素养，因为他们也有很好的将军，如种师道、种师中、张孝纯、折可求等。当年的郭药师也曾全心全意地帮北宋朝廷守卫燕京。由于指挥系统的紊乱，将军们很难有权力调动全局资源来打一场战争。

金军的行动指挥由两路元帅全权负责，他们可以调动一切资源为战争服务，但宋军的调动则要得到皇上的批准，而皇上受身边的宰执们的控制，宰执还包括主战派和主和派，在一系列的扯皮中，几乎不可能做出及时的决策。

在战争中，每一位将军只是一路兵的将领，指挥不动其他兵马。就算设立了一个更高级的统帅，几乎所有的下级将军也不把这个统帅当回事，因为他们除了受这个统帅领导之外，还有无数层级领导的节制。

一旦这个将军打了败仗，朝廷的言官立刻发动弹劾，不惜把他们逼上绝路。言官无罪，将军不赦。当将军打了胜仗，宋朝的宰执立刻考虑通过升官将他们的兵权剥夺掉，到最后仍然是树大招风而难以自保。

总之，宋太祖设计的这个系统，和平运行了一百多年，直到遇到了金军这个克星，其中隐藏百孔千疮的漏洞全都暴露出来。

长驱直入非金军能战

太原失守的消息传到京师，举朝震惊。而宋朝的君臣们，又在战、和之间发生了争吵，你言和，我主战，吵得个不亦乐乎。

徐处仁、许翰是主战派，耿南仲、唐恪是主和派，吴敏原来本是主战派，这次竟然也附于耿南仲、唐恪，反对主战。两派之争异常激烈，在朝堂上差一点打了起来。御史中丞李回受耿南仲的指使弹劾徐处仁、吴敏和许翰。

宋钦宗决意主和，下诏罢免主战派徐处仁、许翰及吴敏，用主和派唐恪为宰相，何㮚为中书侍郎，陈过庭为尚书右丞，聂昌为同知枢密院事，李回签知密院事。并派著作佐郎刘岑到宗望军营请求和谈；太常博士李若水到宗翰军营中请求和谈。分别恳求金人暂缓出兵。

刘岑回来后，说宗望索要所欠金银；李若水回来后，说宗翰要割让三镇。

宋钦宗再派刑部尚书王云出使金军，说愿意将三镇的赋税收入全部交给金国。

金人的意图是司马昭之心，路人皆知，其意已不再是三镇，而是大宋江山，偏偏宋钦宗缺心眼，始终看不明白这一点。

正在这时，李纲应召回京，耿南仲、唐恪担心李纲又要主战，唆使言官弹劾李纲，说他劳师伤财，有损无益。宋钦宗于是先贬李纲为扬州知州，接着又流放

建昌军，最后发落到四川奉节安置。

更可笑的是，太原保卫战打响之后，宋钦宗下令调集各路兵马北上，太原沦陷之后，却又听信唐恪、耿南仲之言，让奉命北上的各路兵马停止前进，四川、福建、广东、陕西的兵马都走在半道上，接到命令后，只好掉头回去了。

宋钦宗在耿南仲、唐恪的怂恿下，导演了一场北宋版的"烽火戏诸侯"的闹剧。

"烽火戏诸侯"的闹剧可不是好玩的，当年的周幽王就曾为此付出了惨重的代价。此后不久，钦宗这场闹剧玩大了，大得让他失去了江山社稷，堂堂的一国之君，成了金人的阶下囚，这是后话。

宋朝君臣只想和谈，金国的兵马只管挺进。

十月间，宗望率领的东路军越过中山府，在井陉一带击败宋军，围困了真定府。知府李邈快马传书，向朝廷连上三十四道告急文书。

唐恪、耿南仲竟然将这些告急文书扣押了。宋钦宗居深宫，对强兵压境这样的事关国家存亡的事情竟然毫不知情。

真定府守军不足二千人，居然在李邈率领下，坚守了四十多天，最后粮食耗尽，城门失守。

副都统刘翊率兵与金人展开巷战，部卒大多战死，刘翊大呼："我乃宋将，绝不做金人的俘虏。"随之自刎而亡。

李邈被金人俘虏，仍骂敌不止，金人被骂得恼羞成怒，割掉他的舌头，最后遭凌迟处死。

太原、真定失守，大宋北部再无屏障，河北、河东一片惊慌。

金兵第一次围攻东京汴梁，全仗李纲、种师道二人主持战局，才使京城没有落入敌手。如今，种师道死了，李纲被逐出京城，京师无将可用了。

金人并不坐等宋朝的答复，他们表面上讲和，实际上仍然没有停止军事行动。宗翰自攻克太原以后，继续率兵南下，陷平阳，降隆德府，一路上长驱直入，直向黄河边挺进。

战火重燃 第十八章

宗翰的部队是一支杂牌军，八万人的军队，女真人不过二万，其余都是契丹人、汉人、渤海人。

宋朝驻守黄河天险的是宣抚副使折彦质，所部十二万人，还有守御使李回率领的一万骑兵协防。宋军不仅在兵力上占优势，而且还是以逸待劳，按常规推断，金兵要越过黄河天险，比登天还难。

实际情况却大出人们的意料，金兵不但过了黄河，而且还是轻而易举，不费吹灰之力。说起金兵这次过黄河，绝对是一个笑话：金兵抵达黄河岸边，为了壮军威，他们在河对岸架起数百面大鼓，整整敲了一夜，据说为了节省体力，他们把羊绑在鼓上，让羊敲鼓。

第二天，战鼓停了，河对岸的宋兵却不见了。

原来，宋军听到河对岸的鼓声，以为金兵大举来攻，吓得屁滚尿流，夹着尾巴逃走了。黄河不防守，金兵兵不血刃便过了黄河。数百头羊、数百面大鼓，吓跑了十三万宋军，在中外战争史上，绝对是一个独一无二的典型战例。

说实在的，金兵两次渡过黄河，几乎都是长驱直入，不损一兵一卒，这并不是说金军能战，而是宋军闻风而逃，拱手让出了黄河天险。

钦宗又惊慌了，又要派去向金人求和。刑部尚书王云建议，谈判还是派康王去，因为金人早就放出话："须康王亲到，议乃可成。"

钦宗无奈，只得召见康王赵构，请他当议和大使。说议和是好听的，明摆着是送羊入狼口。

康王赵构不能推辞，只能奉旨北上。

赵构和王云带领随从一同出使，出了京城，一路北上，经滑州、浚州进入磁州地界，当地守将、知州宗泽闻讯赶来，在城外十里坡拦住赵构的车驾，不让赵构北上，他说，康王上次为人质，侥幸逃脱，此次再去，无异于羊入虎口，有去无回。肃王被金人带走后，从此杳无音信。金人狡诈，用心叵测，明摆着就是要诱你北上，然后将你扣押在北国。

赵构心里也明白，已有一个亲王被带过黄河做了人质，不可能再回来，自己

245

此去也是白白送死。这一次与上次不同，上次金人怀疑自己的亲王身份，让肃王做了替换，这一次身份明确，下场也就可想而知了。

正在赵构犹豫不决的时候，突然有很多百姓围了过来，当他们得知知州与王爷的对话内容后，纷纷议论起来。王云怕耽误了行程，喝令百姓让路。接下来发生的事，彻底地打消了赵构北去的念头。人群中，不知谁大叫了一声："这不是狗官王云吗？"

"就是这个狗官，害得我们无家可归！"

"这个奸贼，又要去同金人议和，打死他！打死他！"

突然，有几个人从人群中冲出来，将王云从马上拽下来，众人一拥而上，将王云按在地上狠打。

宗泽知道百姓对王云恨之入骨。因为在抗金之战中，王云让磁州的百姓坚壁清野，将城外百姓的房子都扒掉了，弄得很多百姓无家可归。如果是为了抵抗金兵，百姓还是愿意作出这样的牺牲，然而，朝廷并不是真的要抵抗金兵，而是铁了心要同金人讲和，眼前这个王云，几次路过磁州去同金人议和。百姓们都说他是汉贼。就在宗泽这么一犹豫，王云便被愤怒的人群打死了。

有人说百姓打死王云，得到宗泽的默许，因为宗泽是主战派。不然的话，当着知州和康王的面打死朝中大臣，这是一件不可思议的事情。

王云死了，赵构也不能走了，但磁州也不安全，因为金兵的侦察兵经常在城外出现，据说是在打探康王赵构的行踪。

相州知州汪伯彦得知宗泽留住了康王，并得知康王在磁州也有危险，立即赶到磁州，力邀赵构南下去相州暂居。

康王经过宗合判断，认为继续前进已没有多大意义，除了当俘虏之外，谈判已是不可能了。

当天夜里，康王没有惊动任何人，带着随从走另外一条路，离开磁州，回头去了相州。随后给宋钦宗写了一封信，解释不再北行的原因，等候皇上的裁示。这个决定，让金国少了一个普通的亲王俘虏，却让南宋有了一个开国皇帝。

第十九章

汴京沦陷

第二次围城

靖康元年十一月二十四,北宋首都汴京迎来了第二次围城危机,金国东路军元帅宗望率领兵马在一年之内,再次来到了开封城下。

金军再次围城,汴京城的防卫到底准备得怎么样了呢?

第一次围城时的勤王之师,接到朝廷的命令后,都折路返回了。汴京周围几乎看不到勤王兵马的身影了。

首都的卫戍部队大部分已派往前线,并在河北、山西战场上被金军击溃,汴京城剩下的军队,满打满算也不到七万人,大部分是弓箭手,战斗力不强。

负责防御的殿前司将七万士兵分成两大部分。

第一部分,分出一万人作为预备队,这一万人又分为前后左右中五军,由姚友仲、辛永宗为统领,四处接应。

第二部分,剩下的五万多人负责守卫城墙,分派到四周城墙上御敌。

金军到来后还没有开始攻城,汴京城内反倒先乱了起来。十一月二十五,汴京的十一个城门先后都燃起了大火,到底是谁纵火,混乱之中无从查起,很可能是城内有人趁火打劫。

靖康耻

大火发生后，引起城内军民的恐慌，于是，一场大规模搜捕奸细的运动就此展开，同时禁止百姓登城，搜捕时连累了不少无辜。搜捕又引起了更大的混乱，直到将为首的五个人抓捕腰斩之后，才平定了这次民乱。

由于军队不够，还得借助百姓的帮助，随之又废除不许百姓上城的禁令。同时又开始招募那些市井闲人参军。

招兵的工作由宰相何㮚和枢密院事孙傅负责。何㮚和孙傅都是道教信徒，而太上皇宋徽宗就是所谓的道教掌门，因此，他们自然相信道教的理论，在这种背景下，他们准备组建一支"奇兵"。

孙傅想起丘浚的《感事诗》中有"郭京、杨适、刘无忌，尽在东南卧白云"之句，突发奇想，张贴布告，要找一个名叫郭京的世外高人，让他来帮助退敌。天下事也真有这么巧，布告贴出不到一天，竟然真的有一个叫郭京的人找上门来，自吹神通广大，撒豆成兵，有驱使六丁六甲神兵作战之能。声称只要给他七千七百七十七人，他就可以退敌。

宋钦宗也相信他们的鬼话，授郭京为京城忠郎之职，命他在全城军民中任意挑选、自行招募兵士。

郭京招兵不问技艺，只论生辰八字，只要生辰八字对路就行。京城一些市井无赖纷纷前来报名，不到一天时间，便凑足了名额。一个平日在街上耍刀弄棒、名叫薄坚的卖艺人被封为教头，一个叫刘宋杰的江湖卖药人被封为将军。

宋钦宗不相信种师道、李纲这样的忠臣，却想倚仗这支"神兵"来保卫京城。

十一月二十七，金军对汴京发起第一次进攻，被宋将范琼击退，且大营还被宋军烧了，进攻暂时被搁浅了。

闰十一月初二，宗翰的前军已经到汴京城下，闰十一月初三，这支部队寻找安营扎寨的地点。

宗翰并没有与宗望合兵，而是找了另外一个地方独自扎营。宗望驻扎的刘家寺在汴京的东北方，宗翰就选择了汴京城南面一个叫作青城的地方。

汴京沦陷 第十九章

宗翰选择青城驻扎，使得汴京的形势更加严峻。第一次围城战时，金军只在西北驻扎，即便战争时期，汴京城的东南城门还是可以开放的，军民人等可以自由出入，金军并没有达到完全围困。但这一次宗翰驻扎在南面的青城后，两路金军一南一北控制了汴京的通道，进出城就困难了。

事实上，对于汴京而言，南方通道比北方通道更为重要。因为汴京的东南方是汴河流出的地方，也是漕粮进出的水道，这里是城市防守最薄弱的环节。上一次，宗望没有利用这个薄弱点，这一次两路大军并进，就堵死了这个漏洞。

宗翰到来后，金军的准备工作加速。上一次围城战缺乏攻城器械，这一次，他们在太原等围城战中积累了足够的经验，不仅带来了军队，还一路劫掠了不少百姓，逼迫他们跟着做工程。从宗望到达的那一刻起，金军就不断地准备攻城器械，特别是炮架和鹅车。

从闰十一初二开始，已经合军的金军对汴京展开又一轮的攻击，宋军虽然挫败了金军的进攻，但对方还是逐渐占据了上风。

更要命的是，当时天上正下着鹅毛大雪，守城的士兵连武器都握不住了。宋钦宗冒着大雪，亲自上城犒军，但连续的大雪，还是有不少的宋军冻死在城墙上。

金兵生长在北国，天生不畏寒。望着漫天的大雪，宋钦宗心里着急，赤脚站在雪地里，祈求天能放晴，然而，他的愿望落空了，天不仅没有放晴，而且雪还在越下越大。

闰十一月初九，金兵开始大规模攻城，金人本想把整个汴梁城包围起来，由于汴梁城太大，金军兵力不足，所以只围攻善利、通津、宣化三城门，每天矢石如雨，杀声震天。守城的宋军只是消极防御，由于城高墙厚，易守难攻，战事进入胶着状态。

之后几天，金军的进攻仍然很激烈，守城的将士也没有太大的漏洞。但一股不安的情绪却在漫延。人们发现金国和北宋的使节来回穿梭于金营与城内，来去显得都很神秘。于是，关于和谈的风声又出现了。人们回想到上一次和谈之后对于汴京的搜刮，再次担心起来。害怕再次被皇上出卖，军民的抵抗到最后会不会

249

变得毫无意义。

闰十一月二十,宋钦宗诏命康王赵构为河北兵马大元帅,不久,又派人持腊书乘夜出城,约康王赵构和河北守将增援京师,但信使被金兵截获。

张叔夜父子三人率兵勤王,领三万余人杀到南薰门外,张叔夜只身进城,请宋钦宗移驾襄阳。宋钦宗仍然不愿离开京城,命张叔夜领军进城,提拔他为签书枢密院事,命他率兵助守。

王宗濋领一万人出城迎战金军,没交锋就逃跑了。

金军猛攻南城,张叔夜和都巡检范琼,竭尽全力防守,击退金兵。

宗翰见久攻不下,又玩起了和谈的把戏,派萧庆进城,要宋钦宗亲自出城缔结盟约。宋钦宗当然不敢亲自去金营,只派冯澥和赵仲温到金营求和,宗翰的目的是要宋钦宗亲自来,其他人根本就不接见。

东道总管胡直孺率兵增援京城,被金军击败,胡直孺被擒,绑到城下示众,城中人更加惧怕。

范琼带一千人出击,渡河时冰面崩裂,溺死五百人。

何㮚想到了郭京和他的六甲神兵,之前,何㮚曾请郭京出兵,郭京推说不到危急关头,神兵不出。

现在,北宋的军队挡不住金兵的进攻了,形势已经是最危急的时候,再不出战,金兵就打进来了,郭京这才答应当天出兵。

郭京出战时的规矩很多,先在城墙上挂上天王旗,声称可以让敌人丧胆,之后大开宣化门,派他的人马出战,他自己留在城头指挥。

汴京城的士兵百姓听说郭京出战了,纷纷来到城墙上,向下张望,看他怎么打仗,观望者达数千之众,跟着起哄的还有数千人。郭京一看,连忙命令所有的人都下去,就连守城的将士也不准待在城头上。只有张叔夜率领的数百精兵在宣化门瓮城的城头上做护卫。

城池防御战的常规,城内的士兵往往分成两部分,一部分出城作战,一部分守在城墙上坚守。开启城门后,出城作战的士兵与敌人厮杀,城墙上的士兵随时

汴京沦陷 第十九章

注意城外的动向，一旦出城作战的士兵失利，在退回城内的过程中，城上的守军就必须拿捏好时间，让过败军进城，再用弓弩射击敌人，败军进城后，立即关闭城门。只有这样，才能阻止敌人乘乱进城。

郭京让守卫者下了城墙并离开城门，城内的人就无法观察到城外的战况。整个京城的命运就交给了郭京的六甲神兵。一旦失败，敌人就会乘机进城，守军无法做出快速反应阻击他们。

如果在平常，这个命令可能会被守军拒绝，但整个城市都把希望寄托在郭京的身上时，就必须承受这种风险。于是，守军们没有抵抗就服从了。

六甲神兵从宣化门出城，刚过壕沟，金兵迎面冲杀过来，六甲神兵其实是临时凑合起来的乌合之众，连普通士兵都不如，有的甚至连箭都不会放，除了摇旗呐喊，什么都不会。

金兵铁骑从两翼杀过来，可怜这些"神兵"都是血肉之躯，被金兵铁骑一扫而尽，尸横遍野，血流成渠。

郭京站在城头上，情知不妙，对督战的张叔夜说要亲自下城去作法。张叔夜下令打开城门，放郭京出城。这位郭神仙出城之后，带着几个人，一溜烟逃跑了。

据说，这位郭神仙逃出汴梁后，一路南逃到襄阳，竟欲聚众为乱，被张思正拘杀了，也算是罪有应得。

再回头看郭京离开后的汴京城，由于城门关闭及时，金军并没能顺势进城，但随后开始运用云梯爬城。由于事出仓促，金军准备的云梯并不多，只有一架云梯，可供五十人同时上城。可实际上，只有十几个人登上了城墙。按平常的守卫标准，这十几个人很快就会被消灭掉。但不巧的是，守军大部分都被郭京赶下了城，此时还来不及回到城墙上，少数城墙上的人见金兵上城了，首先想到的不是杀敌，而是转身逃下城去。随之，金兵从四面八方登上了城墙，杀进南薰门。苦苦坚守了一个多月的京城，让一支荒诞的神兵给毁了。

金军占领城门之后，统帅们要求士兵占据城墙，暂时不要下城参与劫掠和厮杀，但他们并不能完全保证军队的纪律。更严重的是，大量的宋朝溃军已经成了

251

首都的最大祸害。他们逃下城后，开始对城内进行大规模劫掠。

作为第二次汴京保卫战的主要指挥官姚友仲，没有死于金军之手，却死于乱军手中。刘延庆夺门出奔，为金兵所杀；统制何庆言、陈克礼，中书舍人高振等力战至死。张叔夜率两个儿子奋力抵抗，父子均受伤，只好退回内城。

宋都汴梁自五代后梁即建都于此，至陷落金兵之手，中原王朝经营了两个世纪，至北宋末年繁华至极。北宋自太祖赵匡胤开国以来，经太宗、真宗、仁宗、英宗、神宗、哲宗，由徽宗传至钦宗，历九世，近一百七十年的基业，毁于一旦。

一个曾经创造过辉煌文化的王朝，从此改朝换代。北宋不是亡于金人的强大，也不是亡于联金攻辽有什么策略失误，而是亡于廊庙朽蠹，朝政腐败，人心涣散，军无斗志，而对手又是刚刚勃兴的游牧民族，一方是气数将尽，一方是锐气方张，两相比较，便知北宋必然灭亡了。

羊与狼的谈判

当城门被攻破时，宋钦宗已经乱了方寸，他号召全民抗战，要把汴京城的武器发给平民，让他们抵抗金军。其实，宋军的士兵并不少，只是此时的宋军已经成了溃军，军人尚且如此，平民又怎能打仗？许多人将发下来的兵器丢到臭水沟里去了，后来连兵器也发不下去了，因为宫廷内的官员都逃跑了。

当天晚上，宋钦宗与左右商量，讨论的结果是既然城破了，除了与金人和谈，已经别无选择。宋钦宗派景王、谢克家、李伫出使金营。

由于二太子宗望对宋朝的态度似乎要好一些，使团直接去了刘家寺的宗望大营。他们坐着筐从城上吊下，只带着随从。宗望不见北宋使者，说他们的级别不够，至少需要宰相何㮚来，谈判才能进行。

第二天（闰十一月二十六），李若水的到来，更坚定了宋钦宗求和的信心。李若水

汴京沦陷 第十九章

出使宗翰营地商讨割地，由于金军进攻太快，出使没有结果的他跟随宗翰的部队回到汴京城外。宗翰告诉李若水，五百里之内都是金国的兵马，北宋皇帝已无处可逃，唯一的出路就是派人来和谈。

闰十一月二十六，宋钦宗听了李若水的报告，派宰相何㮚与济王赵栩前往金营，请求金军的宽大。

何㮚见到宗翰，受到对方的质问，到底谁是决定抵抗的主谋，何㮚回答说是他本人，与皇帝无关。

宗翰继续问："以前数次要求宰相来谈判，你为什么一直不来？"

何㮚问答："不肯来是为了社稷，今天来是为了生灵。"

宗翰觉得何㮚是忠个臣，没有继续追究，甚至安慰何㮚说："自古有南即有北，哪一个都不能缺少，只要肯割地，一切都好说。"

但在另一件事上，双方分歧却很大。就在宋使放松警惕的时候，宗翰突然提出一个要求：他们要让太上皇亲自出城与他们对话。

宋徽宗自从当了太上皇，反应较之以往迟钝了不少，他虽然担惊受怕，但并没有和上次那样选择在围城之前逃走。金人要让宋徽宗出城，似乎带有谁把事情搞砸了，谁来收拾烂摊子的意思。

按照汉人的看法，太上皇是绝对不能出来的，但按照游牧民族的看法，大军已到，主帅相见谈判是很正常的事。更何况，太上皇是一切事情的根源，由他来收拾残局，是一件很正常的事。

宗翰甚至说：如果太上皇不愿出城，可让皇太后和公主出城做人质。

无论是让太上皇出城，还是质押皇太后和公主，何㮚、赵栩都作不了主，只得回城，将金人的要求转告给宋钦宗。

从闰十一月二十七日开始，金军中有三三两两的人从城墙上下来，进城劫掠。他们并不杀人，只是劫财。真正杀人的反而是宋军中的游兵散勇，他们是纪律最糟糕的军队。

在金军两位元帅中，宗翰目标明确，就是给宋王朝增加压力，宗望对宋朝似乎要温和一些，却又带有花花公子的性格。这一天，宗望派人进城抓走了七十多

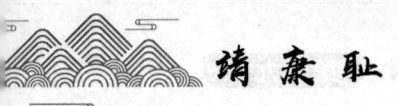

名妇女。

宋钦宗听了何㮚、赵栩的汇报,表示作为儿子,不可能将父亲送出去,如果金人一定要让太上皇出城,那么作为儿子的皇帝,只好亲自替父亲出面了。

闰十一月二十九日,宋钦宗做了最后的努力,派皇叔燕王赵俣、越王赵偲等十一人前往,宗望拒而不见。

这时,宋钦宗知道,除非自己亲自去,否则达不成协议。

闰十一月三十日,宋钦宗亲率何㮚、孙傅、陈过庭等几位大臣前往金军大营。金军统帅宗翰、宗望竟然避而不见,宋钦宗一行无奈,当晚宿于斋宫。

在城内,官员、士兵、百姓都在等待皇帝归来。但到了傍晚,有人拿着黄旗从南薰门进来,带来宋钦宗的亲笔信,表示金人已经答应议和,但事情没了结,所以今天不回来了。

皇帝亲自出城,对于金人与宋人的意义完全不同。

作为游牧民族的金人,并不把宋朝的皇帝出城当回事,他们的首领不仅常常冲锋陷阵,谈判更是亲自参与,既然攻克了汴京,皇帝亲自参与谈判,这是正常的礼节。

但对于集权帝国的子民,皇帝出城是一件非常严重的事情。皇帝是一国之君,不能冒任何风险,更不可能直接前往敌人的营地。金人看来是理所当然的事,对于宋人却是奇耻大辱。这可以看成是游牧文明与农耕文明冲突的一部分。

十二月初一,金人一反常态,坚持要宋钦宗献降表,表示宋朝社稷已经覆亡,而此时的宋钦宗,连金军两位元帅的面都没有见到。

宋钦宗此时已是金人刀俎下的鱼肉,不敢不从,按照金人的要求,命何㮚写降表,金人对降表措词进行刁难,要求去掉"大金"两字,只称皇帝,抹去"大宋皇帝"四字,意思是只有金国皇帝,宋朝只配称臣,又把"负罪"改为"失德",把"宇宙"改为"寰海"。

宋钦宗与宰相如同小学生一般诚惶诚恐,满足了金人的所有要求,降表算是勉强通过。

十二月初二,金国元帅终于见到了,见面的时候,金人突然又想让太上皇出

城，宋钦宗再三陈述，金人才打消了这个念头。

接下来便是受降仪式，宗翰命人将斋宫里象征皇权的鸱尾用青毯包起来，墙壁上有画龙的地方也都用布遮住。在北方设立一个香案，这才请宋钦宗进来。

宋钦宗到来时，两位元帅亲自到门口迎接，双方都在马上。宋钦宗把降表交给宗翰，宗翰接过来，双手作揖，然后进入斋宫，宋钦宗的马在前面，两位元帅的马在后面，随从跟在两位元帅后面。

到了香案前，宋钦宗下马站在案前，宗翰把降表交给手下，宗翰傲慢地坐在上面，命宋钦宗将降表读一遍，然后向北拜了四拜，表示臣服。

宗翰接受降表，傲慢地说："我国本不愿劳师动众，实在是你国君臣太昏庸，所以特来问罪。我们准备选贤者为宋国主，削去帝号。"

宋钦宗不敢吭声。

何㮚抗争道："割地输金，都可以遵依，易主一事，不容再议。"

宗翰只是摇头，宗望狰狞地笑着说："既然愿意割地，快去割让河北、山西之地，至于金帛，就先送来金一千万锭，银二千万锭，帛一千万匹。"

漫天要价、敲诈勒索，宋朝君臣面面相觑，谁也没有开口。

"有困难，是吧？那你们就住在这里，想好了再回答。"宗翰冷笑一声，转身离去。

宋钦宗无奈，只得硬着头皮答应金人提出的条件。

随后，金人送宋钦宗一行上马离开。

在宋钦宗举行以投降仪式时，城内的官吏和百姓已经在南薰门内集合，从南薰门直到宣化门，道路两侧摆满了香案，由于雪后的化雪，路上积满了泥泞，为了让御车顺利通过，人们专门拉来新土，迅速将路面铺平了。

宋钦宗出了金营，走到南薰门，见到等候的群臣和民众，想到在金营受到的屈辱，悲从心来，不禁嚎啕大哭。

张叔夜等迎上前，也是放声大哭，汴梁城一片哀恸之声。

第二天，宋钦宗下诏，命文武百官前往金营致谢，当大家走到南薰门时，被

金人挡了回来。宗翰传话说，心意领了，人不必来。

人们庆幸皇上安全归来，以为一切都结束了。但他们不知道，这只是事情的开始而已。与皇上一同归来的，还有几位金人，为首的是曾经的使节萧庆。萧庆一行进城后，常驻尚书省。从这一天开始，北宋便失去了行政上的主权。

就在人们去金营致谢被阻的那一天，金人还给宋钦宗写了一封信，要求将河北的康王召回来。

宋钦宗于是派曹辅去找康王，私下里，宋钦宗和太上皇说话时，表示金人想另立新君，康王是合适的人选。

为什么金人和北宋皇帝，都对远在河北的康王那么重视呢？

最后的希望——康王

在汴京还没有陷落的闰十一月二十二，远在相州的康王迎来了一位特殊的客人。这位客人名叫秦仔，声称是从汴京来的。见到康王，秦仔掏出一块黄绢，康王认出是宋钦宗的御笔。黄绢上的字是：

檄书到日，康王充兵马大元帅，陈遘充兵马元帅，宗泽、汪伯彦副元帅，速领兵入卫王室，应辟官行事，并从便宜。

康王看后，痛哭不已，向朝廷方向跪拜。

原来，宋钦宗同时派出四个人前往相州，以免有的人到达不了相州。他这么做，是采纳侍御史胡唐老的意见。胡唐老认为，在宋徽宗所有的儿子中，除了被金人掳走的肃王外，其余的人都在京城。只有康王一人远在相州。现在，康王几乎成了北宋的唯一希望，皇上应该拜康王为兵马大元帅，号召全国兵马勤王，解救汴京的危局。

汴京沦陷 第十九章

按照规定，宋朝宗室不得过度参与军事，拜康王为大元帅已经触犯了这个禁忌。宋钦宗和大臣犹豫不决，有人表示授予元帅都不合章法，何况还要加上"大"字。胡唐老力争说，局势都这样了，还纠缠一个"大"字，有意义吗？宋钦宗这才给康王写信，拜他为大元帅。

十二月初一，当皇帝正在前往金营的路上时，康王在相州设立了元帅府，成了全国抗金中心。

此时的康王是宋徽宗诸子中唯一一个不在汴京的亲王，所处的地理位置，又恰好在金人即将吞并的河北地区。他的出现，打乱了金人的军事部署，因此，金人在解决完汴京问题后，必须要打败康王，才能算彻底征服了北宋朝廷。

宋钦宗正是应金人之命，派曹辅去相州找康王，叫他回汴京。

幸运的是，曹辅到了相州，康王已离开了相州。曹辅只得返回汴京，报告说没有找到康王。那么，康王到哪里去了呢？

原来，大臣们认为相州距汴京太近，不怎么安全，建议康王赵构离开相州，找一个安全的地方避难。赵构接受了这个建议，离开相州，先是去了大名府，后来觉得大名府仍然不安全，最后去了东平府。

在金军控制汴京的时间里，这位天下兵马大元帅如同一盏明灯，寄托着大宋最后的希望，只要他还没有被抓住，人们就觉得大宋江山还有指望。但他又只是一盏灯，怎么也无法变成熊熊大火，也没有起到应有的作用，眼睁睁地看着金军继续在汴京横行无忌。

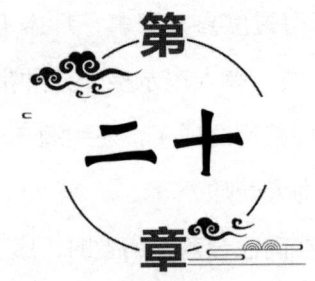

第二十章

财富与文化的劫掠

待宰的羔羊

在首都汴京，与金人的交涉仍然在继续。宋钦宗出城与金人到底达成了什么协议，除了递降表之外，还干了什么，个中情节，朝中大臣不得而知。

金军第一次围城，宋钦宗与金军东路元帅宗望协商的犒军钱是五百万两金，五千万两银，这一次金军动用了两路大军，北宋又要支付多少战争赔偿呢？

上一次，宋钦宗早早就宣布了向金人赔偿的数额，而这一次赔偿数额却只在少数人中流传，平民百姓一直被蒙在鼓里。为什么会出现这种情况呢？答案只有一个：赔偿数额太大，不敢公开。

十二月初三，金军的索赔文书到了，宋钦宗答应的赔偿金：金一亿两，银十亿两，同时还需要绢帛一千万匹，同上一次相比，金银的数字增加了二十倍，即便是上一次，最后也无法凑够，那么，这一次的赔偿钱，根本就是一个无法完成的数额。

明知道无法完成，宋钦宗还是得做出筹款的姿态，下诏增派侍郎官二十四名为根括官，下令大括金银，无论宗室、权贵、商人、还是娼妓，甚至连僧道都不能免，据记载，就连"福田院"（福利机构）里的贫民乞丐，也要"纳金二两，银

财富与文化的劫掠 第二十章

七两"。

十二月初四，为了更精确地了解汴京到底有多少财富，金军驻扎在城内的代表开始巡视府库，清查帐目，以确定开封城到底能够提供多少物资。

十二月初五，金人的索求还在继续加码。这一天，金人又提出了三个新的要求：一是向金军提供一万匹马，二是开始交割河北和山西地区，三是给金军提供一千五百名少女劳军。

马匹之数虽然勉强凑齐了，但从此以后，北宋士大夫都只能骑驴、乘轿、徒步，骑马的人基本没有了。

关于交割，宋钦宗不敢含糊，派何㮚、陈过庭、折彦质等人为割地使，分赴河北和山西进行交割。又派欧阳珣等二十人到各州县，通知地方官投降金国。

一千五百名少女，仓促之间难以凑齐，宋钦宗便让后宫的嫔妃、宫女抵数，可怜一班宫娥彩女，得知要自己被送往金营的消息，很多人都投河自尽了。

十二月初六，金人再次提出新要求：将所有兵器上缴。

汴京失陷时，由于溃兵将兵器到处丢，许多都被百姓捡走了。于是，开封府发出公告，要求百姓将武器全部交出来，一并运送出城。运送武器的工作持续了好几天，全部交给了金军。

到这时，金人的意图已经很明显了，宋军失去了马匹和武器，就再也没有了抵抗能力，除了像羔羊一样任人宰割之外，不会再有其他的结局。

彻底解除了首都的抵抗能力之后，金军还有两件事没有得到解决：一是战争赔款，二是河北、山西地区的交割。

何㮚、陈过庭、折彦质等割地钦差到河北、山西传达圣旨，河北、山西的民众一片哗然，拒不奉诏。

欧阳珣虽为宣旨官，却不愿做亡国奴，在金人的押送下到达深州城下，冲着城上的守兵大声喊："朝廷为奸人所误，丧师割地，我特拼死来此，奉劝你们，要做忠义之士，守土报国，不要做亡国奴，不要投降金狗。"

随行的金人没有料到欧阳珣会来这一手，将他捆起来，送往燕京。欧阳珣面对金人的酷刑，视死如归，最后竟被活活地烧死。

靖康耻

种种迹象表明，不管有没有圣旨，守将大多都会拒绝交割，继续坚守。金军不可能长期驻扎在开封，毕竟几十万大军粮草迟早会出现短缺，到时如果没有完成交割，在返回北方的过程中就有可能遭受打击。

为此，金军想出了一个很毒的办法，控制守将们的家属，有人质在手，守将们就不敢反抗。

十二月初九，金军正式提出要求，北宋政府必须将镇守河北、山西的守臣、监司的家属交出，由金军带着前往各城池做人质。只有守将完成了交割，才有可能将家属领回去。

这个命令并没有得到很好的执行。原因可能是多方面的，比如，有些人的家属可能不在本地，但开封府还是按金人的要求去办。由于时间仓促，这些人并不有得到很好的安置，不但没有住处，甚至连饭都没人管。本来都是国家功臣的家属，由于皇帝的无能，却成了金人的抵押物。

除了交割之外，最麻烦的是金人索要的金银。汴京已成为一座孤城，全城的财富已被洗劫了一次，即使是挖地三尺，也不能满足金人的要求。

随着事情的发展，金人对北宋的家底基本有了底，认定整个北宋都不可能有这么多黄金了。于是他们修改了数额。

十二月二十四，元帅们以信件的形式向汴京发来新命令，主要内容是催收赔偿金，而在数额上，由一千万锭降到一百万锭，银也由二千万锭降到五百万锭。金的数目是最初提出的十分之一，银是四分之一。

金人的这个举动可以有两种解释，一是可视为一种友好的表示；二是为了不让宋人过于绝望，让他们感到能够完成任务，从而加快交割速度。

但修改之后的数目，仍然是没办法完成的。就在这个时候，事情却又起了变化。

两位元帅对宋钦宗仍然保持着表面的友好，开封府干得热火朝天，宋钦宗也以为只要尽量满足金军的需求，就能维持和平，保住赵宋的半壁江山。

一场更大的变局却已经在酝酿之中……

财富与文化的劫掠 第二十章

皇帝被骗出城

靖康二年（1127年）正月初八，金人又提出来，让宋钦宗再出城一趟。这次出城的目的，是给金国皇帝加徽号。

这件事来得有些突然，其实，最初是宋钦宗于正月初七这一天，先派遣何㮚与李若水访问金军营地。宋钦宗的目的是乘金人有所松动，再请求他们减免一些金银。

金人两位元帅没有答应宋使的请求，却邀请宋钦宗亲自前来。

两位元帅表示，农时临近，他们也快要撤走了，希望宋钦宗去给金国皇帝加个尊号。北宋使者把消息带回来，他们觉得也没有什么大不了的，李若水甚至认为，如果皇上亲自前去要求减免一部分赔偿，对方是有可能答应的。

与北宋使者一块来的金国使者却说宋钦宗不去也行，可以派亲王和最高大臣同去也可以。

到底去不去，宋钦宗犹豫不决，想起上次去金营的情景，心有余悸，尽管心里一百个不愿意，却又不敢拒绝。

当天，太上皇、太上皇后也来看望宋钦宗，一家人其乐融融。宋钦宗突然大发感慨，认为作为皇帝，不能只想自己享乐，如果能替百姓减少一点苦难，就不要吝惜自己的身体。他决定亲自前往金营。既然出过一次城，再出一次又何妨？

正月初十清晨，宋钦宗的车驾出现在南薰门。这次出行极为低调，甚至许多内侍都不知道他的离开。虽然低调，但皇帝在出城之前，还是要做一些准备的，他因筹办金银数量不足，将开封府尹、少尹各降三级，算是给金人一个交待，并带了一部分金银，表现出充分的诚信。

宋钦宗的出行虽然是秘密的，还是有百姓得到了消息，他们聚集在城门口等待，拦住皇上的车驾，不让出城，他们担心皇上这一走，恐怕就回不来了。

护卫宋钦宗的是范琼，他请百姓让路，表示皇上当天去，当天就可以回来，之所以必须去，是为满城百姓考虑。

靖康耻

张叔夜闻讯赶来，跪求道："陛下不能去啊！去了恐怕就回不来了。"

宋钦宗扶起张叔夜，流着泪说："朕为顾全满城百姓，冒死前往，实出于无奈，嵇仲留守京城，可要努力啊！"

嵇仲是张叔夜的表字，宋钦宗以字称臣，这是重托之意。

城门外，金军列队等待，他们见宋钦宗的卫兵太多，请一个叫王球的人带回七百多名侍卫。

宋钦宗出城之后，被带到青城寨的宗翰大营，宗翰、宗望根本就不见面，君臣被软禁在军营斋宫西厢房的几间简陋的小屋内，金兵把守在屋外，天未黑，便用锁链将门牢牢地锁了起来。

此时正是寒冬季节，朔风凌厉，滴水成冰。宋钦宗晚上睡在土炕上，仅有一床毛毯御寒，又冷、又饿、又悲、又忧，一夜辗转反侧，不能成眠。

宋钦宗似乎有一种不祥的预感，除了向汴京城军民发出诏书，表示办完事就回去之外，还给大臣们发了一道密诏，直接要求王若冲、邵成章等人护卫皇太子到宣德门，将大事掌管起来，这样的安排，就有了托孤的意思。

正月十一，宋钦宗继续被留在青城，他做出安排，只留三百人跟随自己，其余的人都回城。陪伴他的大臣们也大都回到城内，只留下九位必须在场的官员。

从宋钦宗的安排来看，他似乎已经做了最坏的打算。但这只是他的直觉，其实他还指望能回到城内，没有人知道接下来会发生什么，就连金国的两位元帅都不知道。

宋朝的降表正月初三传到东北地区金国的龙庭。金国太宗皇帝（吴乞买）召集群臣讨论，既然赵氏两位皇帝都是言而无信，不如废掉他们另立新君。

初五，讨论还有进行中，枢密院事刘彦宗上表，建议还是立赵氏为皇帝，可以换人，但不要换家族。

这个提议被金太宗否决了。也就是说，直到正月初五，金国皇帝还没有发出信息，即便发出了，也不可能在五天之内，就将诏书传到了汴京。

所以，宋钦宗出城时，就连两位元帅也不确定对宋钦宗最后的处理结果，他

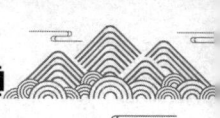

们只是嫌宋朝做事太慢，将皇帝扣押起来，逼迫城内加大筹款的力度。

两位元帅虽然不确定事态发展的结果，但对宋钦宗的态度又有所差别，其中宗望是同情宋钦宗的，希望他继续当皇帝，对他的态度比较温和。宗翰却更加老练，他在给皇帝的信中提到了废掉赵氏皇帝，另立新君的意思。所以，邀请宋钦宗出城，又可以看成是宗翰的预防性措施，一旦金太宗回信有废掉赵氏的旨意，就可以立即执行。

失控的汴京

宋钦宗出城一去不归，汴京城内筹集金银的速度果然加快了。一方面，向城外搬送金银的人络绎不绝，另一方面，开封府加大了催缴的力度。

人们出于对皇上的感情，许多人都是自愿缴纳，有些贫民听说皇帝有难，将家里仅有的碎银子都交出来了，虽然数量不多，但体现了一种民情民心。

在平常年份里，正月十五是最热闹的一天，然而，这一年却过得冷冷清清。城内缺乏粮食饿得人吃人，灯也被金军拿走了，皇帝也不在城内，金军还威胁随时要掠城。

种种迹象表明，宋钦宗被扣留，并非仅仅因为金银那么简单。比如，正月十三，有个名叫王宗沔的官员随同金人进城，边走边哭，见到他的人都感到惊讶。后来听说王宗沔是带金人来"窥伺"帝姬的，也就是皇帝的女儿，即"公主"。金人窥伺公主，自然是要和亲。

对于大部分农耕民族来说，和亲永远是最伤自尊的一件事。被征服的国家或民族可以将财富都交给胜利者，可一旦女人或者女儿被征服者掠去，都会被视为奇耻大辱。

但偏偏游牧民族习惯于在战场上抢夺女人，并把占有对方的女人当作理所当然之事。而被征服者也不像其他民族那样哭天抹泪，反而把女儿嫁给征服者当作

是一种延续。

金人与宋人在女性问题上的冲突，让事情更加具有了悲剧色彩。

正月十六，由于宋钦宗老是不回来，一些激进的年轻人开始自行其是，其中思想最为极端的是一些太学生。这些太学生集体到朝廷，要求向金人请愿，请愿书都写好了，请金人将宋钦宗送回来。

执政者们担心这个法子没用，禁止他们这样做。

在太学生中，有一个叫徐揆的人，不顾执政者的禁令，独自前往南薰门，将请愿书交给了守门者。守门者将他放到马上带出城，见到了两位元帅。徐揆请求两位元帅释放宋钦宗，双方发生了争吵，徐揆竟然被宗翰给杀死了。

当太学生请愿的消息传到宋钦宗耳中，他只是淡淡地回了一条手札："此事岂能凭请愿所能解决？"

正月十六，又发生了一件大事情——大将军刘韐自杀身亡。

刘韐是足以与种师道、姚友仲并列的战将。

第一次金兵入侵，就想得到真定，正是刘韐的坚守，才保得真定城池不失。刘韐一战成名，不仅受到真定百姓的拥戴，也得到金人的尊敬。

第二次金兵入侵，刘韐被调离真定，导致真定失守。汴京城被攻破后，刘韐与陈过庭、折彦质被委任为割地使，本来要派往河北的。但金军却留下了刘韐，将其余的人派走了。

刘韐之所以被留下来，是因为金军的枢密院使韩政年事已高，金军知道刘韐能打仗，希望招降刘韐，让他担任枢密院使。从这里可以看出，金人是一个善于运用敌人将领的民族，不管是辽国还是北宋，只要是人才，就不拘一格委以重任。

宗翰派韩政拜访刘韐，说国相（宗翰）很器重他，要重用他。刘韐义正词严地说："忠臣不事二主，烈女不嫁二夫，我就是死，也不会投靠金人，并不想得到你们的重用。"

韩政笑着说："军中正在议立一个异姓人做南朝的皇帝，相国欲以你取代那个昏庸无能的宋钦宗，这样的好事你也不愿意吗？"

财富与文化的劫掠 第二十章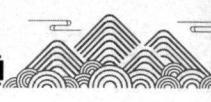

刘韐怒斥韩政，称绝不受金人的胁迫利诱。随即进入内室，写下几句绝命辞：

> 贞女不事二夫，
>
> 忠臣不事两君，
>
> 况主忧臣辱，
>
> 主辱臣死，
>
> 以顺为正者，
>
> 妾妇之道也，
>
> 此予所以必死也。

刘韐写完绝命辞，交给亲信送给他的家人，然后悬梁自尽，以身殉国。

接下来的几天充满了不确定性，开封府逼着人们上缴金银，金人也变得越来越不耐烦，屡屡进城骚扰。

皇上去金营议和，一去不返，朝中文武大臣每天都到南薰门等候，谁知人没有盼到，却盼来了圣旨：满足金人的所有要求，要什么，给什么，赎朕回朝。

宋朝的臣子们闻讯，加紧搜刮，开封府派官吏直接闯入百姓家里强索，横行无忌，如捕叛逆一般。为了防止百姓逃走，规定五家为保，互相监督，如有藏匿，即可告发。就连福田院的贫民、僧道、工伎、娼优等人也不放过。

正月十九日，仅搜刮到金十六万两，银二百万两，衣缎一百万匹。

提举官梅执礼将金银布帛送往金营，宗翰见与他们索要的数目相差甚远，一怒之下，杀了梅执礼，将随行人员痛打一顿，逐出了金营。

由于金银数额与期望值相差甚远，金军开始考虑从其他方面寻找补偿。既然金银不够，就考虑用其他的东西来代替。宋钦宋不得不一一答应金军的要求。金人索要的东西可谓是五花八门。

从正月二十五开始，金军开始索皇帝的宫廷用品，包括玉册、车辂、冠冕等带有皇帝标识的东西。还有祭天礼器、天子法驾、各种图书典籍、大晟乐器以及

265

百戏所用服饰，都在搜求之列。

抢完了东西，再抢人，首先是抢有技术专长的人，如医生、教坊乐工、各类工匠、课命官、卜祝司、天台官、六尚局修内司等等，都列入了抢人名单，抢完了技术人才，又疯狂地掠夺妇女，几乎稍有姿色的女子，都被捉拿送往金营，供金兵淫乐。

这些可怜的女人，并不是白白地被抓走，担负着帮助皇帝还债的任务。比如，一个宫女的价银二百锭，一个普通民女价银一百锭。每抓一个人，皇帝的帐单上就会勾销掉相应的银两。

正月二十七，抓捕女人、娼优的事情还在继续，金人又增加了索要的东西，包括皇家典礼使用的物品，比如说，皇帝祭祀用的仪物、法服、冠冕、乘舆等。同时还索要有关官员，包括台省寺监的官吏、通事舍人、内官等。

由于金国主流文化正从游牧文化向中原农耕文化转变。需要大量各方面的人才为他们服务，这些人都是去金国担任官府公职人员的，所以，在搜寻这些人的时候，连同他们的家属也一并带走。

另外还有各种奢侈品，包括犀角象牙、宝石、药石、书籍等，大包小包。人挑车载，源源不断地运往金军营地。

正月二十八，蔡京、王黼、童贯家族的四十七个女人被送到了金营，之前金人要的是侍候蔡京、童贯等大臣的女人，现在直接将他们家族的女人全带走了。

正月二十九，金军索取代表汉文化中儒教精神的物品，包括大礼仪仗、大晟乐器、太常寺礼物等，甚至连博戏的工具都在掠夺之列。

这一天，也是金人追捕民女、娼优的高峰期，抓住她们后，首先送往教坊司择优录取，录取后就送往金军营地。此外，皇亲国戚的侍女们也都遭了殃，甚至连送女人的车都不够用了。大街上哭声撼天动地。这一天还移送了内官二十五人，百工、技艺千人。

正月三十，一队被押送往金营的女人经过南薰门，正好那里聚集了很多等待皇帝归来的官员。女人们高声大骂："尔等任朝廷大臣官吏，作坏国家至此，今天却让我们这些女人抵债，尔等颜面何存？"

财富与文化的劫掠 第二十章

大臣们被骂，连话都不敢说，把头避到一边，不敢看这些女人。

金人的搜刮还在继续，宋人的等待也在持续。

每天早上，南薰门外集聚了成千上万的人，其中包括市民、军人、政府官员等，他们希望皇上能奇迹般地出现在他们面前，然而，天天满怀希望而去，心灰意冷而归。

期间，坊间传出一个消息——金人要废掉赵氏皇帝。

从严格意义上讲，北宋正在经历一个没有皇帝的混乱时代。

最早猜出金军要废掉皇帝的是一个名叫司马朴的官员。司马朴的官职是虞部右司员外郎。

第一次汴京围城时，他曾经奉命出使，宗望详细询问了他的家世，知道他的外祖父是宋代名相范纯仁，范纯仁又是名臣范仲淹的儿子。宗望对他刮目相看，很尊重他。

第二次围城时，司马朴已经是兵部侍郎，由于受到宗望的器重，也成了陪伴宋钦宗的人选之一。宗望与司马朴谈话时，常有意无意地向他透漏一些消息。在一次交谈中，宗望告诉司马朴，他不想废掉宋钦宗，但另一个元帅宗翰却存有此心，两人的意见不统一，现在就等金国皇帝的诏令，看上面怎么说。

司马朴把消息告诉了其他的人，众人将信将疑，却也无可奈何，只能等待。

第二十一章

惊天之变

皇帝废为庶人

二月初五,宋钦宗与宗翰、宗望打了一场球,宋钦宗的随从包括何㮚、冯澥、曹辅、郭仲荀等四人在球场边看球。宗望正要进场打球时,一位金国将领送来刚收到的金国皇帝的诏书,两位元帅看过诏书之后,什么也没有说,匆匆收场。

宋钦宗在离开球场的时候,提出回城的要求。宗翰看了宋钦宗一眼,冷冷地说:"你还想去那儿吗?"

宋钦宗见宗翰脸色冷峻,吓得不敢出声。

二太子宗望送宋钦宗回斋宫,态度比较温和,因为他们在一年前就建立了一种信任关系。这一次送行,宗望显得有一种眷恋之情,快到的时候,冷不丁冒出一句女真话。宋钦宗听不懂,有人将这句话翻译给他,二太子说话的大意是:"这就是天命!"

原来,金太宗下了一明一暗两道诏书,明诏是废掉赵氏,由于担心事态复杂,又下了一道暗诏,暗诏的意思是两位元帅可以根据实际情况,酌情处理。暗诏给不废掉赵氏留下了可能性。

当天晚上，宗望去找宗翰，提出保留赵氏的皇位，遭到宗翰的拒绝。宗翰决意要废掉赵氏，重新找一个代理人。

宗望见自己的建议不被采纳，觉得很没面子，不满地说，南伐的首谋是他，这事必须听他的，并表示不能像对待辽国皇帝那样对待宋朝皇帝，语气虽然很激烈，但说完却甩袖而去。显然是胳膊拗不过大腿，自动放弃了。毕竟宗翰是国相，权力比他大。

靖康二年二月初六，对于赵宋王朝，这是一个耻辱难忘的日子，对于中国的历史，也是一个不能忘记的日子。

这一天，太阳还没有升起来的时候，人们便聚集在南薰门，睁大眼睛向金营方向张望，仍不见宋钦宗的身影，不仅皇上没有回来，就连另一个该出现的人也没有出现。从皇上出城那天起，每天都会派一个名叫王孝杰的人往来通信，风雨无阻，但这一天，王孝杰也没有出现。一时间，人们议论纷纷，说什么的都有，开封府为了制止谣言的传播，不惜杀了一个人，才将所有人的口封住。

而身处金营的宋钦宗，一大早，便被金人要求去青城寨，且所有官员必须跟行。宋钦宗刚出门，突然被要求撤掉象征皇家的黄屋。宋钦宗虽然很吃惊，但也不敢反抗，只得说，不用黄屋，那就改骑马吧！

宋钦宗的这个要求，被金国使者断然拒绝，使者告诉宋钦宗，国相说了，不准骑马，只能步行。

宋钦宗不敢违抗，只得与随从们步行到大帐外，正欲进入大帐，又被使者制止了，说只能在大帐外面侍候。

在帐外，金人设了一个香案，随行的北宋官员都在远处站立，他们不知道金人要干什么，但又不敢打听，只能静静地站在那里。

宗翰从大帐内出来了，朝宋钦宗招招手，叫他站在香案边，朝香案拜了两拜，然后，由萧庆宣读金国皇帝的诏书。

宋钦宗这才知道，自己已被废为庶人，不但回不了汴京城，还有可能连北宋也待不下去，而要前往北方。

靖康耻

在场所有的北宋官员也都吓傻了，他们只会跪地磕头，请求金军收回成命，但宗翰拒绝了。

宗翰让人扒掉宋钦宗的龙袍，由于用力过大，把龙袍都扯破了。何㮚等人吓得目瞪口呆，一下子没有反应过来。

吏部侍郎李若水扑上前去抱住宋钦宗，不让他脱龙袍，并大骂金人，说这是大宋朝皇帝，龙袍不能脱。

宗翰见李若水忠义，似乎不想为难他，命人将他拖到一边去。李若水破口大骂，说宗翰是巨贼，金人是金狗。宗翰恼羞成怒，挥拳击打李若水。李若水的牙齿被打掉了，血流如注，仍然大骂不止，金人更加气恼，割掉了李若水的舌头，割断了他的咽喉，李若水气绝而亡。

金人中有经过金人灭辽过程的，看到李若水宁死不屈的壮举，感叹地说："辽国亡国的时候，有十多人死于忠义，南朝仅李侍郎一人，算是一个血性男儿。"

宗翰也叹李若水是个忠臣，命人用一张破席子包了他的尸体，抬出去埋了。

从另一个角度考虑，正是李若水等人的判断失误，让宋钦宗轻意出城，才成为人质，李若水之死，更像是一种赎罪行为。

人们往往以为，战争的结果只有吞并一种方式，事实上，还有另一种方式可能更容易出现，那就是将原来的君王废掉，换一个听话的人当君王。

为什么不直接占领呢？主要是考虑到统治成本太大。由于社会文化的差异，占领区的人民不会屈服于侵略者，只好采取间接方式，找一个听话的人来做代理人。这个听话的人独自行使行政权，但又承认战胜者的宗主权或其他经济利益。

在战争之始，金国的目的就是占领河北、山西地区，这两片地区紧邻金国国土，是可以控制的，也是必须控制的。但由于北宋太大，更广阔的陕西、四川、两湖、江西、江浙、两广等地区，已经超出了金人的控制能力，不可能一下子吞并而不产生副作用，最好的方式，就是寻找一个听话的人来担任汉族皇帝。

所以，宗翰的"换人"做法，并不是特例。

有人建议让辽国的降臣萧庆来统治中原，因为辽国毕竟占领过燕云十六州，有统治汉人的经验。

萧庆倒是有些自知之明，因为他知道，要威服宋人，统治宋土，不是一件容易的事情，连连推辞，说自己能力有限，干不了这个事。

金人又打算让刘彦宗来完成这项使命。刘彦宗本是辽国的汉人，辽国降金的汉将。刘彦宗抵死不干，推说萧庆干不了，我更不行。

到底换谁呢？显然不能换一个金人，只有从宋人中寻找一个人选才行。除了皇室之外，最有威望的人一定出在大臣之中，要在大臣中选择，还不能选一个对金人有敌意的人，到底选谁呢？

两位元帅决定把选择权交给宋朝的大臣们，让他们自己推选，同样是在二月初六，两位元帅已经拟好了请宋朝大臣们推举贤王的命令。

最重要的事情，则是取得废皇帝的配合。因为接下来，必须将皇帝的所有家族成员都弄出城带走，这才不会妨碍未来的新皇帝执政。将不听话的人以及家族成员全部带走，剩下的人就好说话了。另外，只有前皇帝同意了，大臣们才能放开手脚配合金人的工作。

虽然废掉皇帝的过程非常突然，但宋钦宗很快就认命了，他服从配合金人的要求，于是给汴京留守孙傅写了一封信，请孙傅依照金人的要求办，更重要的是，要请太上皇和家族成员尽快出城。

有了废皇帝的信，金军也随后下令：太上皇和宫眷们必须在七天之内出城，大臣们也必须在同时间段内完成推举新皇帝的工作。

金人的命令在汴京城引起了震动。前两天，这一震动只限于帝国的最高层官吏。因为孙傅、王时雍、徐秉哲、范琼等人把消息封锁了，没有向下传达。

孙傅得到这个消息后大惊失色，立即写信，请求元帅们收回成命，他表示，太上皇和诸王等都可以按要求送出城，但请将宋钦宗放回来。这样的信一连写了三封，金人理都不理。

金人咄咄逼人，宋朝的大臣们到底应该怎么做呢？是继续尽忠于赵氏，还是满足金人的要求？

事实证明，大臣对前朝的忠诚是暂时的，以王时雍、徐秉哲、范琼为首的

靖康耻

留守官吏们最担心的是，如果完不成任务，金军会毁灭汴京。他们的家属都在城内，一旦金军屠城，谁都跑不了。最好的办法，还是尽快满足金军的要求，将赵氏老小全都送出城去。

二月初七，金人又传金主的旨意，命令宋朝太上皇及太后等出城前往金营。

宋徽宗与郑太后抱头大哭，不敢不从。将要出行时，张叔夜赶来哭谏，说金人诡计多端，皇上一去不返，太上皇不可重蹈覆辙，他愿率领精兵保驾突围。即使逃不出去，鲜血撒在大宋的土地上，也比去金国为阶下囚好，宋徽宗犹豫不决。

正在这时，早已投降金人的都巡检范琼来了，催促道："上皇，快起驾吧！金人等得不耐烦了。我将车都备好了，快上车吧！"说罢，也不管宋徽宗愿意不愿意，硬将他和郑太后拽上了牛车。

牛车缓缓驶出龙德宫——皇城——汴梁城。一代风流天子，从此走上了不归之路。

接着，金人按范琼等人拟定的一份赵氏宗室人员名单，按图索骥，将徽宗的儿子、帝姬、妃嫔、驸马以及钦宗的后妃、太子和所有赵氏宗室的人，全部拘捕，一个不留。宫里抓不到的，就在全城搜捕，五户联保，不得藏匿，若藏匿皇亲国戚一人，就要灭九族。几天时间，共捉获三千多人，皇宗中人一网打尽。金人将他们一条绳子串了，牵往金营。

这中间，有一个重要人物漏网，她就是宋哲宗的元祐皇后孟氏，由于她是被废的皇后，居住在宫外，范琼、内侍邓述这些叛逆就没有将她列入花名册。这也就给宋朝从北宋到南宋的转换，留下了一个非常重要的过渡性人物。

刀箭下的选举

旧皇帝被废黜，接下来是寻找一位新皇帝。

到底选谁呢？在此之前，大家都是同僚，一起向旧皇帝跪拜，突然有一天，

惊天之变 第二十一章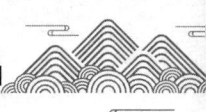

旧皇帝消失了,要从同僚中选出一个人来,从此大家向他跪拜,大臣们感觉很别扭。没有人毛遂自荐去当这个皇帝,即便有人想当,也担心人心不服,没有好下场。金人催了好几次,任务必须完成。

二月十一,群臣再次在一起开会,商议推举新皇帝。非常时期,大家谁也不敢开口。留守王时雍私自问吴开、莫俦,金人有意向吗?他们的意向是谁?莫俦说金人属意太宰张邦昌。因为张邦昌曾在金军营中做过人质,对金人竭力谄媚奉承,摇尾乞怜,早为金人看中。王时雍说张邦昌恐难服众。正在这时,尚书员外郎宋齐愈从金营归来,带回了一张纸条,纸条上写了三个字:"张邦昌"。金人甚至扬言,如果不立张邦昌,他们就不退兵。

王时雍便把张邦昌的姓名列入了选举对象。

金人之所以在意张邦昌,是因为张邦昌是北宋朝廷担任宰执的官员中对金最友好的一位。

现任的几位宰执:张叔夜、孙傅对金人敌意太大,何㮚执行力不强,金人不放心。吏部尚书王时雍、开封府徐秉哲属于执行命令的酷吏,在民间的名声太差。彻底投靠金人的范琼只是一条忠顺的狗,变不成狮子。从各方面来看,张邦昌是新皇帝最合适的人选。

在写给金人的推举信中,少了两个重要人物的签字,一个是孙傅,他当时陪皇太子出城未归,另一个便是张叔夜。

第二天,金人将孙傅和张叔夜带走了,从此,两人再也没有回汴京城。

失去了两位最重要的大臣,城内的官员首领换成了吏部尚书王时雍和户部尚书梅执礼,其中王时雍是主导者。

就在这一天,金人要求城内写一份公开推戴状,不仅要文武百官签名,还要有百姓代表签名。

王时雍等人立即照办,安排百官在秘书省签字,士、庶、僧、道代表去朵楼签字,军民代表赴大晟殿签字。

为了防止意外,王时雍带头签上自己的名字,其余的人也就不再推辞,跟着也都签了名。

靖康耻

这一次，又有一个人拒绝签字，他就是御史中丞秦桧。

在百官签名推选新皇帝的时候，谏官们决定给金人写一封信，要求立赵氏的后裔为皇帝，身为御史中丞的秦桧，是御史台的最高长官，理所当然便是这封信的第一人。秦桧本人不情愿这么做，只是因为同僚的胁迫，不得不签发这封信。

信送到金军大营，两位元帅大怒，之前他们已经下令禁止谈论立赵氏，竟然还有人敢冒犯，于是派人将秦桧捉拿归案，从此，秦桧也离开了汴京城。

金人确定新皇帝后，并没有立即将张邦昌放回来。汴京城继续混乱了半个多月。在这半个多月里，金人不断催促城内将还没有发送的人和物资送出城，并希望榨取更多的金银。

如果说宗翰在没有废黜赵氏之前，对城市还带有一点怜悯之心的话，现在，他那最后一丝怜悯之心已荡然无存，变成了撤军之前最后的勒索。

二月十二，金人索要六部的吏员出城，他们不缺官，但却缺专业的吏。

二月十三，继续要求将宗族男女与十位学官、三十位明经送出城。学官和明经可以帮助提高金人的文化修养，为全面接管中原做准备。对于这三十位明经，金人给予了很高的待遇，送上聘礼，当老师一样地尊重。

除了搜罗人才之外，金人还亲自进入内廷，搜去了大量的珍宝器物。五代以来历朝皇帝从江、浙、蜀等地收集的奇珍异宝，以及宋徽宗二十多年积累的各种文物珠玉，至此被席卷一空。

除了不断地搜刮之外，金人的纪律也乱了，不断有金军从城墙上跑下来，到城内抢夺、搜查，城内百姓深受其害。

随着搜刮接近尾声，政权交接的大戏终于拉开了帷幕。

张邦昌其实没那么坏

靖康二年（1127年）三月初一，这是一个大喜的日子，在金营中的张邦昌终于要回城了。

在送张邦昌回城的过程中，首先要保证张邦昌在回城的过程中不会被人杀掉，金人甚至放出风声，威胁说，移交给北宋的张相公是一个大活人，如果移交后他死了，汴京城必须付出被屠城的代价。

城内的官员这时却犯愁了，按什么样的礼节迎接这个"未来的皇帝"？以皇帝的礼节迎接吗？但他还没有登基，最后决定，既然未登基，按宰相的规格接待。

为了防止出现意外，范琼、汪长源等统制官领兵分列左右，从州桥到城门下，如同两道铁墙一般。张邦昌到来的时候，文武百官站在城门内迎接，金人铁骑将他送到城门口，并不入城，把张邦昌交给范琼后，拨马就回。

当天晚上，张邦昌并没有住进皇宫，而是住在尚书省内。由于他不是一般的宰相，照顾他的人自然就特别多，有十个郎官值夜班，后来又增加了十人，还有十五位官员负责传递消息。

在尚书省安顿下来之后，百官按照金人的要求，请张邦昌当皇帝。

让人意想不到的是，张邦昌回来之后，立即便称病，连饭都不吃。被大家逼急了，反问道："你们都怕死，趁我不在的时候，把这个名头送给我，你们这是害我哟？我要是答应了，不是惹火烧身吗？"

大家原以为张邦昌在金营已经答应了当皇帝，现在才发现，张邦昌压根就不知道这件事，而且也不想当皇帝。其实，金军两位元帅把百官的推戴信给张邦昌看了，张邦昌大惊失色，坚决不答应，说如果逼迫他当皇帝，他就自杀。

金人见张邦昌态度坚决，只得换一个办法，说是立赵氏太子为皇帝，张邦昌出任宰相，监督盟约的执行。张邦昌这才答应进城。其实，张邦昌是被金人骗进城的，金人要利用宋人来劝说张邦昌当皇帝。

三月初二，金军再次派人来催促，限三天之内立张邦昌为皇帝，否则，立即屠城。

整个汴京城沸腾了，汴京城的命运，竟然掌握在一个病人的手中。

三月初三，为了争取时间，百官只好谎称张邦昌已经答应了，三月初七这一天可以登基。

可实际情况是，张邦昌仍然不吃东西，硬撑了四天，逼急了，他就拔剑要自杀，吓得人们慌忙抱住他，哭着说："相公，你怎么在城外不死，要跑到城内来死啊！你如果在城内死了，全城的人都得给你陪葬呀！"

有人劝说："张相公，你就先代理一下皇帝吧！等金人走了，你是将皇位还给赵氏，还是继续自己当，还不是你一句话。"

张邦昌出于无奈，只好答应下来，表示自己是以自己九族性命换取一城人的性命。

历史上，人们都说张邦昌的大楚政权是一个傀儡政权，张邦昌是金人的傀儡皇帝，但没多少人知道，张邦昌这个傀儡皇帝是被逼的，并不是他的自愿。

三月初七，金人给张邦昌举行了一个册封仪式。

册封张邦昌为大楚国皇帝，接受北宋的半壁江山。首都也不再是汴京，而是迁到金人暂时不感兴趣的长江流域，以金陵（现江苏南京市）为都城。

金人走了之后，又演了一曲"朝贺"的戏。

张邦昌在文德殿接受朝贺，看着空荡荡的御座，触景生情，悲从中起，一脸的愁容，搞得即位大典像丧礼差不多。

百官被逼着向新皇帝行君臣之礼，谁的脸上也没有喜色。惟有王时雍、吴开、莫俦、范琼四人面带喜色，等着大楚皇帝册封，好做开国功臣。

古代皇帝的宝座都是面朝南方，背朝北方，所以说"南面为君，北面称臣"。张邦昌即位时，不敢坐御座，他叫人在御座旁另设一个座位，面朝东而坐，文武百官面向西给他行礼。百官行礼的时候，他一定要站起来还礼，表示我不是皇帝，只是一个替大宋皇帝看摊子的人。

张邦昌任命的官员，前面一律加一个权字，如命王时雍为权知枢密院事，吴开同为权知枢密院事，莫俦为权签书院事，吕好问为权领门下省，徐秉哲为权领中书省。权，就是代理的意思。

张邦昌做了皇帝，虽然没有改元，但也撤去了"靖康"字样，只有吕问好行文时，仍然继续签署靖康二年。

王时雍对张邦昌称陛下，自称臣，并劝他到以前宋朝皇帝坐堂的紫宸垂拱殿

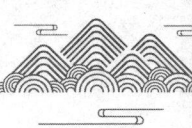

去接见金使，由于吕问好的力阻，才没有这样做。

张邦昌登基的消息传到青城寨，宋徽宗知道自己的命运已定，他必定会被金人带走，伤心地大哭起来。

张邦昌当皇帝是被逼的。为了表示自己无心当皇帝，他做了一系列的规定。虽然皇宫主人换成了他，他却只当一个皇宫的暂时保管人，不登正殿，免掉繁杂的皇家礼仪。对于皇帝起居的大内，更是连门都不进，直接在各个门上贴了封条，写上"臣张邦昌谨封"。他不接受通常的朝拜，百官见他不用山呼万岁，谈话时从来不说"朕"这个皇帝的专用词，而是用"予"来代替。由于有人将他的命令说成"圣旨"，他还专门下了一道命令，叫"面旨"；发往四方的公文称"宣旨"；手诏则称作"手书"。总之，避开一切让人误会的称谓。

只有一种场合，张邦昌不得不继续演戏，那就是金人在场的时候。有时候，张邦昌穿常服与宰执们议事，双方以名字相称，突然间，金人来了，他便立即进去换上皇帝的服装。

在张邦昌与群臣们演戏的时候，金军也在做撤离的准备。他们的军队是各个部落拼凑的，到了夏天急着回北方。

在离开之前，他们还想再搜刮一次，于是按汴京城的人口进行摊派，每户缴纳金三十锭、银二百锭。

不料这次搜刮，起到了意想不到的反作用。因为人们觉得金人这简直是在胡闹，你就是把人杀了，也拿不出这么多的金银呀！死猪不怕开水烫，大家干脆就不理。

金人威胁屠城，但威胁也不起作用。另外，大家也似乎看准了金人的心态，既然已经准备撤退，他们的心思更应该放在如何安全撤离上，不大可能再屠城。

双方僵持了几天，百姓不配合，金人没面子。最后出来收场的是新任皇帝张邦昌。

三月十四，张邦昌给金人写了一封信，请求豁免金银，他说自己进城之后，视察了全城，发现民间真的很穷，百姓连饭都吃不饱，实在是被榨干了，希望两

位元帅发慈悲心怀，给百姓一条生路。

三月十五，张邦昌亲自前往金营见两位元帅，向他们提出七点请求：

一、不毁赵氏陵庙；二、不要继续搜刮金银；三、不要拆毁汴京城墙上防御用的楼橹；四、三年后再迁都金陵；五、金军于五日内班师回朝；六、张邦昌的国家叫大楚，他叫大楚皇帝，不另立庙号；七、大楚国已经穷得一无所有，需要金军支援一点金银，以作犒赏有功之人及大赦之用。

两位元帅忙着撤离，没有作过多的纠缠，答应了张邦昌的请求。接着，张邦昌又提出新的请求：金人扣押的官员已经太多了，带回去也是累赘，不如放回一些。他给金人提供了一个名单，包括冯澥、曹辅、路允迪、孙觌、张澄、谭世勣、郭仲荀、汪藻、康执权、元可当、沈晦、黄夏卿、邓肃，以及太学、六局、秘书省中用不着的官员。

两位元帅也都答应了。

但张邦昌提出的另外五个人，金军没有答应，他们是何㮸、张叔夜、孙傅、秦桧和司马朴。因为这些人大都反对废黜赵氏，他们必须随赵氏一同前往北方。他们的家族成员，只要能抓住的，也全部迁往北方。

三月二十三，金人将释放人员送回时，才正式发布告示，宣布豁免剩余的金银。

这一天，放回的人有数千之多，除了官员，还有百姓、僧、道等。张邦昌作为一个傀儡政府，他对汴京城的保护，比即将被押往北方的两位皇帝还要多。

第二十二章

战争中的女人

荒唐的对赌协议

靖康二年（1127年）三月十五，张邦昌前往金营拜见两位元帅，并带去了一份由开封府撰写的工作报告。

工作报告显示，金军第二次围困汴京，开封府一共向金军供奉金二十四万七千六百两、银七百七十二万八千两。

金军第一次围城时，宗望共获得金五十一万余两、银一千四百三十万余两。第二次金军人数更多，而且还是两路大军合围，开出的价码也更高，但获得的金银只有上一次的一半左右。

这说明，汴京城的财富在上一次围城之后还没有恢复。对于这个数字，东路军元帅宗望倒还无所谓，因为上一次他已经捞够了钱，也拿够了宝贝。西路军元帅宗翰却不然，他有足够的理由不满意。因为第一次围困汴梁城时，他连黄河都没有过，没有分到半文钱。这一次他是主帅，地位在宗望之上，攻打汴京时，西路军也更卖力。

宗翰和士兵们之所以格外卖力，就是因为汴京城内巨大的财富吸引着他们，没想到最后得到的竟然只有上次的一半。军人数量增加了一倍，攻城的开销也大得多，每个人分到手的财富却很有限，怎样才能安慰这些远道而来的士兵们呢？答案只有一个——女人。

事情要从一个女人说起。

靖康元年十二月初九，两位元帅曾经向北宋索要奸臣蔡京、童贯、王黼等人的家属。在移交家属时，蔡京的儿媳、蔡鞗的妻子茂德帝姬赵福金却回了娘家，不在遣送之列。

宗望早就听说茂德帝姬赵福金貌美如花，馋涎欲滴，宗望当时就提出将茂德帝姬送来，没有得到答复。

第二年正月初八，宰相何㮚前来请求减少金银数目，两位元帅都不同意，却提出了不同的建议。宗翰还是希望宋朝先完成前面约定中的哪怕任意一项，再讨论其他项目的减免，而宗望却明确提出，除非皇帝答应和亲，否则免谈。

正月初十，宋钦宗来到青城，宗翰、宗望却迟迟不见他，授意萧庆向宋钦宗提出了新的建议，包括：亲王、宰执各两人作为人质，皇帝使用的冠冕、车辂、宝器二千具，并希望将岁币再增加银绢二百万匹。这些还属于常规要求，更重要的是，从这时开始，他们提出新的要求：女人。

首先的要求是，北宋提供民女和女乐各五百人。同时，必须提供两位赵氏宗族的女子（实际上是帝姬，即公主）送给两位元帅，进行和亲。

宋朝的大臣虽然争辩了很久，最后还是不得不答应金人的要求。

但在暗地里，宗望还有更深的打算。他派杨天吉、王汭与北宋代表吴开、莫俦交涉，提出在遣送家属时，虽然送来了蔡京的儿子蔡鞗，但蔡鞗的妻子茂德帝姬却没有送来。帝姬既然出嫁了，那就是蔡家的人，理应遣送。如果不将这位帝姬送来，和议就无法谈下去了。

宋钦宗也只好答应了，给城里写信，要求将茂德帝姬送出城，并说他已经答应与金人和亲要求。

事后，两位元帅又想明白了，既然是和亲，帝姬得由他们选择，他们担心宋朝糊弄他们，随便打发一个女人充数。宋钦宗只得派王宗沔进城找太上皇协商。

但这一次，太上皇拒绝了和亲，茂德帝姬也没有送出城。

战争中的女人 第二十二章

正月十四，太上皇的意见传过来了，宋钦宗只得找两位元帅商量。说在帝姬的选择上，不方便将已经出嫁了的帝姬送出来。按汉人的规矩，一个女人通常只能嫁一个男人，即便有例外，也大都是丈夫将女人休掉，或者丈夫去世。既然这两种情况都没有发生，就不能将帝姬再许配给别人。

随着情况的进一步恶化，女人迟早是保不住的。正月二十二，萧庆与吴开、莫俦等人终于谈定了最后的条件，这个条件，将宋朝的公主们打入了深渊。具体条款如下：

第一，太上皇不用出城，也不用跟金人北上，但必须以太子、康王、宰相等六人为人质。

第二，金军承诺不占领黄河南岸与汴京，但必须将帝姬（公主）两人，宗姬、族姬各四人，宫女二千五百人，女乐等一千五百人，各色工匠三千人交给金军，同时承诺每年增加岁币五百万两。

第三，原定的亲王、宰相和河北地区守臣的家属，必须尽快移交。

第四，原定的金一百万锭、银五百万锭，必须在十天之内交割完毕。如果无法完成，必须将皇家的女人作价卖给金军。具体价格：帝姬和王妃每人一千锭金，宗姬一人五百锭金，族姬一人二百锭金，宗妇一人五百锭银，族妇一人二百锭银，贵戚女一人一百锭银。

这是一个对赌协议，其实就是一场豪赌：只要北宋无法完成金军索要的金银数目，就必须将赵氏女人折价抵偿给金人，几乎所有赵氏女人都不能幸免。

从前一个月的征缴情况看，金人索要的金银是一个无法完成的数字，是一个无法凑够的数目。既然这样，宋钦宗为何会签这个出卖所有女人的协议呢？这是一个无法解开的谜团。

正月二十八，是金军营地狂欢的一天，根据宋金协议，北宋需要将八千名女人送到金军营地，这个工作从正月二十五开始，至二十八，已有五千女人送到了金军营地，金军选择三千处女收下，将其他的退回来要求更换，国相宗翰自己留

281

了数十人,剩下的全都分给了各位将领。

宗翰分了数十个女人,宗望又如何呢?宗望有一个更大的收获——将茂德帝姬弄到手了。

太上皇不是不同意和亲的吗?宗望又是怎么将茂德帝姬弄到手的呢?

由于太上皇不同意和亲,如何把茂德帝姬送给宗望泄欲,成了开封府的头等大事。这一天,恰好蔡京、童贯、王黼三家的歌伎各二十四人要送往刘家寺,开封府就把茂德帝姬冒充成歌伎送往金营,交给了宗望。

茂德帝姬最初并不知道自己已经被做了交易,见到宗望后,吓得脸色惨白,浑身颤抖。

宗望是个软心肠的人,连忙派人安慰茂德帝姬,乘机将她灌醉,送到了床上。

也是从这时开始,金军的秩序荡然无存。由于军官们每人都分到了女人,士兵们却不可能有这样的待遇,他们唯一的办法,就是进城去抢。尽管规定士兵不准走下城墙,但进城消遣已经成了习惯,即便是在白天,城内也有大摇大摆毫不避讳的金兵。

牺牲茂德帝姬本来是为了解救宋钦宗,但这件事是二太子宗望背着国相宗翰干的,宗翰并不知道这件事。

二月初四,宋朝使臣邓珪不小心说漏了嘴,将这件事泄露给了宗翰,宗翰知道后大怒。

之前,宗翰虽然想废掉赵氏皇帝,但在宗望的劝说下改变了主意,不再强调废掉赵氏皇帝,并且准备将赵氏变成藩国。但听说宗望私藏茂德帝姬之后,加之发现汴京城还藏了不少黄金,宗翰改变了态度,决定废掉赵氏皇帝。

折价抵偿的女人

二月初六,宋钦宗被废黜,初七,太上皇出城。

战争中的女人 第二十二章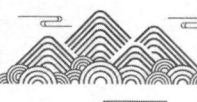

跟随太上皇出城的还有大量宗室女人。由于金银数量不够，宋钦宗与金人的对赌协议也已经生效，这些宗室女人，事实上是被她们的皇帝卖给了金人，只是她们本人不知道。

太上皇在出城的时候，请求两位元帅不要动那些已经嫁人的女人。两位元帅只同意让太上皇保留自己的妻妾，其余的人他管不着。

同样是从二月初七这一天开始，北宋灭亡就到了最悲惨的一幕——用女人的身体来偿还北宋亡国的债务。

当天晚上，宗翰举行一个大型宴会，他命令宋廷的嫔妃们换上歌伎的服饰，现场表演歌舞，并坐到男人中间劝酒。有姓郑、徐、吕三位宫人不甘受辱，当场拒绝了。宗翰命令士兵将这三位宫人推出去斩了。晚上，又有一名宫人自杀，不为别的，就是不甘受辱。

二太子宗望那里也好不到哪里去。宗望号称菩萨天子，标榜不轻意杀生，对待北宋君臣也很仁慈，但在对女人上，并没有表现出丝毫的怜悯。前几天，就有三位女子不屈服于他，被他活活折磨死了。

二月初七，更多的王妃、公主被送到刘家寺大寨，宗望让这些女人参观此前被他折磨而死的三位女人的尸体，给新来的女人一个下马威。然后，让茂德帝姬出面安慰这些女人。这些女人过惯了太平日子，没见过这阵势，一惊一吓，一抚慰，哪里还敢反抗，立即宽衣解带，换上歌伎的衣服，前去伺宴劝酒。随后，又有几位王妃、公主被押送到刘家寺大寨。

这一天，二太子宗望与一位姓朱的妃子的对话，反映了这些可怜的女人们的心理。这位朱妃年仅十三岁，不肯屈服于宗望，宗望说："你是我花一千锭金子买来的，怎么敢不从我？"

朱妃说："谁卖的？谁拿了金子？"

宗望说："你们的皇帝将你作价一千锭金子，抵减犒军钱。"

朱妃倔强地说："谁犒军，谁抵债，怎么能拿我们女人受辱？"

宗望说："你们的皇帝当初不也是从民间选宫女数千人吗？今天，你们灭国了。你就只是一个民妇，按照规矩献给我，也是本分，更何况还是抵债。"

朱妃无奈闭嘴，伺候她的小太监请娘娘自重，但最后，这个小太监不堪丧国之辱，自杀了。

二月十一，除了朱皇后、太子、柔嘉公主（属于宋钦宗）出城进青城寨之外，还搜出来四位王妃、帝姬送进了刘家寺。

关押宋朝俘虏有两个地方，一个是国相宗翰的青城寨，一个是二太子宗望的刘家寺。

国相的青城寨主要关押两位皇帝，以及亲王的家人，还有重要大臣，他们被关押在斋宫里面。

刘家寺主要关押其他不那么重要的人，大量的王妃、帝姬等。这些人被关在刘家寺寺庙群中一个叫寿圣院的地方。

另外，两地都有大量的女人随时供金军将领享用。

青城寨关不了这么多人，宗翰又让人在旁边搭建一些临时大棚，让处女、宫女、新来的宗戚妇女住进临时大棚。

由于人数太多，条件简陋，加上各种虐待，出现了大量的人员死亡。宋徽宗的儿子建安王赵楧，就是死在青城寨的。

二月十六，妇女集结完毕，两位元帅命令那些分配给金军将士的女人脱下汉装，换上金人的服饰。

二月十七，宗翰在青城寨宴请宗望，他们从宋朝进献的女人中挑选了三千人作为进献给皇帝的贡品，又将一千四百人赏赐给将士。两位元帅身边各有上百人。这些女人并非都很悲惨，只要她们笑脸相迎，服从了元帅，立刻便会获得很多赏赐，穿很好的衣服。

此时的金军营地，充满了征服者狂笑的声音。

第二天，宗望在刘家寺宴请宗翰。应邀的不仅有金军的重要将领，还把宋朝的两位皇帝，皇后也请去了。

宾客们入座之后，金将斜保请宗望找二十位妃姬，三十二位歌伎伺宴。这二十人原本是宋徽宗的人，现在却成了金人的侍女。她们一上场，两位皇帝的脸就挂不住了，立即起身欲离开，却被宗望制止了。两位皇帝虽然极不情愿，但也

只能重新坐下来，一直到曲终席散，才获准离开。

在离开之前，宗望突然要求太上皇将富金帝姬嫁给金军将领设也马，太上皇以富金已经嫁人，按照中国传统，一女不嫁二夫为由，拒绝了宗望的要求。

国相宗翰大怒，当着太上皇的面，让将领们每人挑两位出场的妃姬带走，以此来羞辱太上皇。

太上皇对此竟然没有任何反抗，反而是宋徽宗的皇后郑太后见自己的侄媳妇在堂下，连忙跪求宗翰，表示自己不参与朝政，也不想连累家人，请求国相不要叫人挑侄媳妇。宗翰点头同意了，郑太后救下了侄媳妇。

不过，五天之后，宗翰又命令将领们将领走的妃嫔还回来，算是对太上皇的优待。

在所有妇女中，康王的母亲韦贵妃与妻子邢氏受到了特殊对待。由于康王还没有回来，金人不断地催促他回京，也将他的妻母从青城寨斋宫调到刘家寺的寿圣院。斋宫囚禁的大都是高官显贵的家属，刘家寺大都是皇帝的妃嫔。

随着金军的蹂躏，很多女人都被金兵折磨死了，其中不乏有地位的。如郓王的妃子王氏，在刘家寺不堪蹂躏，自杀身亡。身处青城寨的信王妃不堪凌辱，也选择了自杀。二月二十五，保福公主也在刘家寺死了。

总之，这些在汴京城过着锦衣玉食生活的女人，来到金营后，成了金兵泄欲的工具，其状惨不忍睹。

女人和张邦昌拯救了汴京

三月十五，对于女人的争夺基本告一段落。这一天，新皇帝张邦昌拜访了两位元帅，带去了一封开封府写的工作报告。

平日里，人们对于皇帝后宫的女人虽然充满了好奇，但具体情况知之甚少，靖康之耻，将宋徽宗的宫廷，一览无余地展现在世人面前。

靖康耻

开封府的报告显示，宋徽宗除了五个后妃之外，还有嫔三十一人，宠婢四十一位，婢六十七位。

开封府将这些人的名单列举出来，并没有其他的意思，就是将她们移交给金军。开封府之所以这么卖力，是因为这些女人身价昂贵，可以"卖钱"抵债。宋钦宗与金人签了对赌协议，完不成筹集金银的任务，就将女人卖给他们。

这些女人到底值多少钱呢？

根据开封府的统计：

帝妃五人，价格是每人五千锭黄金；王妃、帝姬、公主、四十六人，价格是每人一千锭黄金。二者合计值十三万四千锭黄金。

开封府费了九牛二虎之力，一共才凑了四万九千五百二十锭黄金，这还是金军减少后的数目。卖掉五十一位后妃、公主，换来的金子，是已经上缴给金国数目的两倍有余。

除了五十一位后妃公主外，还有一万一千五百零六名妇女也被卖给了金人。一共换得黄金六十七万七千七百锭；银二百五十八万三千一百锭。

金人要求的战争赔款是金一百万锭，银五百万锭。筹集的真金、白银折合：金四万九千五百二十锭、银一百五十四万五千六百锭。

也就是说，卖女人的收入占了赔款的一半以上。真金白银只占了一小部分。

即使加上卖女人的收入，仍然不够赔款数额，欠缺的黄金三十四万二千七百八十锭，白银八十七万一千三百锭，是一个无法完成的数额，只能靠张邦昌向金人求情，请求赦免。

从这个意义上来说，拯救汴京城的人，不是皇帝，而是那些可怜的女人和被世人骂为傀儡的张邦昌。

靖康耻

凄怆北行路

金军南侵，获得了大量战争赔偿，剩下来的就是撤离问题了。

两位元帅本指望完成河北与山西地区的交割后再撤离，但从新的形势来看已经很困难。因为康王在外集结的人马越来越多，他们虽然没有发兵攻打汴京，但对金军却是一个巨大的威胁。且金军离开北方的时间太久，军纪涣散，已经到了失控的边缘，如果再不走，只要吃一次败仗，就有可能产生雪崩效应，到时候再想走，恐怕不一定能走得了。

对于两位元帅来说，最大的问题，就是怎样才能安全地撤回北方。因为南侵的时候，他们打的是闪电战，军队轻车简从，铁骑来去如风，撤退的时候，金军便变成了另外一支军队：带着大量的金银珠宝，马上驮着的不是战士，而是女人。每一位士兵到南方来，都带着一个发财梦，回去的时候，大包小包，包的都是从汴京抢来的财物。

这时候的金军，最不愿意碰到的就是北方的宋军。这些宋军有的是康王的正规军，有的只是打家劫舍的强盗，他们的目的不是报国雪耻，而是金军搜刮走的巨大财富。

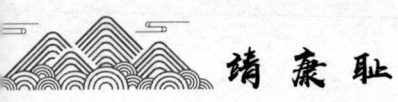

怎样才能避开这些军队，金军也做了一些部署。

早在立张邦昌之前的三月初，宗翰便派弟弟完颜宗宪押着一千零五十车书籍礼器上路了。宗宪是金人中最有文化素养的士人，在攻克汴京之初，当别人蜂拥而上争夺财物时，只有宗宪瞄准了城内的书籍。元帅们向北宋索要图书，大都出自宗宪的主意。这些书籍送往北方之后，可以帮助新兴的金国制定规章制度和礼仪，但要把这些书籍运往北方，是一项不小的工程。根据宗翰的命令，宗宪押送这些书籍作为先行部队，在车头上插上北宋皇帝皇后的旗帜，让人们以为是皇帝启程了。如果康王有实力，一定会袭击这支队伍。只要这支队伍顺利抵达北方，就表明河北这条道路是安全的。

三月十八，宗宪顺利经过河北地区，并派人回汴京报了平安。

既然打着宋朝皇帝的旗号都没有遭到阻拦，表明这一路是安全的，两位元帅便下令整装待发。

从三月底开始，金人便开始撤离东京汴梁。

四月初一，宋徽宗、宋钦宗二帝及后妃、皇子、帝姬、驸马等四百七十余人，宫女、教坊乐人等三千余人，被分为七批押解北上。

宗望押解上皇宋徽宗、郑太后、亲王、帝姬、驸马，宋徽宗众妃嫔及康王母韦贤妃、康王夫人邢氏，往滑州进发。

宗翰押解宋钦宗、皇后、太子、宋钦宗妃嫔及大臣何㮚、孙傅、张叔夜、陈过庭、秦桧等，由郑州取道北上。

两路人马，约定在燕京会齐。

宋徽宗这一路从刘家寺出发，夜晚行至封丘，金人下令就地宿营。宋徽宗、郑太后与帝姬分别居住在毳帐中，身边是金兵将领住的毳帐，四周是金军士兵住的布棚，严密监视着宋俘的一举一动，金人称之为馆伴。

四月初二，宋徽宗一行到了胙城，与韦贤妃（康王赵构之母）、宋钦宗朱皇后相遇，彼此只能以目示意，不敢说话。由于道路不畅，在此停留了三天。

四月初五，宋徽宗眼睁睁地看着韦贤妃等人乘车先行离去，至亲骨肉竟不敢和他们道声问候，不觉五脏俱焚，潸然泪下。

宋徽宗等渡过黄河，行走到浚州（今河南浚县）城外时，百姓纷纷前来围观，金兵奋力拦阻，不准百姓靠近，只许卖食物的小贩近前。小贩们得知囚车上坐的是被废黜的宋徽宗，可惜他身为囚徒，落魄至此，动了恻隐之心，纷纷将带来的炊饼、藕菜送给他，不收分文。

四月初七，宋徽宗一行抵达汤阴，妃嫔曹才人离队小解，被金兵乘机奸污。宋徽宗无可奈何，只得令肃王赵枢传谕后宫，不要擅自离开大队，以免遭到淫污。

四月初八，宋徽宗一行抵达相州（今河南安阳），与谷神押解的贡女相遇。这批贡女人数众多，乘坐牛车，夜晚宿营时，贡女在车中安睡，金兵宿于帐篷里。适逢天下大雨，车篷渗漏，不能遮雨，贡女们只得到金兵帐中避雨，金兵乘机奸污了这些贡女，很多贡女当场被糟蹋至死。宋徽宗只是暗自叹息，毫无办法。

四月十五，宋徽宗一行进入邢州，因途中食物匮乏，又遭风雨侵袭，宋朝俘虏饿死无数，弃尸荒野，无人掩埋，惨不忍睹。因食物匮乏，宋徽宗与郑太后两人分得羊一只，粟一斗，其他人则是四人或六人才能分得一只羊，米按人头每人分两升，所发食物，仅此而已。由于食物不够，一路上，宋徽宗不得不采摘野菜充饥。

四月十六，宋徽宗行至都城店（今河南内丘县南），燕王赵俣因途中乏食，被活活饿死。金人以马槽盛殓，因马槽太短，两只脚露在外面，就寨外焚化。

漫长的押解路程，使宋徽宗有度日如年之感，而金人又不时故意羞辱这位废黜的天子。

四月二十三，车过真定，宋徽宗与宗望并驾从东门而入，前面旗帜引导，上写"太上皇帝"字样，城中居民知是宋徽宗从此经过，无不失声痛哭，金人也不计较，把宋徽宗安置在静渊庄居住。午饭后，宗望请宋徽宗一起去看踢球。宋徽宗本是行家内手，由于沦为阶下囚，生死未卜，完全没有心情，但宗望相邀，又不敢不去，只得同郑太后一同前往。看完球后，侍中刘彦宗突然跪奏，请宋徽宗就看球赋诗。宋徽宗无奈地说："自从社稷倾覆，愁肠百结，早已辍笔不作，今

既索诗，敢不应命！"沉思片刻，提笔写了一首七绝：

锦袍骏马晓棚分，一点星驰百骑奔。
夺得头筹须正过，无令绰拔入邪门。

刘彦宗捧读称赞，递给宗望，又用女真语讲解诗意，宗望频频点头致谢，宋徽宗也起身相谢。

五月十八，宋徽宗一行抵达燕京，在路上足足行走了五十天，居住在延寿寺。

奇耻大辱的献俘礼

宋徽宗抵达燕京后，随行宋朝官吏，不谙风土，饮食失调，到达燕京后，几乎有一半人都生病了。宋徽宗叹息之余，搜索箱箧，拿出所有衣服，低价变卖，再买回药物，给众人治病。后来又听说宗室其他人居住在仙露寺，大家的生活条件非常差，很多人都是食不果腹，衣不蔽体，宋徽宗又动了恻隐之心，将金人赠给他的一万匹生绢散发给随行的亲族官吏，而他自己却已是捉襟见肘，囊无余财了。

在燕京安顿下来后，宋徽宗才得知自金人侵宋以来，俘掠宋朝男女，都押解到燕京，不下二十万人，自谋生路。有一技之长，能自食其力者，尚可生存，最苦的是那些戚畹贵族，身无一技之长，连煮饭牧马的事也干不了，只能当奴隶天天受鞭挞。

宋钦宗出发时，被迫头戴毡笠，身穿青布衣，骑着黑马，由金人随押，一副失魂落魄的样子，不但受尽旅途风霜之苦，而且还受尽金兵的侮辱。每经过一座城池，他都要痛哭一场，走到白沟这个昔日宋、金的界河的时候，发生了意外的事情。

张叔夜在途中早已绝食，仅饮水以维持生命，到白沟河的时候，驾车的人说："要过界河了！"原来，澶渊之盟划定，宋、辽以白沟河为界。

张叔夜一听要过界河，从此将进入异国他乡，突然弹身而起，仰天狂叫道："苍天，苍天，此身竟为俘囚，奇耻大辱啊！奇耻大辱啊！"喊罢，以右手自扼咽喉，惨叫一声而亡。金兵围过来，见他左手却紧紧攥着，掰开五指，却见一张血写的字条，上面有七个血字："葬我于大宋国土"。

宗翰得报，也哀叹不已，敬重张叔夜是个忠臣，命人将他葬在宋境之内。

七月初十，宋钦宗一行经云中到达燕京，居住愍忠寺，朱皇后、太子、祁王等也与他居住在一起。

七月二十，金人安排宋徽宗、宋钦宗父子在昊天寺相见，大宋王朝的两代皇帝在异国他乡相会。父子俩自汴京一别，虽然只有几个月光景，恍如隔世，两人都憔悴了许多，四十多岁的宋徽宗须发皆白，二十八岁的宋钦宗衣冠不整，父子二人你看看我，我看看你，几乎不敢相认。怔忡片刻，这才相互抱头痛哭起来。

靖康二年（1127年）九月，金人又将宋徽宗父子押送到更远的上京。

金人之所以再次将宋徽宗父子转移，是因为金人北撤以后，傀儡张邦昌自知皇帝那把交椅不好坐，他请元祐皇后出来主持大局，孟皇后以太后的身份，册立康王赵构为帝，建立了南宋政权。此时，南宋势力渐强，金人怕他们夺回被他们囚禁的两位宋朝的皇帝，使他们在同南宋政权的交涉中失去了讨价还价的筹码。

宋徽宗父子再受颠沛流离之苦，中途在中京（辽朝故城）居住了九个多月。建炎二年（1128年），金人又决定将宋徽宗送往上京（今内蒙古巴林左旗南），其他宗室则发配到通塞州，那里离燕京一千五百里，更为荒凉。

八月二十一，宋徽宗一行跋涉千余里，抵达上京，开始的三千余人，到上京时死得只剩下一千多人。

金太宗有意羞辱北宋君臣，让他们去拜祭金人祖庙，行献俘之礼。

在金兵威逼下，宋徽宗、宋钦宗两父子脱去袍服，身穿孝服，其他人不论男

女，都脱光了上衣，身披羊皮，腰系毡条，入庙行牵羊礼。

金国的君臣哄堂大笑，宋朝的宗室、大臣放声大哭。

接着，金人又逼迫他们在乾元殿拜见金太宗。宋徽宗、宋钦宗及太后、皇后，都要穿金人的平民衣服，以帕巾包头，外着衣袭。而其他诸王、驸马、妃嫔、王妃、帝姬、宗室妇女和太监们，一律赤裸着上身，披一件羊裘。身后插着五面白旗，上面分别写作："俘宋二帝""俘宋二后""俘叛奴赵构母、妻""俘宋诸王驸马""俘宋两宫眷属"。君臣人等跪在殿下听金人宣读诏书。

献俘仪式结束后，金太宗下令册封宋徽宗为昏德公，宋钦宗为重昏侯。这种封号，显然是侮辱他们的，并不是真的要让他们享受公侯的待遇。

不久，金人又将宋徽宗、宋钦宗转移到荒凉而偏僻的五国城（黑龙江依兰县）居住。说是五国城，不过是一个边陲小镇。从此以后，他们便在这里定居下来。

南宋绍兴五年（1135年）四月二十一，宋徽宗病死五国城。绍兴二十六年（1156年），宋钦宗病死五国城。

参考书目

1·二十五史·《宋史》·上海·上海古籍出版社·上海书店·1994

2·(民国)·蔡东藩·《宋史》·江离翻译、整理·北京·九州出版社·2008

3·任崇岳·《宋徽宗：北宋家国兴亡实录》·河南·河南人民出版社·2007

4·刘定山·《宋徽宗演义》·湖南·湖南出版社·1997

5·思妃·《放荡天子宋徽宗》·吉林·时代文艺出版社·1993

6·周义敢、周雷·《千古奇帝——宋徽宗》·安徽·黄山书社·1996